新华学术·思享者

新华学术系列图书：

《人类道德自然史》［美］迈克尔·托马塞洛 著

《想透彻：当代哲学导论》［美］夸梅·安东尼·阿皮亚 著

《法国人是如何思维的》［英］苏迪·哈扎里辛格 著

《木偶的灵魂：自由只是一种错觉》［英］约翰·格雷 著

《动物的沉默：人类优越论是一种偏见》［英］约翰·格雷 著

《反利维坦：政府权力与自由社会》［美］罗伯特·希格斯 著

《道德之弧：科学和理性如何将人类引向真理、公正与自由》［美］迈克尔·舍默 著

《民主的反讽：美国精英政治是如何运作的》（第15版）［美］托马斯·戴伊 著

《权力精英》［美］C·赖特·米尔斯 著

《政府为什么会失败》［美］兰迪·T. 西蒙斯 著

《幸福乌托邦：科学如何测量和控制人们的快乐》［美］威廉·戴维斯 著

《文化的重要作用：价值观如何影响人类进步》［美］塞缪尔·亨廷顿 主编

《电影院里的哲学课》［英］克里斯托弗·法尔宗 著

《哲学能做什么》［美］加里·古廷 著

《非常识：最聪明哲学家们的最奇怪思想》［美］安德鲁·佩辛 著

《思想者心灵简史：从苏格拉底到尼采》［美］詹姆斯·米勒 著

《道德哲学十一讲》［英］艾里克斯·弗罗伊弗 著

《没有标准答案的哲学问题》［美］菲尔·沃什博恩 著

《我们如何思维》［美］约翰·杜威 著

《论人的本性》［美］爱德华·O·威尔逊 著

《对权威的服从：一次逼近人性真相的心理学实验》［美］斯坦利·米尔格拉姆 著

哲学家的六张面孔

[美] 贾斯汀 · 史密斯◎著
宋楚君◎译

THE PHILOSOPHER

A History in Six Types

新 华 出 版 社

图书在版编目（CIP）数据

哲学家的六张面孔 / (美) 贾斯汀・史密斯著；宋楚君译.
— 北京：新华出版社, 2017.9
书名原文: The Philosopher: A History in Six Types
ISBN 978-7-5166-3481-3

Ⅰ.①哲…　Ⅱ.①贾…　②宋…　Ⅲ.①哲学史－世界－通俗读物
Ⅳ.①B1-49

中国版本图书馆CIP数据核字(2017)第228230号

著作权合同登记号：01—2016—6097

哲学家的六张面孔

作　　者：［美］贾斯汀・史密斯　**译　　者：**宋楚君

选题策划：黄绪国　**责任印制：**廖成华
责任编辑：黄绪国　**封面设计：**臻美书装

出版发行：新华出版社
地　　址：北京石景山区京原路8号　**邮　　编：**100040
网　　址：http://www.xinhuapub.com
经　　销：新华书店、新华出版社天猫旗舰店、京东旗舰店及各大网店
购书热线：010－63077122　**中国新闻书店购书热线：**010－63072012

照　　排：臻美书装
印　　刷：三河市君旺印务有限公司

成品尺寸：148mm×210mm　1/32
印　　张：9.25　**字　　数：**180千字
版　　次：2017年11月第一版　**印　　次：**2019年7月第二次印刷

书　　号：ISBN　978-7-5166-3481-3
定　　价：48.00元

*

对世事感到迷惑与惊异的人往往自愧无知（因此，在一定程度上，凡爱好神话的人也是爱好智慧的人，因为神话便是由令人惊异之事构成的）。

——《形而上学·卷一》，亚里士多德

*

在冬天的时候，就让鱼来研究（philosophise）河冰厚度的哲学原理吧。

——济慈书信（1819）

*

……这些有损健康的蒸汽不仅污染了空气，还招致了风灾和暴风雨。哲学家们或许会对此进行详细的讨论。

——《防烟》，约翰·伊夫林（John Evelyn）

目录 | CONTENTS

导　言

你即将读到一个回答，一个关于最基本的哲学问题——“哲学是什么？”的答案。与其说这是一部严谨的专著，毋宁说是一篇蒙田体的散文。我不会长篇大论地讨论“在理想状态下，哲学应当是什么样的”，也不会大谈“过去的哲学”。相反，我要用一种另辟蹊径的方式回答这个问题。我要先提出问题：一直以来，人们都打着哲学的旗号做了些什么？顺着这个思路，我们接下来要研究在不同的历史时期和文化环境中，哲学家们形形色色的自我定义的发展史。我们将揭秘在不同的历史阶段和地方，形形色色的 “职业描述”是如何与哲学家的社会角色联系起来的。我们的目标是丰富当前人们对“哲学是什么”，或“哲学可能是什么”的理解。为了实现这一目标，我们要翻检历史案例，留意自传中的感慨和虚实相济的闲笔，带着批判的眼光寻找被遗漏的角落；哲学有着辉煌的历史，我们却要找出那些对它持轻视态度的观点。

乍看上去，这个方法不仅不同寻常，而且会误导读者：因为人们通常将哲学设想为与概念分析有关的先验定律，与人们过去研究哲学的具体行为无关。这一观念最为常见，流传也最广。在这种观念的支配下，当哲学家们试着解答何为“哲学的本质”时，他们给出的答案会折射出他们所在地哲学文化的价值观和成见。就这个问题，吉尔·德勒兹（Gilles Deleuze）[1] 和菲利克斯·瓜塔里（Pierre-Félix Guattari）[2] 是这样回答的。在出版于 1991 年的著作《什么是哲学？》（*What is philosophy?*）1 一书中，他们论证道：哲学是“概念创新的活动”。顾名思义，哲学产生新概念，因此，它是用与过去不同的方式思考世界的活动。但是这一哲学观念与路德维希·维特根斯坦（Ludwig Wittgenstein）[3] 的截然不同，他认为，做哲学是“给苍蝇指出逃出捕蝇瓶的道路”2，或是“一场斗争，反对的是用我们的语言来蛊惑我们的理智”。3 与德勒兹和瓜塔里的哲学观念相比，十七世纪自然哲学家们 [4] 的哲学观也大不相同。他们通过研究气象来寻找世界的规律，但没什么兴趣设计出新概念来辨明这些规律。所以，当德勒兹和瓜塔里在论证

---

[1] 吉尔·德勒兹（1925—1995），法国后现代主义哲学家——译者注。（本书当页注释皆为译者所加。书尾注释为作者注。此后不再注明。）

[2] 菲利克斯·瓜塔里（1930—1992），法国心理治疗师、哲学家、符号学家，生态智慧思想的创始人。

[3] 路德维希·维特根斯坦（1889—1951），20 世纪重要分析哲学家。

[4] 自然哲学是现代自然科学的奠基，其中自然界的基本规律是核心思考主题之一。许多自然哲学的理论为当今物理学奠定了基础，牛顿和黑格尔的哲学都涉及自然哲学的讨论。

哲学是一种 “概念创新”活动时，他们实际上在描述哲学在他们心目中应有的样子。

从“哲学”这个词被首次使用算起，至今大约已有2500年。在这段漫长的历史里，哲学一直以各种各样的形式存在着——本书的一大重点就是追踪考察哲学的变化。与此同时，对另一个问题的探讨也同样重要：哲学活动是否与哲学概念同延？换言之，是只有那些明确地打着“爱智慧（philosophia）”旗号进行的活动才算是哲学，还是说，在那些脱胎于古希腊传统的文化中，同样存在着一些类似的活动，人们可以把它们称作“哲学”（philosophy）呢？我要论证的是，后者不仅可以被定义为哲学，而且应该被定义为哲学。但即使我们把对哲学的理解限制在某些文化传统之上——这些传统与古希腊最初的哲学实践之间有历史或谱系上的渊源，我们依然会发现，人们对这一活动的看法存在各种各样的分歧。对于哲学活动有许多不同的概念。简而言之，当我们讨论广义上的希腊、罗马、伊斯兰和基督教文化中的文体、论证和作者，并希望清楚地勾勒出它们之间的宗谱关系时，我会使用“爱智慧（philosophia）”这个词；而当我使用“哲学”（philosophy）这个词的时候，我指的是另一些文化实践：它们不管出现在哪里，都和被归为“爱智慧”的实践之间存在某种相似性。需要再次重申的是，“爱智慧”表现的是一个特定的历史传统，严格说来，它是一个专有名词。

社会学家兰德尔·柯林斯（Randall Collins）出版过一本

专著，这本书是他研究成果的结晶：他不仅全面地研究了世界上许多哲学学派的发展方式，也研究了那群被称作“哲学家”的人。他认为，这些哲学家生活在世界的各个角落，思考“关于现实世界、宇宙、其他人的思想和意义的问题”。[4]柯林斯并不觉得从林林总总的哲学学派中挑选出合适的例子是件难事，也没意识到这里存在着一些哲学上特有的难题。他的社会学背景也使他不一定对书中提到的哲学问题有特别浓厚或持续的兴趣。不过，对柯林斯列出的问题不感兴趣的人里也包括许多自封的哲学家。吸引他们的是另一些截然不同的问题（比如说，他们会热衷于解释什么是“有害身心健康的烟雾”）。除此之外，一些思想家对这些问题感兴趣，但却不属于柯林斯感兴趣的那一类人。他们的研究方向走对了路子，但并不符合社会学对“哲学家”的定义，也就不是世人眼中的哲学家。

一般来说，在这种社会学氛围存在的地方，哲学家们都会付出巨大努力来区分那些“不是哲学”的活动和学科。它们中至少存在一部分内容，与其他部分相互排斥。我们先从一个经典的区分开始：哲学不是诡辩术（sophistry）。反过来，这一对比又可以细分出哲学活动的另外两个关键特征。首先，哲学关注于发现（不论什么样的）真理；诡辩术则不同，它旨在借用名人名言把“弱论证变强”。其次，从事哲学活动的人并不在意世俗的收益。哲学家们不拿自己的真知灼见来换取钱财，而智术师（sophist）们投身辩论则主要是为了获得财富。此外，要想如实地刻画现实，人们就得借助逻辑定律（也就是严谨的推理规则）来进行哲学活动。这里所说的哲学是与我们现在理解的“宗教”和“神话”截然不同的传统，后者在解释现实的时候，不会把“无法形容”或“逻辑矛盾”看作缺点。相反，人们认为宗教之所以能成功并且经久不衰，披着“神秘”外衣的逻辑矛盾功不可没。就拿基督教来说，它之所以能经久流传，主要是因为“三位一体何以可能”是个无解的问题，跟神学家是否有能力解答它无关。即便人们经常把哲学看作支持神秘主义传统的外部工具，哲学却几乎不会以同样的方式依赖于神秘主义。

让我们继续之前的讨论。哲学往往被视作一种通过先验反思发现普遍真理，而非通过实证手段发现具体真理的活动。为了更好地说明这个观点，我们将哲学与历史学的传统含义放在一起比较。根据传统定义，历史研究包括自然和社会两个子域，二者都涉及单一（res singular），也就是具体事物。此外，（这一意义上的）历史也与诗歌形成了鲜明的对比：亚里士多德在《诗学》中将历史和诗歌区分开来，依据在于前者仅仅讲述现实，而后者则与所有可能性有关——不论这些可能性是否发生在现实之中。他写道：“诗人的作用不在于关心已经发生的事情：即那些符合概率或遵循必然性法则的事件。”在亚里士多德看来，哲学从本质上对研究具体事物没有兴趣。所以，亚里士多德认为，纵观诗歌、哲学和历史学之间的比较，哲学和诗歌最为接近。他解释道：

诗人和历史学家之间的区别，不在于创作的是诗歌还是散文。希罗多德[1]的著作可以用诗体写成，这不过是合辙押韵的问题。即便如此，它仍是历史学文献。真正的区别在于，在这二者中，一个关乎于已经发生的事，而另一个关乎尚未发生的事。因此，诗歌比历史更崇高、更具有哲学性：诗歌偏爱普遍性，历史则偏向特殊性。5

诗歌的范畴比历史更广。但诗歌和哲学之间常常存在着相当的差别，这让诗人们觉得没必要讨论超出自己看法之外的可能性。因此，从这个古老的区分来看，哲学更像诗歌而不是历史，这一区分也决定了它们超出现实的程度。但如果从“是否强调正确推理方法的不可违背性”的角度来看，哲学又更像历史而不是诗歌。不过我们很快就会读到，这种可追溯到亚里士多德的三分法虽然已经司空见惯，但绝非所有人都接受：从赫拉克利特到弗朗西斯·培根，再到 G·W·莱布尼兹和之后的其他哲学家都会认为，实际和具体的对象才是哲学的核心。

在这些区分中，科学是否占有一席之地？一般来说，我们现在所说的 “科学”的含义更接近于以前的“自然史（natural

[1] 希罗多德，公元前 5 世纪古希腊作家，著有《历史》一书。该书是西方文学史第一部完整流传下的散文作品，记录了他旅行中的见闻，以及波斯阿契美尼德帝国的历史。

history）”：该学科将具体事实分门别类地收集起来，以便于进一步理解与现实世界有关的知识。还有一门学科被称作“自然哲学”，在很长一段时间，人们都觉得“自然科学”是一门体现着很强求知欲的学科，与搜集具体事实的自然史没什么两样。科学被看作自然史和自然哲学共同努力的结果，也一直是哲学重要的组成部分。科学和哲学在什么情况下会分离？这又会产生什么结果？我们在以后会经常回到这两个问题上来。

这么说来，哲学既不是历史，也不是神话，更不是诗歌、宗教奥秘或诡辩。对了，它也不再是科学。哲学是与所有这些智性活动碰撞激荡的另一种智性活动；哲学可能跟它们重合，可能给它们提供支持，但也可能一直与它们存在巨大的差别。这在某种程度上代表了人们惯常的看法。

事实上，哲学活动往往比这更杂乱无章。如果用地质学进行比喻的话，在一般条件下，哲学只存在于矿石之中，要想获得它的纯粹形式就需要提纯，这一过程往往耗费巨大，并且会不可避免地损失一部分我们想要的成分。这种混乱性从“哲学”的词源可见一斑：很早以前，人们把它当成贬义词来形容那些外行人的蹩脚做法。当我们从“哲学”转向该名词的施事格——那些为哲学制定规则、投身哲学事业，也就是做哲学的人：哲学家——的时候，这一点体现得尤为明显。

有趣的是，虽然“哲学”仅在某些情况下是贬义词，但“哲学”一词的变体几乎都含贬义。在十六世纪晚期，“空谈”（to

philosophize）这一动词首次出现在英语中。每当人们使用它时，都为了描述一种浮夸虚饰、矫揉造作的推理，并且常常与对智慧真正的爱对比。例如，亨利·摩尔（Henry More）在1662年发表的《无神论的解药》（*Antidote Against Atheism*）中写道："我不打算空谈（philosophize）圣灵的本质，我要证明他们的存在。"[6]这有点像美国车主有时会贴在保险杠的一句话："我不是宗教信徒，我只是爱上帝！"也就是说，说话者意识到，他/她之外所参加的事情会和一群名声不怎么好的人联系在一起。所以他们坚持自己只是参加这些活动，但绝不会成为这类人中的一员。这一动词也常常被用来描述一种一无所成、白费脑子的做法；形容做事不仅不得要领，而且最后徒劳无功。正是因为知道鱼没思想，济慈才让它们"空想"（"to philosophize"）冬天的河冰到底多厚。[7]近几十年来，英美哲学家们已经接受了"做哲学"（to do philosophy）这个说法。人们现在普遍认为哲学是一项定义明确的活动，就像一个人可以做运动一样，这个人也可以"做"哲学。现在，"做哲学"成了古希腊语动词 philosophein 约定俗成的翻译。研究者们发现，如果我们用"philosophizing"形容亚里士多德，这个词不仅听起来过分古板，而且带着贬损的弦外之音；但我们使用"做哲学"一词的时候，就会更符合现代人的理解，带着尊敬的意味。[8]有趣的是，当"哲学研究"（to philosophize）这个动词转变成"做哲学"（to do philosophy）的时候，"哲学"一词的施事格"哲学家"的消极含义就完全消失了。

显然，哲学的动词形式和名词“哲学家”之所以摆脱了贬义，不仅因为哲学逐渐职业化，也因为哲学经历了彻底的改头换面：它原本是任何人都可能参与、以之为生活方式的活动，无论浮华还是谦卑，虚伪抑或真诚，经过不断演变，哲学逐渐成为只有处在特定的制度环境中，获得相应资质的人才能做的事情。虽然生活在当今发达国家的专业哲学家们或许不愿承认，当他们谈及“做哲学”的时候，他们所描述的是一种特定的职业活动，就像法律工作者“执法”，或主治医师在医院巡房一样。他们中大多数人可能都认为，在西藏的寺院或因纽特人的冬季营地上根本“做”不成哲学。在他们眼中（虽然不会明着说出来），因纽特人打发冬季漫漫长夜，玄想时间本质或世界起源的做法就是原始意义的“philosophizing”，是种白费脑筋的幻想。

我们已经从两个方面定义了这个转变：从问题重重的“philosophizing”到职业化的“做哲学”，“哲学”这一术语已经与消极的联系撇清了关系，就像“诗歌”独立于“诗人”和一首首具体的诗那样——确实有些自诩为哲学家的人试着按照自己理解的方式做“哲学”或是进行哲学写作，但他们只是拙劣的冒牌货；“哲学”这个词则与贬义毫不沾边，高贵卓越，远超这些人的所做所想。“医学”与“医生”之间的关系似乎是相互强化的，从业者的工作使医学被视作一种高尚的技艺，而医学崇高的使命也让医生成为一项高尚的职业。这与哲学和有志于“做”哲学并自诩哲学家的人们之间的关系非常不同。相较之下，自称为哲学家的人必须时刻提防“有辱哲学使命”这一指控，这意味着他们的“哲学家”头衔不过是徒有其名。换句话说，不论在哪儿，这些自封的哲学家并不会影响到哲学的存在。据此，托马斯·霍布斯（Thomas Hobbes）在出版于1655年的《论身体》（*De Corpore*）一书中是这样描写古希腊人的：

> 可为什么呢？为什么在古希腊人之中，既没有天生的哲学家，也没有哲学家文人呢？倒是有一位被称为“证人琉善（Lucian）”[1]的人嘲笑他们；证人们潜伏在城市里，常常遭到公共法令的驱逐。但并不意味着那个地方没有哲学存在。[9]

虽然霍布斯提醒我们，哲学家的存在不足以保证哲学的存在。但现在，如果你说一个拥有哲学专业学位的人“不是个哲学家”，没准还会遭到起诉呢。[10]

*

当今的历史无法用常规的编年体书写——即按从过去到现在，从他们到我们的方式。因为这种简单按时间排列的记事方

---

[1] 琉善（约120-180），古罗马帝国时期的希腊哲学家、讽刺作家，著名的无神论者。他之所以被称作“见证者”，是因为基督教神学家将其作品视作对耶稣在历史上活动的教外见证。

式，会不可避免地暗示着某种对进步的认同。而本书的其中一个目标正是要说明：纵观历史，哲学运动是从一个自我认知发展到下一个自我认知的过程。在最好的情况下，这一运动会跌跌撞撞地向前发展；而在最坏的情况下，哲学会变得越来越狭隘。这是一种倒退，因为它背离了早期包罗万象的哲学观。所以，我们要摒弃这种认为“过去”和“未来”高低有别的历史观；根据这种观点，哲学的发展是一个逐步成熟的过程，所以过去的思想是“基础的”“入门的”。这一方法有时被戏称为“我的成功之路”，很多影响深远的哲学史研究都不免落入这一窠臼——伯特兰·罗素（Bertrand Russell）那部出版于 1945 年的著名《西方哲学史》（*History of Western Philosophy*）就是典型。[11] 在过去的几十年里，“历史进步”这一观念饱受史学家抨击。这一历史叙事预设了一个个发展阶段，认为事物会从初级、原始的状态逐渐进化至一个更高级、更完善的阶段；这一叙事方式同样主张，变革注定是由少数伟人主导的，而且这些伟人大多是男性——人们将这一方法称为辉格史观（Whiggish）。后来，另一种历史叙事基本上取代了辉格史观：它不仅强调历史人物的局限性，而且认为在既定的进程之中，变革都是因时而发的。换言之，人们现在往往不再以目的论的方式理解变化，认为变化和进化是一回事；相反，他们认为，只有把变化放在给定的语境和局部合理性（local rationality）里讨论才有意义。比如，工业革命不是少数几位智慧的欧洲男性的决心与创造力的结果，而更像是适应严峻经济形势的一个渐进过程——工业革命的推动者们置身其中，不可能看到一个完整的图景；此外，这个过程也包括将那些主要在欧洲之外发展起来的新技术吸纳进来。这与军事史有些相似：我们不能只把注意力全部集中在将领的智谋和英勇上，还要把各个阶段对我方有利的地理与人口优势也考虑进来，以上因素缺一不可。

值得注意的是，辉格史观的目的论在科技领域被很大程度地保留了下来。在这个领域，某个从业者极有可能做出一件标志着真正进步的事情。所以，该领域的历史可以被恰当地形容为一部“进步史”或“成功史”。机器变得越来越好，越来越快，这正是技术专家们设计的结果。那么，为什么科技史没有反映出人类意志与现实之间的正向联系呢？为了讨论一个对我们目前更重要的相关问题，我们可以先把这个复杂的问题放在一边。大多数哲学家都会认为，哲学的发展和科技的发展不太一样，不论他们是否认为哲学存在进步。哲学论证不会像机器运作那样变得“更快” 或“更强”。更重要的是，人们常常认为哲学活动有一个“永恒”的维度。这使得哲学不可能存在进步：从这个意义上讲，哲学传统中的代表人物被理解为我们的同代人，与我们讨论着“永恒的话题”。这些话题将故去的人和活着的人联结在一起，除了生活的年代不同之外，哲学讨论面前人人平等。几乎没人会觉得亚里士多德时代的物理学比爱因斯坦所生活的时代更先进，但反观其他方面，许多人会试图证明亚里士多德在伦理学方面的贡献无人能及。

有人认为，哲学就是和哲学史上的代表人物进行对话。虽然这种做法看起来跨越了历史，甚至不受时间的限制；但不难看出，它还是支持着一种以目的论或进化思想为基础的哲学史观。如果我们把故去的哲学家们当作自己的同辈，这将不仅使他们无法为自己发声，也无法控制我们转述他们的观点时是否讲得足够清楚，表达得足够准确；此外，我们也会不可避免地去凭想象理解历史上的哲学家们。不过近几十年来，其他涉及历史的学科都勤于反思研究本学科历史的方法论，检验它们是否严谨，而不只关注历史本身。反观哲学，学界在这方面的反思甚微。可为什么会这样呢？在我看来，这可能与很少有人愿意研究“作为哲学问题的史学方法论”有关。也就是说，虽然哲学家们（或至少大多数英语世界的哲学家）可能会对“我们如何知道过去”这个形而上学问题感兴趣，但他们似乎既不会对“我们如何了解哲学的过去”感兴趣，也不会费心研究我们如何确证自己对历史上哲学家们的目标和论证的描述就是正确的。他们也不想花费精力去思考一些文献学问题，比如当我们需要用到文本来源或间接证明时，要用什么样的方式去界定证据。对这些问题感兴趣的人可能会承认，文献学也是哲学的一部分。所以说，哲学绝不仅仅是一种可以直接进行的、永恒的对话。但在大多数情况下，哲学不将文献学的贡献考虑在内。一些古代哲学家被捧为“经典作家”，是因为现在的人们认为他们的立场非常重要；至于这些立场是否在哲学家自我概念的形成或在他/她所扬名的环境中发挥了重要的作用，则通通不予考虑。我们讲述过去的故事，并把这种做法称为“历史”。

“历史”（history）和“故事”（story）具有相同的词源，在许多语言中甚至都是同一个词。有人令人信服地论证道，我们在重建过去的所有努力中，讲故事是最好的选择。毕竟，即便我们对过去的叙述完全真实无误，这些事实也经过了我们的筛选；我们偏爱这些事实，并把它们从无数同样真实的事件中选了出来。然而具有讽刺意味的是，虽然那些告诉我们“a 如何导致 b 再引发 c 继而影响到我”的辉格派历史学家坚持自己忠于真理，但他们也不过是在讲故事罢了：选择出一系列他们认为构成了完整的历史的事实，然后将其呈现在读者面前。

即便我们承认存在着这些困难，但还是会存在着一种方法，让我们更好、更充分地讲述哲学的历史。这并不因为该方法能挑选出更多关于过去的正确事实，而是它会挑选出一系列事实，再将其串联起来——这一连串事实会帮我们更透彻地理解某段历史进程的真实面貌。不过这种信念既不完美，也不永恒，就像科学发现那样。对过去的有说服力的解释也未必必须符合这一标准。

*

故事由人物构成。纵观哲学史，我们发现几种基本类型的思想家反复出现在不同的时间和地点。虽然他们之间存在着很大的差异，但人们还是把他们都看作“哲学家”。

我把第一类思想家称为“求知者”(the Curiosus)，这是哲学史上极易被遗忘的类型。本书中的一个要点就是揭秘他们在历史上被埋没的原因。求知者代表了这样一群哲学家：他们详述暴雨和飓风的成因，磁变的原理还有跳蚤翅膀上细小颗粒的分布。值得一提的是，精通近代早期实验哲学（Experimental Philosophy）的求知者以女性为主。

求知者们（无论男性还是女性）认为，研究具体（res singulars）事物的知识没什么丢人的。这些知识同样可以组成一个整体，将自然的秩序揭示出来。他们也把发现这一秩序视作哲学家的要务。有人匿名批评亚里士多德醉心于研究海洋生物学，亚里士多德引用了赫拉克利特的说辞为自己辩护，来解释为什么要研究海参或头足纲生物的内脏。这一辩护词也成了这种哲学研究方法的标准概括：赫拉克利特懒洋洋地裸身躺在炉子上，一位尊贵的客人撞见他这样时，他应答道：“这里也住着神。”亚里士多德援引这一格言，希望借此立场明确地捍卫动物学研究的哲学价值。求知者是十七世纪的一个常见形象，比科学家出现得还要早一些；同时，他们也是最后一批认为上帝存在于具体自然事物之中的哲学家。

圣人（the Sage）是哲学家的第二种身份。这可能是哲学家最古老的社会角色，比“哲学家”（philosophos）这个词还要早几千年。在这里，我们应从广义的角度理解这一身份，包括那些社会上广受尊敬的人——他们往往富有口才，被看作能沟通内在与超验领域的中间人。人们往往认为他们能传达众神的旨意，或能够解释超出人类经验之外的事情。比如，这群人里包括注解印度教神圣经文的婆罗门，他们为我们提供了理解印度古典哲学的文本基础。直到某一个历史阶段，人们才用清晰的概念和有效的论证来描述祭司的“中间人”身份；也只有当祭司的形象出现在类似的文本中时，我们才开始觉得祭司的行为是哲学或准哲学的。萨满或在非文本文化中的类似形象完全符合“圣人”这一角色。这一角色通常由女性或是较阴柔的男性担任，虽然扮演这一角色的女性常常得不到社会和体制广泛的认可。值得一提的是，法语中“助产士”（sage-femme）一词的文本含义就是“有智慧的女人”或是“女圣人”。在大众眼中，她们拥有关于人体和人在自然界之中的地位有关的智慧。

哲学家的第三种身份是“牛虻”（the Gadfly）。“牛虻”们认为，哲学家既不扮演着神圣与世俗之间沟通者的社会角色，也不是避世的隐士，而是要在一切可能的范围内，纠正他们自己社会成员的见识短浅和误解。苏格拉底算是“牛虻”中的特例，因为他没有制订一个积极的计划，来取代他同时代人们的许多错误信念与意图。相比之下，许多社会评论家或尽忠职守的哲学家们都遵循了这一可敬，而且仍旧非常重要的传统。

禁欲者（the Ascetic）是哲学家的第四种身份，卡尔·雅斯贝尔斯（Karl Jaspers）[1]将他们出现的时期称作“轴心时代”。[12]此时，佛教和基督教登上世界舞台，二者均明确反对生活在华丽庙宇中的祭司们的权威。犬儒主义者、耆那教徒（他们被古希腊人称作裸体主义者或是赤身智者）、早期基督教徒，还有其他的弃世者们为哲学概念提供了一种观念的范本。按这种观念来看，哲学的第一要义应当教人顺应自然或是神圣法则，要不就是服从于某种高于社会、国家或神殿虚假权威的事物。苦修者一直是中世纪哲学中一个为人熟知的形象。虽然现在这一群体的绝大多数都生活在修道院中，但这一形象之后的效仿者也有世俗的现代人，比如弗里德里希·尼采（Friedrich Nietzsche）。尼采通常被视作一个个例，但这可能与当时的社会历史状况有关：到十九世纪晚期的时候，“禁欲者”已经不再是一种特征显著的社会角色，所以尼采没法按传统的方式做一名“禁欲者”。值得一提的是，作为一种哲学风格的禁欲主义已远远落后于时代潮流。

士大夫（the Mandarin）是哲学家的第五种身份。虽然与朝臣（Courtier，即将介绍的另一种身份）不同，但它仍是一个带有轻蔑意味的术语。“士大夫”描述的是一个阶级，而不是某个脱离了这一阶级的特立独行者。这个词源于中国帝国时代（Imperial China）选拔精英阶层的科举制度，而且让人很

[1] 卡尔·雅斯贝尔斯，著名德国哲学家和精神病学家，存在主义哲学的代表人物。

容易地联想到现在法国选拔“高师人”（normaliens）[1]的大学入学考试，也可以与英美国家的精英教育体系稍微扯上些关系，因为当今大多数在哲学事业上取得成就的人都来自这一体系。不论在哪里，只要士大夫身在朝堂，那么作为既得利益者，他们会全力维护托马斯·库恩(Thomas Kuhn) 所称的“常规科学”（normal science）[2]，就像一群小心守卫着学科界限的卫兵。许多富裕的资助人赞助他们做哲学：以前是皇室，现在是企业（这一点和“朝臣”的情况一样）。士大夫们离权力的中心也很近（现在的顶尖哲学院校通常地处资本密集的世界大都会附近，可以驾车或者乘火车方便地到达）。但不同于朝臣的是，他们大体上都能追求自己的事业，这一举动似乎跟金钱没什么关系。此外，他们会在第一时间谴责朝臣不得体的行为。然而在即将到来（或许已经到来了）的后大学时代，士大夫们的前途实在是未卜。

最后一个角色是朝臣（the Courtier），也是哲学家的第六种身份。这一形象不仅广为人知，而且备遭轻视。在一本最近流行的书里，巴鲁赫·斯宾诺莎（Baruch Spinoza）被塑造成高贵的苦修者[13]，以此对比莱布尼茨（Leibniz）的“不择手段”——

---

[1] 特指由巴黎高等师范学院根据学校章程选拔、具有准公务员的身份的学生。从该校毕业后执教的学生以及国际学生不在此定义之内。

[2] 托马斯·库恩，美国物理学家，科学哲学家。其著作《科学革命的结构》使“范式”（paradigm）这一词汇成为日常语言中的常用词。“常规科学”指科学的进步是渐进的，是新知识的线性积累。即科学发展是在原有的体系上叠加，从而取得进步。

因为后者准备将哲学服务卖给出价最高的欧洲国家。作者之所以对两者的社会角色做了如此截然的区分，只是希望读者能够明白，斯宾诺莎本质上是更好的哲学家。这就好比我们认为一个人不能兼具野心和智慧，同样，一个在世俗中摸爬滚打的人不可能同时是一名深刻的思想家。这个道理也适用于“朝臣”。当这一身份第一次出现在我们的名单上时，与它挂钩的显著特征就是金钱（尽管这一特征同样适用于某些在寺庙里当祭司的圣人）。最近，朝臣常以“叛徒”的面貌出现，不过我们也可以委婉地将他们称作“公共知识分子”。不同于“牛虻”，他们的志向并不在于改变社会，而是为了升官或者出名（此处的性别代词是有意的，因为这一形象大多是男性）。但是问题来了：究竟怎么判断一个人是否符合这一描述呢？所有的哲学家都需要支持，只有极少数的人才有足够坚强有力的意志，选择坚持纯粹的禁欲主义。对于朝臣这一角色而言，他们把追求尘世的财富和荣耀视作自己的终极目标，而不是作为他们对智慧的纯粹热爱的附属品。或者至少可以说，他们这些人在隐瞒他们所追求的是财富和荣誉这个事实上做得非常糟糕。然而有一个重要的问题：他们所渴求的东西是否完全与深刻的思想无法相容？莱布尼茨似乎为“不相容”的主张提供了一个反例。但还有另一个有趣的问题亟待解决，它的答案可以告诉我们许多与哲学本质有关的内容：当人们质疑某位哲学家的品德时，为什么一直都把“朝臣”的身份作为人身攻击的有力武器来使用呢？

与康德的十二知性范畴不同，我对哲学家的六种分类既不详尽，也并非通过严格的演绎推导得来；在没有进行大量的修订和补充之前，它都算不上一种成熟严谨的分类法。比如说，有人可能也想把冒充内行的人（Charlatan）算上：这些自学成才的大师们往往会夸下海口，自诩有求必应，无所不能。但是我们会发现，要想完全理解那些在过去的几千年中被称作哲学家的人们的毕生事业，还有他们造成的社会影响，只需哲学家的这六组群像（还有介于这六种类型之间的形象）就够了。

*

这本书一共有六个章节，分别对应着哲学家六种不同的形象。读者在每一章都会读到他们的自述，还有他们感兴趣的一些哲学问题——但每一章呈现出的内容远不止于此。阐明特定的对立关系也是每一章的目标：哲学家们希望借助这些关系来定义“什么是哲学”和“什么不是哲学”。某类哲学家所采取的立场，可能又会和其他章节里提到的立场对立。这一联系不会在文中明白地说出来。读者们完全可以试着勾勒出这些联系。

相对于研究具体事实来说，哲学的主要贡献在于研究普遍真理。这是我们将在第一章中重点讨论的问题。证据有力地表明，正是这种哲学观念禁锢了人们的观念，把过去几千年中以哲学的名义进行的诸多活动排除在外。对于具体事物在哲学上的重要性的辩护词不仅是第一章的主题，也会在整本书中一次又一次地出现。即便当我们转而关注其他立场时，它也依然可能是讨论的核心。我们在第二章会重点讨论一种傲慢自负的态度——即认为，“哲学”是一个专有名词，被用来描述来源于希腊远古时期的特定传统。我们将把这个想法和与之相反的其他立场进行比较，在后者看来，哲学是由世界各地的专家在形态各异的文化中实践的东西。甚至可以说，哲学是一种与文化完全交织在一起的东西，因此它是一项所有人都参与的与文化相关的活动。我们将在第三章转向讨论体裁（genre）：带有个人风格的第一人称写作与客观的、论文式的第三人称写作之间有何区别？从体裁方面看，哲学写作与创作文学和诗歌有哪些差别？我们要研究的是，这些区分都从哪些方面将哲学和与其相近的领域区分开来。与此同时，我们也会质疑这种区分的合法性。我们会在第四章中探讨作为一项具体的活动的哲学。当我们用思想探索宇宙和永恒的时候，我们的身体该做些什么呢？纵观西方哲学史，我们发现身体鲜少得到重视。我们将思考这一事实潜在的重要性。这一差距存在于许多西方哲学和至少一门（被西方人熟知的）东方哲学之间。它会将我们引导至一个更深层次的讨论：对哲学进行类型区分总是困难重重，而这些人们熟悉的哲学则会成为参考的基准，就像指南针的基点一样。我们将在第五章讨论分析哲学和欧陆哲学之间的区分——这种区分与门户之见（provincialism）息息相关。借此，我希望找到区分不同哲学思考方式的做法，它们或许尚未出现在我们的视野中，但比“分析”和“欧陆”的区分更重要。我们将回顾从第一章和第二章中收获的心得：哲学对于单一事物的关注非常重要，除此之外，生活在其他文明之中的人也有许多独具慧眼的想法。第六章，也就是最后一章，我们将转而讨论哲学与金钱之间关系的难题：二者是否相容？如果它们无法相容，我们又将二者放在一起，这么做究竟会产生怎样的风险呢？

第一章

具体的事物和永恒的真理

哲学家群像之一：求知者

在赫拉克利特的一段话中，“哲学家”（philosopher）这个词第一次以主语的形式出现。显然，这是个用来嘲笑毕达哥拉斯学派的词。在残篇 35 中，赫拉克利特如是写道：“哲学家（philosophoi）也必须得是很多事情的探问者（inquirers）。”[14] 人们公认赫拉克利特是哲学传统的奠基人之一，但当他试着理解到底谁才能被称作“哲学家”的时候，却表现出了犹疑和困惑。如果我们知道“探问者”在这里的原意是“histora”时，已有的疑虑又会加深一层：人们一般把“histora”翻译成“历史学家”，特指这样的一群人——他们感兴趣的是具体（singular）事物、讲故事或是讨论现实（而非可能性）；这与亚里士多德之后对诗学和哲学的理解截然相反。

赫拉克利特的观点出现得远比亚里士多德要早。我们已经在导言中读到，亚里士多德将“历史”定义为与诗歌对立的事物。我们或许会想，赫拉克利特之所以无法界定“哲学家”这一名称的范围，仅仅是因为这个词的含义模糊不清：它才出现没多久，尚未形成固定的用法。不过当人们将历史学家单纯地理解为探究具体事物的人，或是对自然界及社会中的具体事实感兴趣的人时，确实会存在着很像“历史学家”的“哲学家”。从古风时代（archaic era）到希腊哲学的黄金时期，每个历史阶段都有他们的身影。就拿大家都熟悉的“审判苏格拉底”来说，雅典人把他告上法庭，罪名有三：他把弱论证变强、腐蚀青年的思想以及不敬神。但还有另一条由“不敬神”引申而来的指控，虽然它常常被人们漏掉，略过不提，却可能是所有指控中最重要的——苏格拉底对于天上地下发生的一切现象背后的物理原因过分感兴趣。在后人看来，这位伟大的哲学家因其“自然历史学家”的角色而遭到指控。他对殊相（particulars）过于好奇，并相信我们能借助研究它们弄清楚自然的运作方式。比如说，阿里斯托芬（Aristophanes）[1] 将雷雨云的作用调侃为人类肠胃胀气 15，以此来讽刺苏格拉底的这一形象。

当然，苏格拉底的指控者们误解了他：与其说他是一名富有好奇心的自然探索者，不如说他是一名雄辩家。此外，他似乎也不怎么在乎天上地下到底发生了什么。虽然我们熟知苏格拉底对

[1] 阿里斯托芬（约前448—前380），古希腊著名喜剧作家，擅批评时事。柏拉图在《申辩篇》中指出，他的喜剧《云》与苏格拉底被起诉有关。

“诡辩家”这一指控的申辩，但另一项指控——关于他赞成研究自然科学——却从我们的眼皮底下溜了过去。我们甚至会觉得费解，这个指控为什么会对苏格拉底造成毁灭性的打击？所幸历史记载再清楚不过：直到近代早期，被称为“哲学家”的人们常因研究自然获罪，其频率不亚于被指控为“把弱的论证变强”。特别是当“哲学家”被当作贬义词使用的时候（纵观历史，我们可以自信地说，这种轻视在大部分情况下起码都不算过分），人们会把研究自然看作一种受“好奇天性（curiousus naturae）”驱使的活动[1]；相应地，“哲学家”则是指这样一群人：他们对自然具体的运作方式充满好奇，诸如云和冰柱是怎么形成的，鬼火为何会出现。比如洛朗·兰格（Laurent Lange）在1735年的一篇文章中，提到了一群研究封冻在西伯利亚猛犸象的自然哲学从业人员。他是这样描述他们“好奇”的本性的：

他们说，（这只巨兽）用前额的巨角开道，把他们面前的泥土推开。他们还说，这个角的质地与它身上其他地方的骨头并没区别，并且与很多在西伯利亚发现的大象的牙齿非常相像。一些充满好奇心的自然科学从业者（Des curieux dans la Philosophie naturalle）坚信，这只巨兽正是《约伯记》（*Book of Job*）第

---

[1] 拉丁语。“curiousus”一词既可用于褒义也可用于贬义。此处用于贬义，带有“爱管闲事”“到处打听”“古怪”的意思。

四十章提到的那只贝希摩斯[1],因为这只野兽和书中的描述完美吻合："它下颚露在外面的部分好像铜一样，坚硬如石头。"16

根据当时的语言习惯，兰格在使用"自然哲学"一词时，语气带着些微的嘲讽。这是因为那些人的做法完全偏离了对古生物化石的描述，他们只是为了解释《圣经》而进行臆测。但在兰格的潜意识中，猛犸象的骨骼在自然哲学家正当的研究范畴之内；好奇心不仅是自然哲学家们的美德，还是他们研究的动力。而现在"哲学家"一词的负面含义往往指夸夸其谈，比如：脱离现实世界中具体事物而进行的思考；针对无意义抽象概念的纸上谈兵；还有创造晦涩难懂的词语，就连这些词的发明者都不清楚自己在说什么，等等。"哲学家"的负面含义已不再指过分好奇，而这一转变背后的原因则与现代科学的兴起密切相关。

哲学看起来已经成功远离了它的早期形象——诡辩术（在现代的语境中，按照一种折中的说法，长期接受报酬的职业哲学家就是诡辩家），不过，哲学与体制化宗教之间的关系一直不太稳定，这使得二者在很长一段时间内相互混淆。但哲学和

---

[1] 贝希摩斯（Behemoth）是希伯来文，意为"群兽"，指其形体十分庞大，就像把一群动物加起来。除了"尾巴如香樟树"之外，这一形象都与河马相符合。因此《圣经·和合本》译者以"河马"代指。相关经文见《约伯记》（伯四十 15-18）："你且观看河马……它的骨头好像铜管，它的肢体仿佛铁棍。"

最终被称为“科学”的学科同宗同源，难解难分；此外，人们努力从多方面理解这两种人类探索之间的相同之处，这一努力推动了“什么是哲学”这一定义的发展。我们可以姑且认定：哲学［或至少是从爱智慧（Philosophia）演变而来的传统］中存在着一对张力——一方面是苏格拉底从现象世界抽身，寻找（足够多）关于固定不变的概念的知识；另一方面则是好奇的求知者研究天上地下发生的自然现象。如果我们只关注前一部分，而略过对苏格拉底控告的后一部分（无论控告是否合理），我们将会极大地误解哲学一直以来的样子，也无法理解哲学到底是什么。

自十八世纪以来，哲学逐渐失去了与科学的体制化联系——这是哲学领域最重大的发展之一（前文简单地提及了这一点）。也正因如此，哲学不再自我定义为“对科学感兴趣”或是“支持科学”，转而认为科学是自己的一部分。尼采饶有兴趣地观察到，当人们不再认为“神是善的”时候，科学就出现了。这句话的意思多少有些隐晦，但我们起码可以这样解释它：纵观尼采的生平，这句话代表了他对科学最初的理解。在尼采看来，科学是实用的，以事实为导向的，而且独立于哲学。[17]照这样解释，当人们认为关于自然第一推动力或最终法则的深刻哲学问题与测量、分类、利用自然界事物的力量等问题无关时，科学就出现了。

有许多优秀的论证强化了哲学与科学的联合。值得一提的是，这一做法最有希望使哲学在高校和广泛的文化中继续蓬勃发展下去。最近，这一方向涌现出一些颇有进展的行动，特别是被称作“实验哲学”[1]的运动。18 但是，实验哲学的大多数拥护者甚至都不知道（或无法真正体会到），这场运动只是一种回潮。早在几个世纪之前，自封的“实验哲学家”就已经存在了；而他们所持有的哲学观念，甚至比我们许多当代人的思想更加周全和完整。一个更彻底、更接近近代早期实验哲学精神的重新统一，既不会仅仅采取某门经验科学的方法（就像近期实验哲学引用心理学那样），也不会像分析哲学经常做的那样，以澄清或分析科学家在发表观点时所采取的逻辑和方法为己任。相反，它会坚信科学对世界的描述就是哲学的一部分。

至少在十八世纪中叶之前，大多数欧洲哲学家好像都在按这种精神行事。有趣的是，这种精神的踪影在二十世纪的生物学界依然存在。比如，达西·温特沃森·汤普森（D’Arcy Wentworth Thompson[2]）在他里程碑式的著作《生长与形态》（*On Growth and Form*, 1917）中，记录了康德缺乏远见的观点：康德推测，定量分析可能永远无法解释生物的成长和发

[1] 这种哲学流派旨在将实证研究和传统的哲学研究方法结合起来，利用认知科学（如心路学、人工智能、语言学、人类学等）了解普通人对一些基础哲学问题的想法。

[2] 达西·温特沃森·汤普森（1860–1848），苏格兰动物学家，在胚胎学、生物分类学、古生物学和生态科学领域贡献巨大。他的研究的革命性在于用数学和物理概念解释生物现象。

展。但汤普森在书中指出，用定量分析研究生物学完全可行。但即便如此，读者也能清楚地看出，这本书不仅继承了自亚里士多德到康德一直延续下来的哲学思考传统，也继承了机械论（mechanism）的局限性和目的论(teleology)的价值观。就像“经线和纬线”那样，这位作者评论道：“机械论和目的论相互交织在一起。我们既不能将它们孤立地看待，也不能把二者混为一谈：因为他们的联合深植于整体性（totality）的本质之中。”此外，在汤普森看来，哲学“令我们倾听对机械论、目的论的解释，并遵从它们的指引”。[19] 他的工作不仅是对哲学传统的回应与延续，也是卓越的科学著作。事实上，仅仅在一个世纪之前，生物学家们感兴趣的问题还是诸如“亚里士多德目的论对解释达尔文自然选择机制有何价值”之类；这一水准会让现在的人们大为惊讶。当其他科学家（尤其是物理学家和化学家）开始脱离本学科中的哲学成分独立思考时，生物学家们还在借助哲学家和他们的作品（这里指近几十年对“哲学”的定义）来思考本学科。

自二十一世纪以来，生命科学取得了巨大的进步。一种常见的论调认为，这一进步的根源在于该领域从业人员的专业化：这不仅让他们甩掉了旧有思考模式的包袱，并鼓励他们在实验室里努力工作，进行量化研究，借此发现生物界真正的运作方式。这毫无疑问是正确的，但它没把一种自我理解的能力考虑在内：这种能力是通过思考自然、思考古老的问题培养出来的。这种能力和狭义上的进步或许都是现在所谓“科学”研究的合理的必要条件。在十七世纪初，弗朗西斯·培根（Francis Bacon）恳请他的同时代人“把他们的观念搁置在一旁”，以便于开展收集经验数据这一紧要的任务。[20]然而，他认为人们不该完全停止仔细思考并推测已有的数据。他只是要指出，收集数据的制度急需改革（我们现在会将其称作“科学进步”）。自培根之后至今的这段时间里，这一制度不仅得到了改良，而且取得了令人惊叹的进步。如果培根再世，人们领着他参观核电站，并向他展示微处理器等机器是如何工作的，培根绝对会告诉我们什么东西让他的印象最为深刻。不过这都是题外话了。

我们现在不妨把思绪拉回来。值得注意的是，培根在做出决定的时候，并没觉得“搁置观念”就是“停止哲学活动”。他认为这是一种做哲学的具体方法，和其他做哲学的方法一样，同样承袭了古代的传统。不过，现在的人们已经完全忘记了这个遗产，这让我们对约翰·伊夫林（John Evelyn）[1]的讽刺性暗示摸不着头脑：哲学家怎么会和关于空气质量的演讲沾边呢？“哲学—科学”的结合并非是哲学史上某个边缘化的或地下流派，而是历史上关于哲学是什么或应该是什么的主要观点之一。回想前文，“哲学家”最早描述的是“对许多事情感兴趣”的人。这一描述虽然清楚，但充满争议性。这很像《自然科学报》

---

[1] 约翰·伊夫林（1620-1706），英国作家，英国皇家学会创始人之一。

标题中“哲学”的含义：该刊物面世于1666年，由英国皇家学会出版。培根早在这本刊物出版几十年前就许下愿望，希望自然哲学研究能有组织地进行；在某种程度上看，这标志着培根的愿望终于成了现实。

我们发现，近代早期哲学史上的一些重要思想家也认为“哲学就该对自然感兴趣”。这些人之后会被我们认定为哲学家，从某种保守的意义上讲，这么做更符合我们对他们身份的看法。我们会把近代早期哲学史上的一些主要思想家追封为“哲学家”——这也是对哲学的一种理解。莱布尼茨的例子就能很好地说明这一点。在人们的观念里，莱布尼茨是个惯于思考先验命题的哲学家，不会一直醉心于研究具体事物。所以他才会在1698年给他的瑞典语言学家朋友J.G.施拜温菲尔德（Johan Gabriel Sparfwenfeldt）写信，并抱怨道“……人们说，我不该为了研究历史和历史规律中那些变化和易逝的东西，而放弃永恒和不变的真理。”[21] 1708年，莱布尼茨将一份提案上呈给彼得大帝，为新落成的圣彼得堡科学院图书馆的书籍建立分类系统。在这份计划书中，莱布尼茨将科学分为三大领域，历史被归入其中（我需要再次提醒读者，赫拉克利特曾将哲学家定义为历史学家），与数学和物理学并列。换言之，历史解释“涉及时间和地点，因此（历史的研究对象）是具体事物（*res singulares*）”。[22]

“求知者”（既包括男性也包括女性）这一形象与“科学

哲学家”和现在的“实验哲学家”之间存在某些共同特征，但他们在对科学的内容和哲学学科的理解上存在较大的差异。我们重新找回哲学对具体事物的优点与价值的理解，就得借助“求知者”这个形象。

在许多欧洲语言中，“科学”（scientia）和它的同义词（比如荷兰语单词“wetenskap”，德语单词“Wissenschaft”）曾经指的是某种知识体系：既包括我们现在认为是科学的学科，也包括那些明显不属于科学的领域——比如神学。当今的德国大学院系仍保留着某些传统学科分类标准——它们比在启蒙运动革新后的标准更古老——人们仍然可以研究“theologische Wissenschaft”，即神学科学（theological science）。相比起英语文化，“科学”这一广义的定义在欧洲大陆更为常见。在法国，人们仍然把人文科学研究称作“关于人类的科学”（the human sciences）；德国人则称其为“关于精神的科学”（the science of spirit[1]）；它们都包括作为学术领域的哲学。无论如何，当我们在这里谈及哲学和科学错综复杂的关系时，这里说的“科学”并非是“scientia”或它的同义词所代表的事物，而是指研究自然（天上地下）运作规律的做法（就是雅典法庭指控苏格拉底的罪状）；还有在其他时代和地方被人们称作“自然历史”，“自然哲学”，或仅仅是“哲学”的东西。现在，

[1] 德语为 Geisteswissenschaft。

学者们（不论他们是否研究哲学）都认为“PhD”——这个对获得博士学位的人（比如在生物学和化学领域）的称呼中，使用的是“哲学”最古老的意义。人们注意到，所有的东西曾经都是哲学；但这个念头只是在他们脑中一闪而过，很少有人能领会到这一想法背后全部的意义：如果要写一部认真对待哲学家诸类别的哲学史，那么关于冶金学和蒸馏的历史将会与形而上学或逻辑学占差不多的比重。

但除此之外，还有另一个让我们重视“哲学”及其所有变种的理由：所有学科的博士头衔都写作“PhD”，其中的“Ph”代表着历史上人们对哲学范围的理解。虽然人们做了很多努力，从各方面明确阐述哲学不是法律、历史、诗歌等其他的东西，但我们后来称作“科学”的贡献似乎太接近哲学的核心，以至于哲学要常常和它划清界限。苏格拉底可以这样做以否认雅典法院的指控：他可以仅将自己称作一名特殊的哲学家；这类哲学家拒绝用既有的教条得到确定的结果，而更喜欢将哲学理解为一种辩证法，人们要对结果持怀疑态度。不过“研究自然规律”的哲学家队伍中不包括苏格拉底。泰勒斯、亚里士多德、大阿尔伯特[1]（Albertus Magnus）、笛卡尔和莱布尼茨及许多别的哲学家才是：他们都不将研究自然规律作为自己的副业或爱好；

[1] 大阿尔伯特（约 1200—1280），中世纪欧洲重要的神学家、哲学家，多明我会神父，是首位将亚里士多德的学说和基督教哲学综合在一起的中世纪学者。

在他们看来，研究自然是哲学的固有本质。

人们会把一种研究归到“做哲学”的范畴中。在这种情况下，人们多用贬损的口吻谈论“哲学”或“哲学家”。苏格拉底可能没怎么研究天空和大地的运行规律，但一名“哲学家”一定会研究这些。我在前文写道，赫拉克利特认为哲学家就是历史学家，这就是他想表达的意思。一千年后，弗朗索瓦·伯尔尼[1]（Francois Bernier）在他的书中表达了相同的观点。伯尔尼是一名生活在莫卧儿时代的法国唯物主义者，他在著作《大莫卧儿王朝的晚期革命史》（*History of the Late Revolution of the Empire of the Great Mogol*, 1671）中，描写了“哲学家”和其他人的不同之处：时值印度的盛夏，烈日炎炎；他搭乘的船队即将起航，所有人都在有条不紊地进行着出发前的准备，只有一名“哲学家”例外：他顶着毒日头观察硝石如何让水冷却，把宝贵的准备时间浪费在沉思上。他写道，“他们往水里撒了差不多三四把的硝，然后把水壶浸入撒了硝的水中，过了差不多七八分钟之后，水就变得非常冷。在我看来，这水非常卫生。但也可能有人会喝不习惯，因此患上肠绞痛。”写到这里，伯尔尼迅速停止了思考（他可能觉得有些尴尬）：“可是，这些人为什么偏要在这时扮演哲学家的角色呢？现在是东印度群岛

---

[1] 弗朗索瓦·伯尔尼（1620—1688），法国医生，旅行家。曾担任莫卧儿王朝的御医，在印度生活了 12 年。

最折磨人的季节，太阳是如此毒辣，尽快出发才是第一要紧的事情。”[23]哲学家是种什么样的人？如果我们同意伯尔尼的看法，他们就是在有更多迫切的事情要做的时候，停下来研究制冷方法的人。

在十七和十八世纪期间，精密科学从哲学中分离了出去。自此之后，哲学就只剩下了推论性的理论。可以这么说：科学离开了哲学，就像孩子们离开了家。这个说法没什么问题，但它漏掉了一点：在二者分离之前，科学不仅“住在”哲学的“家里”，而且是构成哲学的一部分。准确来说，正是那些醉心于研究天上地下发生事情的那些人的行为构成了哲学活动，这使得哲学饱受质疑、富有争议。

在经历了疟疾多日的折磨后，我来到乡下换换空气。我其实病得不重，这反而还让我挺高兴的：这样我就能借着休息的机会，去追求真正属于我的志业——观察万物，我的观察涉及自然哲学的方方面面。

侯爵身负外交使命，从维也纳前往爱丁堡。在这趟旅途中，他见缝插针地来了趟英国。侯爵对我的研究嗤之以鼻，还用嘲讽的语气说，哲学现在居然有适合女士们研究的题目了，真是好极。学院里可没给女人留位子，都是男人们没完没了地在辩论什么“本质”(quiddity)啊，“‘此’性”(thisness)啊，他笑道。但对一位伯爵夫人来说，适合她在闲暇时候做的事情有很多：她可以举着放大镜观察蚕是怎么吐丝的，观察跳蚤腿上的精致细节；她还可以把两个镜片装到镜筒上观察天象，记录月亮盈亏周期，或是捕捉流星的轨迹。

在对科学的认识上，伯爵是只井底之蛙。我告诉他，哲学家们一直都在密切关注这类问题。亚里士多德不就是这样的人吗？他在潮水中跋涉，只为寻找新品种的珊瑚、水母和水蛭；他解释云和其他流星的形成机制，将彗星形容为地球脂肪的蒸发物。正是那些学校歪曲了伟大的亚里士多德的遗产，把哲学的范围缩小并局限在词语的争辩上；此外，他们也完全忽视了希波克拉底（Hippocrates）[1]、大普林尼（Elder Pliny）[2] 以及圣依西多禄 (Isidore of Seville)[3]的工作。好像这些人统统不是哲学家似的！我坚信，这些哲学家所具有的好奇心，正是那些高谈阔论“本质”的人极其缺乏的——他们既不敢承受风吹雨打，也不渴

[1] 希波克拉底（前 460—前 370），古希腊伯克利时代的医师，被认为是医学史上伟大的人物之一。他的贡献在于将医学与哲学和巫术分离，发展成为专业的学科。他订立了医师誓言，直至今日都是医生的道德纲领。

[2] 大普林尼（23—79），古罗马作家，博物学者。著有《博物志》。在观察维苏威火山爆发时，为火山喷出的毒气毒死。

[3] 圣依西多禄（560—636），西班牙六世纪末七世纪初神学家，教会圣人，其著述颇丰，包括 20 卷的类百科全书《词源》，还有《天文学》《自然地理》等自然科学领域的著作。

望了解世界。世界上有各种各样的事物，它们有着令人惊叹和无限的细节。这些人对此也毫无兴趣。

我是昨天抵达庄园的。我高兴地得知，仆人的孩子汤姆在他父母的鼓励下，一直坚持进行着丝绸文化和生产的实验。我们从去年夏天开始着手进行这项实验，当时我多少给他帮了些忙。我的母亲绝不会允许她的仆人在她的面前说话或是玩乐，更别说让他们展示他们的“人文科学”了。但我不一样。自打我记事起，我就情不自禁地对仆人们代代相传的知识感兴趣。这和向自然哲学家们学习大不相同。二者间最主要的区别在于，这些知识存在于言传身教当中，而不是书本上。比如说，汤姆的母亲知道怎么治好蜜蜂蜇，她也有一套办法对付嗝逆那样的小毛病。在我看来，这些知识也是我们应当学习的一部分，和观察行星在椭圆轨道上运行的知识没什么两样。

这时，汤姆的父亲把一些上面有神秘纹路的石头拿给我看，这些都是他在长途跋涉穿过森林时找到的。他还给我看了他收集的骨骼化石：其中有一只巨角，还有一个看起来像牛的大腿骨，但哪怕是这片土地上所知的任何野兽，都不会有这样巨型的骨骼。如果我们过去积累了足够丰富的观察的话（就像培根伯爵所梦想的那样），人们就可以借助积累的那些案例做出真正的归纳，并借助它们有效地改善全人类的处境。有学问的人实在太少了，我们在未来不能完全依赖他们的观察。我们该摈弃性别与身份的成见，采纳每一个有观察能力的人的成果。

回到乡下以后，我就能重新回归文字的王国，恢复我失落的文学公民身份。我是说，我终于又有时间和别人通信了。文字的国度没有疆域，它只存在于人们的头脑中。不论身处何处，我都沉迷于冥想——它是我心灵花园最幽静的角落。当我准备把自己的想法转变成语言的时候，我非常需要把心静下来。

现在是早上。我打算先写信给奥登堡先生，向他报告磁石的臭气。自打碰上那个爱尔兰骗子瓦伦丁·格尔垂克（Valentine Greatrakes）[1]后，我就一直在琢磨他用的伎俩。格尔垂克声称，他赤裸的手掌上具有灵力，能治愈一切疾病。但事实上，他只是利用了磁石鲜为人知的能力。现在，我完全能把这些能力一一列举出来，它们本质上并没有什么特别之处：它既不是自然界中事物隐藏的相互吸引力，也不是什么不为人知的超距作用（action at a distance）——它是通过放射人眼看不到的微粒直接作用于身体上，仿佛重锤直接砸上承接它的铁砧。啊，没有秘密反而是最大的神秘：那就是自然本身完美的秩序！自然剧院里无穷无尽的奥秘已经够奇妙的了，谁还会去想象鬼魂和精灵背后的意义呢？

接下来的一封信，我打算写给汉诺威的戈特弗里德·威廉·莱布尼茨（Godfrey William von Leibnitz）。我们相识于1676年，那时他刚刚就职于皇家学会。自那以后，他一直是我

[1] 瓦伦丁·格尔垂克（1628—1682），被当时的人称为“安抚者”（The Stroker）。他声称，只需用双手托住患者，就能治好任何疾病。

所有联络人中最忠实的一位。那时我正在伦敦打理侯爵的一些债务——他因鲁莽投资西印度群岛的制糖业亏了些钱。侯爵正在赶回家的路上，他不巧赶上了坏天气，只能滞留在加莱。当然了，那天的活动不对外人开放，更别提让女人参加了。但有人告诉我，莱布尼茨想和我谈谈。他对我制丝的方法很感兴趣。于是我们约定在活动那天下午在海德公园见一面，边走边谈。

散步途中，他向我吐露了许多宏伟蓝图：他打算出资在遥远的俄罗斯建立学习院，还要为维也纳的街道安装路灯。而投资这些项目所需的所有经费，都来自他打算在柏林建的一家蚕丝工厂。这家工厂会日夜生产，到时候，光柏林一座城市生产的丝绸就和中国生产出的一样多！他真是个梦想家。我高兴地把自己所知道的一切都告诉了他，因为我不觉得知识是秘密，该被藏着掖着；此外，我养的蚕能吐出又长又好的丝，不过这背后没有任何了不得的秘密：这一切都是从汤姆那里学到的！

当然，我们还谈了许多别的事情。我发现，莱布尼茨和我的想法居然契合得如此完美！我从未因他的性别回避与他交往，但我也从未染上过多情的疾病。我对莱布尼茨的感情是“柏拉图式”的：这种感情存在着欲望，是一个人心中最真实、最正当的欲望：希望和另一人可以建立长久的联系；因此它绝不是肉欲，也不是一种转瞬即逝的东西，更不会因容颜老去而枯萎。

所以，就像我之前说的那样：我必须给莱布尼茨写信。但就在刚才，我听见汤姆上楼来了。我希望他乐意给我看看他正在做的东西，他告诉我，自己在做一只会自动调节温度的炉子。他把这一发明称作“汤姆的永动机”！说实在的，这个男孩很有想法，我多希望有朝一日能看到他成为皇家学会的成员啊！但我手头还有一个来自马恩岛的医生——他叫什么来着？——烦人的问题：他说岛上出生了一头双头小牛，希望就此听听我的看法。当然，伯爵的事情是永远处理不完的：比如投资制糖失败的债务，还要把那群猎犬退回到饲养人那里，因为他最近不想围猎那些可怜的狐狸。

与此同时，我还在撰写一部小说（虽然我还没敢告诉任何人）。故事的主角是一位年轻的侯爵夫人，她通过巧妙地利用磁力让自己登上月球，并在月亮上展开各种各样的观察。和其他小说一样，这部小说也加入了幻想的成分，为的是更好地调动读者的智性。如果越来越多的哲学作品能采取这种明智的做法就好了，我坚信，这样就会有大量的哲学家涌现出来。就在今天早晨，我刚刚给这个故事加了个小转折：我们的女主人公遇到了月亮守护神，他是笛卡尔先生的化身。纷乱的思绪就像一片黑暗的沼泽，在它将我吞噬之前，我必须快快将这段文字写出来。给莱布尼茨的信怕是必须要等到明天了。

我从没有正式地学习过任何科目。但我仍倾尽所能地学习着我所钟爱的自然学科——我有坚韧不拔的精神，我靠着和他人通信交流来学习。我对数学，还有那些关于普遍与永恒事物的学术领域则缺乏这种热情。我心灵的眼睛仿佛自发地关注各种各样的事物：虽然它们终有一死，逃不过腐烂的命运，但它们是如此令人惊叹。在看待这些东西时，我一直秉承一个最基本的信念：它们反映了神的智慧。人们为了寻找神圣真理（比如数字的不变性，还有数字之间的关系），就会自然而然地转向它们。我得说，这就是哲学。

在哲学史的大多数记载中，哲学家都被刻画成“一个有智慧的男性”，这几乎成了哲学家性别的刻板印象。现如今，哲学正面临着诸多性别平等方面的问题（起码在英语世界中）。相比非哲学史研究者，历史学家们更能看出这一遗产对性别平等问题的重大影响。也就是说，虽然哲学这一早期的自我定义已经退出了历史舞台，但它的某些方面还在左右着哲学（哪怕这些方面已经淡出了人们的视野）；当人们决定“谁才能被称作哲学家”时，它影响着人们的判断。

比方说，根据一段野史“菲丽丝（Phyllis）骑着亚里士多德”这个故事把我们带回文化史上的一段过往：那时，“哲学”和“哲学家”除了指精英之间的辩论之外，还出现在广为流行的传说和寓言故事里——菲丽丝和亚里士多德的传说就是一个典型的例子。就像许多古老的寓言一样，这个故事告诫你绝不应当做哪些事——这里的“你”不是指那些对哲学论证一知半解的票友，而是那些在听了一个画面感十足的故事后，就会把它牢记于心的普通人。我们之所以值得停下来好好思考这个故事，是因为它的主角是西方哲学史上最伟大的哲学家。在后文中，我会给出更细致的解释。

菲丽丝在历史上确有其人。她是亚历山大大帝后宫中最受宠爱的妃子（也可能是皇后），亚历山大大帝则是亚里士多德的学生。中世纪晚期流传着一个传说，内容是亚里士多德爱上了亚历山大的配偶（或情人）；她同意与哲学家私通，条件是对他进行性虐待，让她扮演施虐的一方。说得具体些，菲丽丝想让这位哲学家像野兽一样四肢着地，她骑在他的背上。

在一则佚名的拉丁文本中，我们读到了这样的记载：起初，亚里士多德要求他的学生亚历山大斩断与妻子的情丝，因为这样能把他的注意力转向具有男子汉气概的事情上（比如建立帝国，修习哲学，等等），就像他以前所做的那样。菲丽丝因此遭到冷落，但她决定报仇。她不打算去引诱自己的夫君，而是那位让丈夫远离自己的年迈哲学家。这可没什么难的。没过多久，亚里士多德就恳求与她亲热。菲丽丝回答道：

> 除非我看到你爱我的迹象，否则我绝不会答应，免得你在考验我。不如这样：你手脚并用，爬着来我的卧室，好让我像骑马一样骑着你。这样我才相信你说的是实话。[24]

汉斯·巴尔东（Hans Baldung）[1]生动形象地描述了这个场景，他的一幅钢笔画（图一）和一张木版画（图二）均是反映这一主题的代表作。除此之外，一只十四世纪的法国青铜水罐也以此故事为造型，它是那样活灵活现，生动立体：菲丽丝像拍一匹马一样拍着亚里士多德的背（图三）。

这究竟是怎么一回事？值得一提的是，将亚里士多德与下流联系在一起是一个悠久的历史传统。这一做法至少可以追溯到十六世纪中叶，从西奥多·加沙（Theodor Gaza）[2]把希腊作家的生物学著作翻译成拉丁语开始。这些书大多与动物的繁殖有关，因此也涉及诸如性别差异、交配等的宇宙学意义。从这层联系上看，历史上曾经涌现出琳琅满目的出版物，它们本是给助产士的指南手册，但冠着《亚里士多德的杰作》（*Aristotle's Masterpiece*）的书名。这些书还详述了各种各样女性的“奥秘”。假如我们回到1920年，还能在伦敦的性用品商店买到这种“杰作”的最新版本。[25]我们也可以从大阿尔伯特（托马斯·阿奎那在十三世纪的老师）所著的《论动物》（*De Animalibus*）一书中看出，在加沙之前，亚里士多德的名字已经多多少少和关于动物的话题联系在一起了。

---

[1] 汉斯·巴尔东（1484—1545），文艺复兴时期欧洲艺术家，以祭坛画和色彩多样而著名。

[2] 西奥多·加沙，十五世纪希腊人文主义者，最大的贡献是将亚里士多德的著作翻译为拉丁文，特别是他关于自然科学的著作。

图一

图二

图三

图一：汉斯·巴尔东·格里恩(Hans Baldung Grien)，菲丽丝与亚里士多德，1503，钢笔画。版画与绘画合集，卢浮宫博物馆。图片来源：RMN－Grand Palais. Image courtesy of Art Resource

图二：卢卡斯·范·莱顿（Lucas van Leyden），菲丽丝与亚里士多德，1512。选自《木刻史》;D·J·比利斯（Douglas Percy Bliss）著，1964

图三：水罐:菲丽丝与亚里士多德，十四世纪晚期或十五世纪早期，青铜。图片来源：纽约大都会博物馆

按照某种中世纪观点，研究动物学是件下流事。这在我们现代人看来十分不可理喻，因为交配纯粹是动物繁衍的本能。

在这个传说中，亚里士多德有两个角色：除去扮演助产士的顾问之外，他还是一位忠于家庭的丈夫和父亲。我们知道，他与妻子皮西娅丝（Pythias）育有一女。妻子去世后不久，他就前往马其顿担任亚历山大的导师。他后来可能又有了一名情妇。这名情妇给他生了一个儿子，名为尼科马库斯（Nicomachus）——亚里士多德共有两部伦理学的主要著作，其中一部就是写给他的。他好像还有一名男性情人，但不论这位男情人是否存在，人们对亚里士多德绯闻中的形象更加津津乐道，而不是他作为伟大哲学家的身份。尼采注意到，所有的伟大哲学家都不曾婚育——但苏格拉底除外。苏格拉底娶了个爱唠叨的悍妇，仿佛正巧印证了“哲学家不该结婚”的教训。在《论道德的谱系》（*The Genealogy of Morality, 1887*）一书中，尼采写道：

赫拉克利特、柏拉图、笛卡尔、斯宾诺莎、莱布尼茨、康德、叔本华——他们都没结婚，人们无法想象出他们结了婚的样子。我发现了一条定律：已婚哲学家就是个笑话。[26]

说来奇怪，尼采在这里甚至都没提到亚里士多德。但如果他提到了，他也不得不承认，这位古马其顿斯塔利亚人[1]是上述规则的一个特例，同时对于证明了这条规则的苏格拉底的特例，他也是一个例外。

亚里士多德是哲学出类拔萃的代表人物（即哲学家），当他这一身份开始逐渐没落时，“菲丽丝骑着亚里士多德”的肖像就出现了。接下来的几个世纪，独身不仅成了哲学家们所恪守的规范，也是他们坚定的理想。当今哲学学科面临着许多性别平等方面的问题，它们不仅与哲学大男子主义式哗众取宠的历史遗产有关，与“老男孩俱乐部(old-boys’-club)”那些狂妄的男性资格要求有关；也多少和哲学中那些历史悠久、僧侣式生活的内容存在密切联系。“男性俱乐部”建立在“男女分割”这一共同意志之上，而不是要色眯眯一起密谋怎么统治女性。

尼采是个悲观、疯狂的例子，他不认为哲学是美好生活的实践。不过，他的历史观点仍对我们理解当前哲学学术界中的异常情况有帮助。在不同的年代，不同的地方——特别是在被尼采锁定为批判焦点的传统中，许多哲学家的生活方式和修道院中的僧侣没什么两样。这种生活方式对哲学的创始人们提出了极高的要求，并迫使他们在彼此不同、相互对抗的基本价值中做出选择。按照这一新见解来看，亚里士多德背叛了哲学，因为他把哲学、肉欲和物质混合在了一起。这样看来，这个例

[1]“古马其顿斯塔利亚人”是亚里士多德的别称，按他的出生地命名。

子有两层含义：一层与哲学的创始人们有关，另一层与广大群众有关。它告诫广大男性，远离女人是保持智慧的唯一办法；它也告诫男性哲学家们，要想维持理性的纯粹，就不能把它和自然世界还有自然界生生灭灭的循环掺在一起。

人们可能会想，哲学现在所面临的人口问题会把女学生和教员变成弱势群体，阻止她们继续深造，让整个学术环境变得不适宜她们生存——这个问题完全违背了哲学一直以来将自己定义为一项“智性”学科的方式。这并不是说理性是“阳性的”，而感性是“阴性的”，这仅仅是人们几个世纪以来的思维惯性。但它潜伏在我们的言行中，影响力远比大多数人（当然是那些非历史学家）想象得要大。在一些人眼中，哲学在很大程度上是一门不同于自然和人类世界的先验学科，他们在为这一观点进行所谓理智的辩护时，仍在效仿这个古老故事中“保持纯洁，远离诱惑”的教训。

如果我们认为宇宙是有性别的，并且愿意多琢磨一下“男女有别”这个古老的概念（正是因为此，亚里士多德和菲丽丝的传说才会有教化作用），我们可能会发现，在文艺复兴和近代早期的男性思想家们眼中，《亚里士多德的杰作》所表现出的那种好奇特质是女性化（feminine）的。也正因为此，女性特质在十六和十七世纪哲学最有影响力的概念中占据了一席之地，而哲学也偶尔会接纳女性。以约翰内斯·开普勒（Johannes Kepler）的《梦》（Somnium,1630）为例，书中记录了一幅引人入胜的图景，记述了一个名叫杜拉克特斯（Duracotus）的英雄的登月旅行：他的母亲是一位叫作菲欧赫尔德（Fiolxhilde）的女巫，在她召唤出的冰岛精灵的帮助下，杜拉克特斯成功地登上了月球。[27]这个故事不仅生动地再现了古代月球小说中的一些比喻（比如琉善那篇荒诞的《真实的故事》），而且为反对地心说的新宇宙论提供支持。开普勒最广为人知的事迹有二：一是捍卫哥白尼宇宙观，二是发现了行星的椭圆轨道，在《梦》（有的版本会加上"一部有关月球天文学的遗作"这个副标题）的开头，他这样写道：

我的名字叫作杜拉克特斯，来自冰岛，被古人称作"极北之地"（Thule）的那个国家。我的母亲叫作菲欧赫尔德。不久前她去世了，她的死亡让我得以释放写作的欲望，因为早在很久以前，我就盼望着能写点什么。当她健在的时候，她十分小心地管住我不让我写东西。按她的说法，许多恶人不喜欢艺术。不仅如此，他们还诽谤他们笨拙脑袋无法理解的事情，并制定对人有害的法律。许多被定罪的人被送到海克拉火山，从山口悬崖上被推下去。[28]

接下来，杜拉克特斯描述了他母亲的活计——委婉点讲是"民间医学"，直白些说就是"自然魔法"：

在我年少时期最早的几年，我的母亲常常牵着我的手，有时把我架在她肩膀上，带我到海克拉火山的低坡上去。尤其是在圣约翰节前后的白夜，我们去的次数更多。在进行一番仪式之后，她采下一些草药，然后回家煮好。她拿山羊皮缝了一些小袋子，用熬好的药把它们装满，然后带到附近的港口卖给船长们。她就靠这个养家糊口。[29]

开普勒在小说一开始就做好了铺垫，使这部作品最终以一部关于月球天文学的严肃著作呈现在读者面前——准确说，这部小说是一部思考月球上（尚未被观察到的）暗面特征的理论——这种叙事安排非常罕见。人们知道，这部小说在多个重要的方面反映了开普勒本人的生平。在他创作《梦》的时候，他的母亲卡特琳娜·开普勒（1546—1622，娘家姓古尔登曼）正被拘留在斯图加特的监狱里，时刻面临着拷打与酷刑的威胁——因为人们怀疑她懂得巫术。为了让母亲无罪释放，开普勒四方奔走多年。母亲最终被成功解救，但母子二人的人生都被疯狂盲目的猎巫运动消磨掉大半。开普勒对巫术感兴趣，不仅仅是为了塑造他拙劣小说中的角色。

我们可以从两个层面来理解《梦》：首先，它既有可能在为开普勒母亲所精通的那种民间科学的实践而辩护，也可能是在维护“女圣人 (sage-femme)”这个形象；此外，它还捍卫了哥白尼系统——这一学说以已观测到轨道的相对性为基础，开普勒利用这一发现，用“月心说”来证明哥白尼的看法。小说《梦》的冰岛主角在丹麦接受了正规天文学训练，此外，他发现自己学到的新东西和母亲所展现的传统之间存在相似之处，这给他留下了深刻印象：“在欧洲，天文活动带给我的乐趣不可估量”，他写道，“因为布拉赫和他的学生整夜整夜地用令人惊叹的先进仪器观察月亮和星辰，这让我想起了母亲，因为她也常常这样如痴如醉地看月亮。”[30]

杜拉克特斯最终回到冰岛，与菲欧赫尔德团聚。她把自己的秘密技巧传授给他，包括如何召唤专门组织人们前往莱瓦尼亚岛（Levania）的精灵。按德国里算，这个岛“在大气之上五万里处”。原来，莱瓦尼亚岛就是月亮。[31]精灵只负责把杜拉克特斯送到那里，当他抵达月球的时候，小说的魔幻部分就完全结束了。开普勒立马转到天文学主题，开始描述地球【他在小说中将其称作“伏尔瓦（Volva）”】的盈亏，而不是月亮的。开普勒在这里要证明的最重要的观点是，和太阳系的其他星球相比，地球并不具备任何特质使它能够成为天文观测的首选地点。

当然，我们不必研究这段有趣文本引申出的问题，尤其是那些和深层文本解释有关的：比如说，在主人公抵达月亮之后，为什么开普勒突然完全放弃了冰岛的自然魔法主题，转而开始讨论天文学，直到故事结束？显然，我们在这里应该注意的是，开普勒正在检视自己所实践的这种自然哲学的不同来源：其中一个来源是官方的、制度化的，它以书本为基础，以数学为工具，从性别角度看，它是男性化的；而另一个来源则是秘而不宣的、日常的，它在大众之间口口相传；相对前者，它是女性化的。我们能看出，开普勒希望将这两个传统描写成相伴相生的，在他的自然研究方法中占据同等的分量。

对传统意义上“妇人的知识”的兴趣（比如一些老妇人会在集市上售卖草药，这些植物的药理就是这种兴趣）后来成了培根归纳法体系的合理范围的一部分——和抽象的理论相比，培根归纳法更重视全面综合的数据搜集。在这个大框架内，所谓（在近代早期意义上）的实验哲学将会在十七世纪下半叶发展起来，而这也是吸引像玛格丽特·卡文迪许[1]（Margaret Cavendish）这样聪慧的女性们投身自然科学的原因。从开普勒的著作中，我们或许可以看出，自然哲学明确地接纳了“妇女的知识”这一传统，认为它一直与我们通常理解为哲学的传统并存——后者的历史只记录男人们的名字，还有他们所谓“不朽的革新”。这或许也说明，哲学新精神——它重视探索自然的“秘密”，不满足于从前人那里继承到的那些抽象空洞的概念——在近代早期占了上风，也就是说，哲学的实质精神已经

[1] 玛格丽特·卡文迪许，十七世纪女爵，第一位在英格兰以本名出版作品的女性，也是第一位受邀参加英国皇家学会的女性。她在 1666 年出版《灿烂的世界》（*The Blazing World*），被视作科幻小说的先驱。这本书也是第一本谈到星际旅行的科幻小说。

变得“女性化”了。

当然，我得把“女性化”这个词打上双引号：没有一种特质是严格的男性化或女性化的，起码那些广泛分布的人类行为或特质（比如好奇心）不是。但在开普勒的小说里，人们似乎把出现在某个时代的某个特征看作女性化的，并且它之后成了自然哲学研究的积极因素。如果这一看法是正确的，它显然比卡洛琳·麦钱特[1]（Carolyn Merchant）在几十年前对近代早期做出的浅显解释要更复杂。一般认为，近代初期，欧洲知识界的主流是机械论的世界图景，同时也发生了“自然之死”。按麦钱特的说法，这是对女性的奴役。32 菲欧赫尔德和读到她故事的读者都不会赞成，对于那个世纪最伟大的自然哲学家中的一个虚构人物，在作为自然知识的一个重要来源方面，将她置于第谷·布拉赫（Tycho Brahe）[2]之后。

*

二十世纪九十年代初，我还是加州大学戴维斯分校的一名本科生。给我们上课的人中有位研究生助教，他对哲学爱得发狂。当他觉得有学生对待哲学不足够认真时会暴跳如雷。在一个美

---

[1] 卡洛琳·麦钱特（1936— ），美国作家、哲学家。她所著的《自然之死——妇女、生态和科学革命》被誉为“绿色圣经”。书中探讨了科学革命如何认可开发自然、贸易扩张和奴役女性，是讨论女性与自然关系的奠基性作品。

[2] 第谷·布拉赫，丹麦贵族，天文学家、占星术士和炼金术师。开普勒是他最著名的助手。

丽的春日，有位本科生建议他（就像他们常常会说的那样）把上课地点挪到外面的草坪上。但这位助教担心有太多事情让我们分神：比如说花花草草，飞来飞去的蝴蝶，还有在一边玩毽球的其他学生。“可那也是哲学啊，”这位学生仍热切地恳求道，“这些都是哲学！”不出所料，这位助教狂怒地给我们好好上了一课，告诉我们那些东西根本算不上哲学。哲学是一门有限的技术性学科，有它自己既定的方法和清晰的界限，诸如此类。

那天我们终究还是待在书桌前面。我倒不觉得没去外面上课是种损失，但那位助教试着为哲学活动做出权威定义时说的话却一直在我耳边回响。直觉告诉我，他有些地方说得不对。我们很清楚，哲学坚持自己是一门存在边界的学科。因为在“什么不是哲学”这个问题上，哲学家们可以通过一致赞成、共有观点或是逼人站队的方式团结在一起。但除此之外，哲学并不是一门真正有凝聚力的学科。你不会发现沉积学经常谴责那些与它相近的学科（除去那些明显的伪科学之外）“不是沉积学”。哲学家们之所以觉得需要和“非哲学”划清界限，部分是因为这些与哲学相似的事物会不请自来地混进哲学里面；当然啦，哲学对所有的人类活动都一视同仁，把它们全看成潜在的入侵者。就像那位本科生说的那样：“这些都是哲学。”这个天真的学生缺乏职业化和制度化的哲学训练，他希望创造自己别具一格的“生活哲学”，他希望形成独到的世界观，一种情怀，一种思考问题的方式——它们和他的人生经历契合得恰到好处

（如果我们真到草坪上去上课了，他聆听到的讲课和“其他一切哲学”都算在这一经历之中）。

然而，“一切都是哲学”还包含另一种意义，它与第一种意义之间的关系仍需商榷。事实上，科学、艺术、宗教、家庭生活、体育运动都是哲学。那位忠实的助教所捍卫的哲学也对这些不算是哲学的人类活动感兴趣，并从它们中汲取养料，延续自身。最近，人们用“× 哲学”的套路来给哲学起名字的“养料”。但早在人们使用“艺术哲学”和“宗教哲学”这两个词之前，哲学一直都和艺术或宗教领域中出现的问题难解难分。这些问题早在任何人讨论“艺术哲学”或“宗教哲学”之前就已存在。“× 哲学”的公式似乎意味着，某个定义完善的研究领域可以被广泛地应用到其他研究领域上。也就是说，当二者结合在一起的时候，人们可以辨认出它的纯粹形式，并把它和其他领域区别开来。但在深入思考之后，我们中的大多数人不得不承认：在艺术哲学和物理哲学中，“哲学”所占的比重微乎其微。艺术哲学和物理哲学只对各自的“终极真理”感兴趣，它们也只和艺术与物理的“终极真理”有关。

当前学界热烈讨论的一个话题是，物理学家们是否真的有能力提供物理学需要的那种哲学呢？很多人都会认同，伟大的物理学家不能等同于物理哲学家。[33] 然而从原则上讲，我们会把物理学中出现的一些问题归入哲学的范畴，并对它们进行严谨而深入的研究；人们没有理由拒绝把这些哲学问题算作物理学实践的一部分。无论如何，历史上自然科学和哲学的界限从来都不分明。以亚里士多德的生物学研究为例，他一边进行生物分类学的基础科学研究，一边提出和种类本体论有关的哲学基本问题。但在许多学者看来，亚里士多德把一种科学哲学硬加到了某个科学领域上[34]；可能这么说会更准确一点：亚里士多德认为自己研究的是一门独立且统一的学科，这门学科以逐步揭开自然的秩序、解释自然的各种成因（包括间接原因和终极原因）为己任。从我们对哲学的认识来看，亚里士多德认为“这些都是哲学”；他也会把“× 哲学”（× 可以指任何人类活动）看作一门研究具体事物的学科。

莱布尼茨认为，他的使命是思考永恒或普遍的真理，但他同样认为，研究具体事物和这一使命同样重要。哲学家对具体事物的鄙视或热爱在哲学上有很深的渊源。我们看到，苏格拉底不仅宣称和诡辩划清界限，也声明自己并不是在做自然哲学。但是，前苏格拉底哲学的绝大多数中心思想都和思考自然哲学有关，亚里士多德紧接着继承了这一思考——甚至柏拉图本人后期的对话，比如《蒂迈欧》中也出现了自然哲学的主题。他们都想弄清自然的奥秘，并力图发现它的第一原理（first principles）：比如说，万物的本原是水还是气？还是几种质料的组合物？我们还发现，无论这种对自然的探索出现在哪里，理论兴趣往往也注重实践成果或经济收益。自然哲学不仅对自然的第一原理感兴趣，也对它的力量以及如何利用它们感兴趣——这正是培根“知识就是力量”这句话所表达的意思。这句名言后来成了美国国防高等研究计划署的座右铭。

苏格拉底认为哲学不该关心发生在天上地下的事情，虽然这一哲学范式古已有之，但哲学家最近才和现在被我们称作“科学家”的这一群体完全脱离关系。直到十八世纪末，自然哲学才不再是哲学家们工作中不可或缺（或许是最重要）的一部分。我们在前文中提到，约翰·伊夫林讽刺道，哲学家就是“对伦敦空气质量争论不休”的人。十七世纪的人们早已习惯了把“哲学家”和这种好奇心联系起来。至少在大众的想象和哲学家的自我认识中，哲学和气象学之间的联系和哲学与逻辑之间的关系同样密切。笛卡尔一直在解剖当地屠夫送给他的动物头颅；作为一位形而上学家，莱布尼茨在他最年富力强的时候一心扑在研究巴西吐根根部的药用价值上，在 1696 年将他的成果整理成一篇名为“治疗痢疾的新美洲药材”（On the New American Anti-Dysenteric.）的论文。[35] 和他其他的巨大成就比起来，莱布尼茨似乎对这项工作更满意。早在“× 哲学”这种形式出现之前，由罗伯特·波义耳（Robert Boyle）[1]、玛格丽特·卡文迪许等许多其他人所实践的实验哲学就已经存在了。其中一些实验哲学家从理论角度透彻地阐释，哲学最应该被看作研究自然的学科的基础组成部分——用詹姆斯·梅瑞尔

[1] 罗伯特·波义耳，十七世纪爱尔兰自然哲学家，在化学和物理学研究上有杰出贡献，伦敦皇家学会创始人之一。

（James Merrill）的话说，这种学科就是“劈开通往自然的荆棘，吻醒新的力量”。[1]36

梅瑞尔意识到，唤醒新力量的做法非常危险；被美国军方采纳的培根那句座右铭也传达出同样的含义。人们一般把“普罗米修斯的野心”[2]（威廉·纽曼[3]语）理解为自然哲学的科学驱动力；37 人类的欲望渴望前进，而不是去试探“哪些不该做”。从概念上讲，作为自然哲学的科学与自然的魔法十分相似。但是，哲学与科学概念上的分离不会削弱普罗米修斯的野心，也不会停止唤醒新的力量。梅瑞尔最感兴趣的发现是“一百万人死亡（megadeath）[4]的新公式”（指让核毁灭成为真正可能的技术）。当然，概念上的分离只让人们弄明白科学全部的目标和价值，和哲学比起来，科学的目标和价值在当今社会更难维持。

那又有哪些东西变了呢？康德的事业似乎跨越了两个时代的鸿沟。38 在康德的早期哲学生涯中，他接受了能使自己成为一名哲学家的训练。年轻的康德用拉丁文写了一篇题为“火”的论文。39 照这样发展下去，在他之后的职业生涯中，康德可能会写出大量关于宇宙演化、人类学和自然地理学方面的文

---

[1] 此处诗句化用了童话《睡美人》中的情节。

[2] 普罗米修斯是古希腊神话人物，在宙斯禁止人类用火时，他从奥林匹斯山将火种带往人间。他的举动触怒了宙斯，将他锁在高加索山的悬崖上，每天派一只鹰吃他的肝，又让他的肝重新长上，让他天天承受被啄食的痛苦。

[3] 威廉·纽曼（William R. Newman，1955—），科学哲学家。

[4] 计算核武器杀伤力的单位。

章。但是当他写出一部成熟的核心著作时——比如那本《未来形而上学导论》(*Any Future Metaphysics That May Come Forward as a Science*，1973)，康德敏锐地意识到，科学和哲学（或自然哲学与基础哲学）[1]之间的裂痕日益加深：前者正在经历前所未有的进步，而后者始终在同样的问题上循环往复，而且似乎永远没有一个结果而且似乎永远都到不了任何地方。因此，在《形而上学导论》中，康德指出了一个众所周知的形而上学危机，但科学概念上的转变是书中常被忽视的观点。康德希望基础哲学"像科学一样前进"——如果它不这么做，就会没有未来。

要完整解释这一裂痕会十分复杂，它不仅涉及哲学家自我概念的内在发展，还和社会与制度的历史有关。特别是在几个世纪之后，哲学的活动中心就转移到了大学之外，新的中心包括宫廷、博物馆和科学团体；诸如此类，不一而足。从现代意义上讲，"学术"指大学院系之中才会有的东西，它有一系列明确规定的课程范围，以教学指导为核心。从这个意义上讲，哲学直到十八世纪末才再次成为主要的"学术"活动。

---

[1] 此处指先验的哲学领域，形而上学就属于此类。

第二章

哲学与爱智慧

哲学家群像之二：圣徒

根据一种相当可信，但无法最终令人满意的定义，“哲学”只是一个专有名词。它描述了一种特定的传统，就像芭蕾或舞踏（butoh）这类舞蹈术语。如果说，芭蕾是波利尼西亚（Polynesia）的本土传统，大多数人都会感到诧异。倒不是说波利尼西亚人绝无欣赏或精通芭蕾的艺术天分，而是历史事实表明，欧洲才是芭蕾的诞生地——这一偶然的史实是后人定义“芭蕾”的关键。按定义讲，芭蕾属于欧洲。如果芭蕾之后出现在世界的其他任何地方，就一定是文化扩散或人为传播的结果；它不可能凭空出现，或是人类凭本能发展而来的结果。

如果我们要问，哲学的本质是什么？这可是个难题。要想解决它，我们不妨转而思考另一个问题：哲学活动是更像芭蕾呢，还是更像舞蹈？也就是说，它到底是一项特定的文化传统，还是一项反映出许多独特文化的、具有普世性的人类活动？如果我们认为“哲学”是个专有名词，代表着一种特定文化传统的话，大家都会同意以下说法：希腊人是哲学最早的发明者，随着哲学的不断发展与传播，罗马人、穆斯林（不仅限于阿拉伯世界）、欧洲的基督徒、在不同程度上拥护世俗主义的英美学者，还包括许许多多生活在不同文化背景下的人群都在“做哲学”。我们把这种哲学称作“爱智慧”，从表面上看，“爱智慧”这一传统与它本身的特性密不可分。

如果哲学仅仅是“爱智慧”，那么世界上就不会有印度哲学，哪怕印度传统文化取得了无法忽视的成就。我们可以这样想：哪怕古希腊人压根没有存在过，作为印度古典思想的六派哲学也会照样发展进步。如果哲学就是“爱智慧”，那么各种各样的印度学派（darśanas）都不能算哲学；相反，阿拉伯语世界的“falsafa”[1]才是哲学——因为它直接翻译自希腊语，把亚里士多德和其他继承哲学“爱智慧”传统的希腊哲学家们的思想成果融入伊斯兰传统中去。

思考哲学的命名法也能给我们很多启发。我们发现，即使是在欧洲，“本地性”和“世界性”（我们姑且这么称呼）的哲学概念之间存在着张力。在几个欧洲北部的国家中，“哲学”有自己的本土词汇，荷兰就是其中之一，而在邻国的语言中，“哲

---

[1]Falsafa 是一个合成词，分别对应“Philo”（爱）和“Sophia”（智慧）（详见 Centre for Islamic Shi’a Studies 的“al-Falsafa:Islamic philosophy”词条）。

学”则多直接转写自希腊语。但是我们能非常肯定地说，当现代荷兰大学的“wijsbegeerte”系讲授斯宾诺莎时，他们所践行的正是爱智慧的传统。Wijsbegeerte 是按照“哲学”的意思生造出来的，它不是“爱智慧”的同源词，而是一种语义转借。这种构词法在北欧的日耳曼语系和凯尔特语族中也相当常见：在冰岛语、法罗语、威尔士语和布列塔尼语中，“哲学”都是造出来的本土词，没有直接转写希腊语，而是利用自身固有的词转述“爱智慧”的内涵。冰岛语和法罗语中的“哲学”是“heimspeki”，意为“世界的智慧”。它并非来自“爱智慧”，而是源于德语词 Weltweisheit。Weltweisheit 是“哲学”古老的同义词，在前现代和近代早期的德语表达中，它的含义几乎等同于“自然哲学”。这个术语之所以重要，是因为它多少体现出当时德国人所设想的哲学范围：哲学基本上是一种世俗的活动，所以说它是有限的；或按传统意义讲，它是渎神的，因为它与从虔诚产生的智慧截然不同。我们在一本出版于 1618 年的古书的封面上发现了一条笔记，书的主人是苏格兰裔俄国实验哲学家和自然魔术师雅各布·布鲁斯（Jacob Bruce）。他写道：“不把上帝包括在内的世俗智慧是最大的愚蠢。”[40]（Weltliche Weisheit ohne Gott ist die grosste Thorheit）（图四）。在北欧的许多语言中，哲学被译作“世界的智慧”，可能就是因为人们认可了布鲁斯提出的警告：哲学的过分自负是不虔敬的表现。

如果我们把视线投向欧洲之外的地方，我们会发现什么呢？在许多语言中，尽管“哲学”一词有自己独特的内涵，但它们本

图四：“不把上帝包括在内的世俗智慧是最大的愚蠢”。写在雅各布·布鲁斯所拥有的瓦伦汀·威格尔（Valentin Weigel）所著的《神秘哲学》（*Philosophia Mystica*，1648）一书上。赫尔辛基大学珍本图书收藏。本书作者摄。

质上都是语义转借（就像冰岛语和荷兰语那样）。日语是个有趣的例子。日语的“哲学”是 tetsugaku，这个词在 1873 年首次出现。日本学者西周为顺应明治维新的潮流，创造了特指西方哲学的“tetsugaku”（西周也敲定了该词的日语汉字写法，与中文的“哲学”同字不同音）。它由两个语义单位组成：“tetsu”是“智慧”，“gaku”是“学习”。这一术语源于一种谈论外来传统的需要，虽然它没有提及“爱”的概念，但它仍是语义转借的一种新形式。随着京都哲学（tetsugaku）学派在二十世纪初兴起，“tetsugaku”开始被用于描述多种文化传统。它不仅包括了欧洲哲学，也将佛教和神道教中的基本元素囊括了进来。

“tetsugaku”从一开始就划定了一个区别于兰学（rangaku）和日本国学（kokugaku）的文化领域。一方面，rangaku 指“荷兰”或西洋学的传统，主要和传入日本的自然科学与技术有关，它们被看作先进的技术和应用知识；另一方面，日本国学（kokugaku，或日本语言学）研究的则是民族传统。[41] 起初，日本人不需要一个兰学(rangaku)以外的术语来描述西洋学对日本发展的影响，而且哲学在西方的日渐分离跟他们也没什么关系。在德国或斯堪的纳维亚，人们常常将“世界的智慧”理解为亵渎神明或是不虔敬；但是在日本，人们并不这么理解“兰学”。顾名思义，这个词是舶来品，它的全部内容只包括日本文化中被精心控制、划定界限的一个部分。在十九世纪后期，哲学（tetsugaku）又有了新的用法：人们用该词来表现自然科学和哲学这两个概念的明确分野；这里说的“自然科学”和欧洲人眼中是“世界的智慧”是一回事，在这个特殊的语境中，自然科学就是哲学，而哲学则被理解为对于“非世俗”或先验问题的各种层次的抽象思考。“哲学”（tetsugaku）的创造者大多是佛教徒，因此他们也是完全的先验论者。这一背景提高了他们对当代欧洲哲学发展趋势的接受能力，特别是德国唯心主义和浪漫主义——正是这两种思想把自然科学家和哲学家所感兴趣的领域清楚地区分开来。

在世界上绝大多数语言中，“哲学”一词要么直接或间接地照搬了希腊语词“爱智慧”（比如英语），要么就是和阿拉伯—伊斯兰世界接触之后才产生的。为了把这一巨大的差异说清楚，我们先来看那些在不同程度上借用“爱智慧”的含义描述哲学的语言。它们包括阿尔巴尼亚语、法语、卡拉卡尔帕克语、蒙古语、塔加拉族语、新几内亚皮钦语，还有海地克里奥尔语。在这些亚洲和非洲语言中，从斯瓦希里语到乌兹别克语再到雅库特语，“哲学”一词虽然也有希腊血统，但它并不是欧洲殖民地的文化影响造成的结果，而是在和伊斯兰文化直接或间接接触中产生的——因为伊斯兰教传播了 falsafa（爱智慧）的词汇和由此衍生的文化传统。

在那些没有照搬希腊语的例子中，我们经常会发现，人们在造词的时候会贯彻“爱智慧”的精神，并注明哲学是来自另一个世界的文化活动。这种现象出现在日本，还出现在墨西哥和安第斯山脉一带，但范围不仅限于此。比如说，虽然前现代的纳瓦尔特（Nahuatl）[1] 语里没有一个表示“做哲学”的词语，但很容易根据已有的词根造一个词出来。在十六世纪的方济各会传教士贝纳迪诺·德·萨阿贡(Bernardino de Sahagún)的双语著作——《新西班牙诸物志》（*Historia general de las cosas de la Nueva España*)中，萨阿贡在西班牙语部分中使用了“自然哲学”(filosofía natural）这个短语，在写作纳瓦尔特语部分时，他直接把这个西班牙短语照搬了上去。42（见图五）然而更常见的情况是，人们在创造这个新的复合词时，都会尽力抓住“哲学”的实质精神。这样创造出来的词就能强调本土的传统（比如 machiliztli 意为“源自传统的知识”）或普遍的智慧（比如 tlazohmatiliztli[2]，该词显然更像是从欧洲传统中吸取来的）。然而，人们创造这些哲学的

[1] 指墨西哥南部和中美洲印第安各族。

[2] 纳瓦尔特语，意为“哲学”。

图五：一所祭司学校的院长在给学生讲课。来自纳迪诺·德·萨阿贡所著的《新西班牙诸物志》。

同义词完全是形势所迫：全球主流语言中都有一个专门用来形容某种特定人类活动的单词，但他们自己的语言中却没有。[43]

在另一些语言中（特别是在南亚），“哲学”一词既不是借意，也不是语义转译或旧词新意；相反，他们有自成一派的文化遗产，并且拒绝接受新词汇。在这种情况下，人们既可以使用梵语词“tattvajānam”，它的字面意思是“真理的知识”或“关于事物存在方式的知识”；还可以借用“darśana”一词——它不仅指“意见”，还是传统上对印度正统古典“哲学”六派的统称：包括瑜伽派（Yoga）、正理论派（Nyāya）、弥曼差派（Mīmāmsā）和其他三个学派。最后，还有像佛教这样非正统（nāstika）的学派。在许多由现代梵语派生的南亚语言中（印地语就是其中一例），“darśana”是最常见的用来形容哲学的词。

人们有时会注意到，印度古典思想中没有一个支配一切的 darśana 活动。换句话说，印度文化史上没有一个把每个 darśana 都囊括其中的“终极”darśana，像“爱智慧”那样包含着柏拉图主义、斯多葛主义和享乐主义等不同的派别。此外，如果我们分别研究每一个 darśana，就会发现它们和“爱智慧”中所包含的一切活动（包括各个历史阶段、宗教背景和文化传统）都不完全吻合。在哲学的标题下，darśana 和它涵盖活动的种类无法高度契合。弥曼差派的主要活动是解经（《吠陀经》）；瑜伽派（Yoga）有一个实践的部分，而这一部分在许多属于“爱智慧”的学派中几乎不存在；正理论派（Nyāya）研究推理的规则，看起来倒是很像哲学的逻辑学传统，但要真把它称作哲学的话，许多“爱智慧”的践行者也要好好琢磨一番。无论如何，darśana 是一个单数形式的总称，它在现代梵文中的使用方式和 tetsugaku 在日语中的使用方式差不多：它是一个中性词，形容那些做与“爱智慧”同源的事情的人们的共同活动。我可能会把自己描述为一名 darśanaprad-hyāpakah（哲学教授），但这听起来很勉强，只适用于跨文化交流的场合。但是，作为复数的 darśanas 就不具备跨文化性，因为印度古典思想传统和其他文化传统截然不同。

南亚语言不愿意用借意和语义转译的方式表达“哲学”，这显然与其博大精深的文化传统有关——这一传统与“爱智慧”

最为相似，而且绝大部分时间里都没有与欧洲联系、向外国人学习哲学的需求。这似乎又反证了一个常见的观点，即哲学是在人类历史中独立出现了两次的人类活动：一次在希腊，另一次则在印度，其他地方出现的哲学都是它们其中之一向外辐射或扩散的结果。这么说的话，日本人和中国人是“借意”派，他们倾向于制造一个新词语来描述和“爱智慧”有关的概念及学派。这一状况古已有之，当印度佛教传入这两个国家时，他们也是这样处理佛教术语的。

但这么做是在回避问题的实质。当人们假设哲学有两个截然不同的独立起源，一个是希腊爱智慧的传统，另一个是印度独特的传统时，我们就理所当然地默认自己在一开始就清楚地理解了“什么是哲学”。当我们这么说时，这层隐含的意思既是充分条件，也是必要条件。然而在类似的讨论中，对这些条件的解释很少清楚明白；当人们要求提出观点的人解释清楚这一点时，他们就会不知所措。他们可能会说，想要被判断成哲学就必须要有明确的推理规则，不仅要思考知识本身的内容，还要思考这些知识何以为知识。要是这么说的话，这些要素在一些传统或学派中并不存在，但并不妨碍人们把它们归为哲学，公认它们就是哲学，或是影响它们在哲学史上的历史地位。

*

如果哲学仅仅在历史上独立出现过两次，它就不可能与芭蕾或其他独特的舞蹈传统相提并论。不过，如果哲学不像芭蕾的话，它又最可能更像舞蹈本身：舞蹈是一项普遍的人类活动，它出现在不同历史阶段和地区，而且呈现出了不同的变种。但如果是这样的话，我们就不该设想它只出现在两个地方。相反，我们可以确信它存在于遍布各处的人类文化中，只要是人类创造的文化中都有哲学，都会存在着一些与现代欧洲人的眼中“做哲学”类似的活动。

在世界上的许多地方，哲学一词都源于“爱智慧”——这和伊斯兰文化的发展与其后欧洲文化在全球范围内的扩张有关。这一事实能够强有力地证明，哲学概念是由传播它的人塑造的，他们传播的方式更类似于传播芭蕾舞，而非传播舞蹈。“芭蕾”在世界上的许多语言中大多是音译：比如 baˉliye（阿拉伯语），baile（印地语），ballet（他加禄语），等等。相应地，每种语言用来形容“舞踏”这一日本文化传统的词汇都是 butoh（或与原词非常接近）。如果人们试图从本土传统中借用一个相似的名字命名舞踏，就会背离和篡改舞踏的原意。哲学术语往往以与“芭蕾”或“舞踏”相同的方式传播，但二者之间最大的差别在于是否承认当地文化传统的存在。这些当地文化是哲学的叛逆吗？还是说，这种传统其实是另一种哲学？这样说来，哲学就更像是舞蹈而非芭蕾了。

如果有人问，波利尼西亚人为什么没有芭蕾？这实际是个没有意义的问题，因为芭蕾是一个地域传统。[顺带说一句，索尔·贝娄（Saul Bellow）[1]曾失望地暗示道，祖鲁[2]人中没有托尔斯泰。当他在思考文学中的小说传统时，他似乎采取的是差不多的方法。]44 问南苏丹的努尔人[3]为什么禁枪也是毫无意义的。45 他们之所以这样做，因为枪不仅是杀人利器，还能在抢掠中用于武力威胁。说得明白些，枪支在每个文化中都占有一席之地，因为它们能极大地促进某个族群向全人类的终极目标前进——生活在冷兵器时代的人们很快就能领悟这一用处。某个文化最终形成了什么样的枪支文化，发展出了何种仪式（比如下议院警卫官制度，二十一响礼炮，等等）其实无关紧要，因为全世界在刚开始使用枪炮时的情况都差不多。

如果把哲学比作火药武器或枪支的话，它最后发展成什么样就无关紧要了，因为每个个例都是平等的。如果把哲学看作芭蕾的话，我们就能理解哲学之间为何存在着不平等。如果我们接着使用军事（武器和战术）这一思路的话，还会有第三种比较方法：哲学不像是战术，而更像某种特定的军事传统——它以武器和备战为核心发展起来，从中衍生出一些相应的手段，包括设立奖惩制度、参研战例、讨论现有战术等。军事传统是阅兵背后更为基础的东西，不论阅兵仪式多么壮观，花样迭出，

[1] 索尔·贝娄（1951—2005），美国作家，1976 年诺贝尔文学奖、普利策奖获得者。代表作《洪堡的礼物》。

[2] 祖鲁，非洲民族，是现在南非人口最多的种族。

[3] 努尔人，苏丹境内和埃塞俄比亚边界上的尼罗特人牧民。

它们全都是围绕着军事传统发展起来的——比如说，“舞蹈”比芭蕾更基本，因为跳舞是人们与生俱来的能力。[46]

但哲学背后更基本的东西是什么呢？哲学的起源实在是太多了。我们已经考虑过神话、仪式、法律和其他文化元素的许多层面，以及它们如何支持哲学家的自觉行为。起码在某些社会中，我们所谓的“豆计数法”，用碗里的鹅卵石或黏土片上的记号作为等价交换（比如换牲畜和谷物）的做法也对当地的哲学起到了很大的影响。不论这种活动的痕迹出现在哪里，它都是该文化拥有某种具象思维的确凿证据（比如人们会用一块鹅卵石代表一头牛，诸如此类）。在此基础上，我们就能放心大胆地假设，该文化中存在着某个精心设计的分类系统，人们已建立起事物间的一系列联系，并追求充分定义（adequate definition）——具象思维就是它们的缩影。尽管这些社会看起来落后，但它们中成员的具象思维水平比我们想象得更发达。在世界上的任何地方，只要人们试着用具象思维记录事物，他们也会同时试着去理解自己记录事物的本质。如果我们想包容地去理解古人的所作所为，那就不妨假设，世界上所有出于实用目的而开展的记录世界的尝试（比如航海、历法等），其背后都有相应理论解释的支持。

有人可能会坚持说，这种理论解释不能只涵盖某个领域，起码还要去思考该领域的知识基础。也就是说，认识论得是科学理论的核心部分。但是也有例外：许多前苏格拉底时代的哲学家们，尤其是米利都学派的成员只负责提出想法，而从不操心“我如何知道自己提出的观点为真”。“哲学必须涉及认识论”是最近才提出的口号，哪怕到了十八世纪中叶，也没多少人认为合宜的理论解释必须满足这一标准。如果人们要是为了顺应最近兴起的潮流，而忽视了某个词已有上千年历史的含义，这种做法会显得不合时宜；如果人们认为哲学和认识论无关，唯一可能的原因就是，这种观点在过去的几个世纪中一直占据了主流。更重要的是，认识论的来源很可能就处于我所描述的这一进程中，我们不应当将这种可能性排除在外。迈克尔·弗里德曼（Michael Friedman）[1] 在他近期的著作中给出了一个令人信服的例子——因篇幅有限，我无法详述他论证的所有部分——他认为中世纪天文学中的棘手问题是康德“时间与空间是直觉的纯粹形式”这一理论的源头：这些天文学问题的根本目的是敲定复活节的确切日期。归根结底，它们和历法有关。47

简单来说，“爱智慧”和与该传统的相关的普遍活动之间的关系，像舞蹈之于芭蕾，而不像我们刚刚提到的“豆计数法”。首先，只有某些社会才会发展出系统性的记录方法来清点原有的和交换来的各类物品有多少；而我们要找的东西必须在所有社会中都是共通的，就像舞蹈那样。这类活动还有很多：比如

---

[1] 迈克尔·弗里德曼（1947— ），斯坦福大学哲学系教授，研究领域包括康德、科学哲学与 20 世纪哲学史。

故事、仪式、祷告和神话。但假如这些活动包括哲学，哲学在这个意义上将是“矿石”的状态：也就是说，哲学会和其他人类文化实践混在一起，人们得把它们和哲学区分开来，免得人们轻率地认为哲学等同于人类文化的全部（当然，这种可能性也应该认真对待）。

我们怎么才能知道，自己的行动正是“提纯”哲学的努力呢？我们怎样才能把哲学活动与其他活动区分开来？我们不妨换一种思考方式：哲学必须作为一种专业性的活动存在吗？也就是说，只有在特定的时代和社会中，由特定的一些人所实践的活动，才能被认定为哲学吗？保罗·拉丁[1]（Paul Radin）在他那本古怪的《作为哲学家的原始人》（*Primitive Man as Philosopher*，1928）一书中肯定了这个观点。48 在他看来，所有人类文明都存在具备哲学气质的人，而且数量都差不多；但不管在哪个文化里，这些人都极其罕见。不是每个二十一世纪的纽约人都想当哲学教授，同样的道理，在传统的拉科塔（Lakota）[2] 社会里，也并不是所有人都打算去从事被拉丁（Radin）定义为“原始哲学”的活动。49

“原始”这个分类特征显然有些问题，但我们暂且略过不谈。我们应该思考的是，拉丁所设想的“原始哲学”是种什么样的

---

[1] 保罗·拉丁（1883-1959），美国人类学家，其作品在二十世纪具有很大的影响力。

[2] 拉科塔是由七个苏族（北美印第安民族之一）部落形成的联盟，使用拉科塔语，分布于美国南达科他州和北达科他州。

活动？首先，它关心许多孤立现象背后的一般规律，并且把这些导致现象发生的规律抽象化。也就是说，它要弄清表象背后的实在。拉丁认为，并不是每种文化中的每个人都会对思考这类事情表现出兴趣，但在每种文化中，起码都会有些对这些事情感兴趣的人。亚里士多德在《政治学》中分析到，希腊哲学家们往往会把哲学家描述为专业化、特权化的文化精英，这可以被理解为一种劳动分工。拉丁希望借助“劳动分工”这个思路，为那些欧洲传统之外的文明赢得“哲学文明”的称号。不同于亚里士多德，拉丁忽视了经济和物质的分配情况对社会分工的影响：社会中的大多数人注定劳作，只有少部分人有沉浸于思考的闲暇和条件。这大概正是他解释像拉科塔社会中，专业化哲学家阶级出现的原因——拉科塔是一个无阶级分化的平等社会。按照拉丁的说法，社会分工是由个性不同造成的。

亚里士多德和拉丁都会同意，哲学无论在哪个社会中都不是普遍的活动，而是专业化的活动；哲学也不是全民参与的活动，因为只有特定的一群人才会从事哲学，他们是社会中的极少数。亚历克西斯·卡加梅（Alexis Kagame）[1]的思路既不同于拉丁，也不同于其他试图从某个语言群体所使用的自然语言中发现哲学传统的学者。他的《比较班图哲学》（*La philosophie Bantu*

[1] 亚历克斯·卡加梅（1912–1981），卢旺达哲学家、语言学家、历史学家、诗人，使用卢旺达语和法语写作。他的主要贡献集中在民族史和“民族哲学”，即本土哲学系统研究等领域。

compare´e，1976）[50] 在开头引用了丹麦语言学家路易斯·耶尔姆斯莱夫（Louis Hjelmslev）的话："没有语言学就没有哲学。"随后，这位卢旺达哲学家在此基础上建构出了一种班图族的系统哲学，其中分析了班图语中"神"和"善"的概念。卡加梅并不认为讲班图语的社会存在一个专门的阶层，该阶级中的人积极地从事着可能是"哲学"的活动，而是班图族社会中所有成员所使用的自然语言包含着一种潜在的哲学。因此，讲班图语的社会中的每个人都可以接触到这种哲学，因为他们精通这门语言。加纳哲学家 J. B. 邓奎（J. B. Danquah）在《阿肯族关于神的学说：管窥黄金海岸伦理与宗教》（*The Akan Doctrine of God: A Fragment of Gold Coast Ethics and Religion*，1944）中使用了类似的论证方法，但语言学的味道不那么重。[51] 邓奎认为，在某个特定社会中，道德和神学的认同并不是被称作"哲学"的这种小众活动的产物。相反，哲学是文化的一种普遍特征，就像烹饪、民间传说、装饰品那样；只要一个人熟悉他身处的文化，还有在自然语言中所蕴含的文化特性的样态，他就可以发现本民族的哲学，并将其系统化。

我只想把哲学活动范围和本质的不同立场展示给读者，而非比较它们孰优孰劣。到目前为止，我们一直把哲学理解成"爱智慧"。照此说来，第一，哲学不仅是一项专业化的活动，而且是在特定时代和地点出现的一种特定传统。其次，虽然哲学是一项专门的活动，但它出现在所有社会中。最后，我们认识到，哲学不仅出现在所有社会中，而且与文化共存，因此文化中的每个成员都平等地享有它。这三个命题的包容性递增，而限制性则相应递减。实际上，许多人都会出于不同的目的援引这三种不同的哲学概念。比如说，许多人都会坚持认为，在能被冠以“哲学”之名的所有欧洲文化中，哲学必须以文本形式出现、有系统论证、不同于神话或仪式；但这并不妨碍他们用另一种标准界定世界其他地方的哲学。比如非洲人的哲学是口头传统的一部分，蕴含在神话或诗歌之中。

拉丁的解释有一个明显的优势，即支持他观点的人能把“原始”社会中某些成员的专门活动描述为希腊—欧洲哲学家进行的专业活动的先驱。在十九世纪和二十世纪早期的民族志中，寻找这类先驱算是个老生常谈的主题：比如说，祭司是哲学家的前身，而寺庙中的祭司又是从萨满演化的。我个人明确反对这种人类思想史的进化观，但其他人没必要这样想。这种观点有助于让人们意识到一个共同活动的存在，它把在不同时代和地点的社会中形形色色的社会角色都包括了进来，有萨满，有祭司，还有哲学家——也就是说，这群人认为，与真正的秩序有关的某种权力存在于世俗秩序的表面之上。萨满和祭司一般不会用论证来巩固与宗教知识有关的主张，相比之下，班图语词汇的形态学更清晰地论证了超越存在的本质。对于传统文化中哲学的相对普遍性，拉丁和卡拉梅有不同的理解：前者认为它存在于特殊化的专家阶层中，而后者则认为哲学和每个人都使用的自然语言混合在一起。

在前文中，我们提到了希腊哲学家们尝试把自己和诗人或历史学家区分开来。哲学在多大程度上能与历史、诗歌和神话撇清关系呢？这可就很难说清楚了（不管是从赫拉克利特，还是对苏格拉底的几项指控都看得出来）。不管哲学家想不想把哲学与其他文化现象区别开，在实际情况中，哲学一直都与其他活动难解难分：如果把哲学比作金子的话，文化就是矿石。比如亚里士多德常常将荷马奉为圭臬，柏拉图常常在讨论哲学的时候突然转到神话上，但没有迹象表明，他认为这种话题转换偏离了哲学，或是他把神话看作与哲学截然不同的智性活动。中世纪哲学家们非常清楚，哲学活动受神学统辖，是神学的婢女。所以，在中世纪的伊斯兰教和基督教哲学中，我们常常发现宗教经典的权威在哲学论证中扮演着重要角色。因此，神圣启示和理性论证相辅相成，互证为真。一些欧洲中心论的哲学观点坚持认为，印度的正统派哲学（darśanas）不能算哲学，因为注解《吠陀经》这部宗教文本是他们的要务。这种观点显然站不住脚：按照这种说法，如果波颠阇利（Patañjali）的《瑜伽经》（Yoga Sutras）不是哲学的话，那么奥古斯丁的《上帝之城》也不是哲学。

即便我们能在概念上将哲学与它的邻居——诗歌和神话——区分开来，但在大多数被归类为“哲学”的文献中，我们发现哲学很少以纯粹的形式存在。就像金子蕴藏在矿石中那样，在某个历史文本中，哲学也与其他元素交织在一起；要想把哲学从中剥离出来，人们往往只能依赖一种复杂且通常伴有破坏性的工艺流程。当我们阅读奥古斯丁或波颠阇利的著作，或是当我们在拉丁的书里读到一位拉科塔长老所称让“石和土结合的隐秘力量”时（这是拉丁本人最喜欢用的例子），要想让这些内容有意义，我们就得采取手段，把哲学分离出来。这些例子的相通之处在于：它们在某种程度上利用了一个人的社会权威，如果这些有威望的人用巩固、合理化或解释当地传统文化的方式对实在的本质发表观点，他们的话就会被自己人当作颠扑不灭的真理；但在外人眼里，这些观点充其量只是该文化的“神话”罢了。卡加梅希望从自然语言中提取哲学，但这是个困难重重的过程。虽然萨满或祭司把神话和哲学混在一起，但我们还能把哲学提取出来，因为萨满或祭司所拥有的话语权威有助于把他们的主张和他们身上的文化烙印区别开来。融入人们日常使用的自然语言中的哲学则不具备这一特性，这使得它难以被外人认作哲学。

哲学的进化论将萨满或是祭司视为哲学家的雏形，但这一理论模型会引出一个问题：在某种程度上，它错误地定义了早期社会中的权威。之后被人们称为“哲学”的领域不仅与至高无上或超自然的存在物有关（人们相信，比起无神论者，善男信女们和这一超越存在的关系更为密切），也和量（quantity）与数字（number）的概念有关。虽然偶数在祭典和毕达哥拉斯的数字命理学中带有神圣的意义，但数字和量本身并不是容易被神圣化的概念。这样说来，在早期社会中扮演权威角色的似乎不是祭司，而是测重和计量的专家们。比如说，不论在哪里发现使用算盘的痕迹，我们都可以从中推断出推理性活动的存在：算盘上的每个环或珠子所代表的事物都超越了它们本身。在计量单位固定的情况下，碗里的豆子既可以代表几头牛，也可以代表几百头、几千头牛。不论在哪儿发现这种计数法，我们都能有理有据地断定：这里的人们一定懂得“数”或“量”的概念，在这里，它们并不是指统计具体实体的方式。

文字在最开始出现的时候是为了记录数量，无论是从谱系上还是概念上讲，计豆法与制表（或是陶片统计）都非常接近。[52] 早在宗教文本出现以前，早在人们用语言记录口传史诗之前，人们用一些记号代表牛、水罐、蒲式耳[1] 等日常交易的事物，并借此记下货物往来。人类学家早就注意到，虽然构思列表的方式明显不成体系，但这种记事方式在人们意识到“有序思维”这一可能性的初始阶段发挥了重要作用。人们把牛的单位记录在买卖物品的清单上，这使逻辑上的对立关系得以被转化为视觉信息。任何文字都不可能对“把思想固定在一个逻辑系统中”这一可能性毫无察觉。当文字首次出现的时候，商业交易是它的焦点，而许多作为口头传统（oral traditions）的宗教文本在史前很早

[1] 英制的容量和重量单位。

的时候就存在了。在这些文本中，《梨俱吠陀》（*Rig Veda*）非常值得一提——它的历史和印度正统派哲学传统一样悠久。在印度，文字被看作一种弥补人类心灵有限性的权宜之计，口传作品才是“真正”的文本。《梨俱吠陀》就是这样一部口口相传的经文，那些把它背诵出来的人就可以宣称他们懂了经文中的知识。在我们看来，抽象能力标志着知识界的出现；但现在的一些学者认为——用兰德尔·柯林斯（Randall Collins）的话说——这种能力和文字的公共系统的出现是同时的。这种观点多少让我们感到惊讶。柯林斯认为这一联系并非偶然，是“口头讲授和文本拴在一起”造成的结果。为了证明自己说得有道理，他引用了《奥义书》中记载的两个圣人之间的对话，还有“门徒的师傅讲课式的指导”。[53]但这一说法漏掉了很重要的一点：在早期的印度文明中，言辞和文本分属两个截然不同的概念领域，只有前者才是（现在被我们认定为）哲学的一个重要来源。

亚里士多德注意到，诗歌的范围越出了可能性，他借此把诗歌与其他活动区分开来，但这一区分的要点在于内容。与此相呼应的是，将诗歌与散文区分开的是形式。节奏性和重复性是诗歌最重要的特性，就此而论，它与人类文化生活的其他领域（比如音乐和仪式）存在重合之处。这种重叠在目前尚不明显，尤其我们现在接触到的诗歌大多都是以文本形式呈现的。但对于记忆《梨俱吠陀》的人来说，这部作品也包括背诵它的仪式和音律方面的特殊含义，他们会一直把这些经验特征牢记于心。虽然逻辑在最早的文字中生根发芽，但我们所理解的早期宗教文本往往出自口头、音韵和仪式传统，而非文字。所以说，哲学在表面上看起来与早期的神圣记录和早期史诗诗歌相去甚远，但实际上和以上两种文化实践出自同源。

*

分类是另一种为所有人类文化共有的活动，并且在许多重要的方面为哲学活动提供养分：它将自然界和社会中的各种实体按其重要程度的高低排列。克劳德·列维－斯特劳斯（Claude Le´vi-Strauss）[1] 精心制作了针对亚马逊群体的分类学方案，在此基础上，他断言所有的人类社会都起码具备“具体事物的逻辑”（logic of the concrete），哪怕这些社会中没有出现一种使给定的分类学方案（它们往往使用抽象概念或变量）取代具体实体的理论。54 但有一点他没说清楚：如果人们缺乏与这些实体契合的抽象分类观念，他们是怎么给这些具体实体分类的呢？学者们围绕“具象逻辑”的含义展开了大量讨论，对此我们倒不必深究。我们只需明白，近年来，民族分类学的成果证明，虽然亚里士多德和林奈（Linnaeu）为科学分类法做出了颇具开创性的贡献，但当他们试图为自然建立秩序时，对这个问题棘手程度的感受和

[1] 克劳德·列维－施特劳斯（1908—2009），法国人类学家，被誉为“现代人类学之父”。他建构的结构主义和神话学理论不仅对人类学影响重大，对社会学、哲学和语言学也产生了深远的影响。

那些生活在非文本文化传统中的社会成员完全一样。55

与林奈相比，人们认为亚里士多德建立的分类理论是他描述动物种类的基础；也就是说，有某种科学哲学在背后支撑着他对分类学的贡献。在这一点上，我们有个疑问：要是人们想把这种概念化的分类方法视作哲学，它背后的理论到底是该由分类法的提出者阐明，还是说，任何一名研究者在经过潜心研究之后，都能整理出分类法背后的哲学承诺呢？以亚马逊部落为例的民族分类学存在着和班图自然语言同样的问题：如果我们希望提取出一种明确和系统化处理概念的方法，还有额外的工作要做。但是，这一额外工作是否意味着，判断某个知识体系从一开始是哲学的还是非哲学的，似乎取决于"哲学是什么"这个问题的规范性答案——也就是说，人们在回答这个问题时，不外乎是从广义或狭义的哲学概念出发作答。

抛开拉丁（Radin）的贡献和其他人的重要观点不谈，一般来说，哲学将自己定义为"只存在于复杂的机制中"的活动。这样说来，哲学是城市社会（urban society）[1] 的中心，它将与自己不同、所谓更"原始"的某些生活方式排除在外，哪怕后者很可能会用截然不同的方式思考哲学基本问题。詹巴蒂

[1] 在英语中，该词特指一种世俗的社会文化传统，该传统具有混杂性和典型的现代工业文明特色。相较于民间社会（folk society）体现出的整体性，城市社会更强调个体和个性化。在下文中，出现"城市"一词的地方，作者都暗指与民间社会的对立面。

斯塔·维柯（Giambattista Vico）[1] 在《新科学》（*Scienza Nuova*，1710）中，再清楚不过地说明了这个观点：“得先有树林，才能有耕地和农舍；接下来才会有小房子和村庄；然后城市才会形成；学院和哲学家是最后出现的：这就是从最初的起点开始，所有进步所遵循的秩序。”56 在维柯看来，“思想的秩序必须遵循机制（institution）的秩序”，并只能是一种特定机制——该机制的地位在社会文化发展中至高无上，能够孕育真正的哲学思想。其余的则是神话、迷信和“具象逻辑”。

一个人要是对神话、迷信等领域的思想感兴趣，就等于宣布放弃哲学，“退化”到人类学或文化研究（德国人将其称为 Folkloristik）的领域中去。相较于哲学，人们常将这种退化定义为“非理性主义”。在德国，非理性主义起源于拒斥十八世纪末的启蒙哲学。启蒙哲学的前提是，任何有资格被称为“哲学”的思想都来自大都会[2] 的中心。德国人的对策是，他们把研究神话、文化和民俗的人文科学定义为有成果、有价值的传统，而公然标榜非理性主义的哲学是有害无益的传统。他们认为，维柯把哲学的先决条件定义为“城市体系”并不妥当，它更像是一条幽暗森林中的小路。但许多德国哲学却对亚马逊人的思想

---

[1] 詹巴蒂斯塔·维柯（1668—1744），意大利政治学家、修辞学家、历史学家和法理学家。《新科学》是他闻名于世的巨著。

[2] 此处“大都会”特指巴黎。在十八、十九世纪，法国文化艺术在欧洲处于高峰期，巴黎被称为欧洲的大都会。

形式不屑一顾，仿佛黑森林（Black Forest）能激发出的沉思，热带雨林就激发不了[1]。就这一点来说，它体现的正是自己拒斥的启蒙理性主义的大都会特色。与此相关的是，人们没有意识到：现代德国是个采取了面面俱到、严密死板的治理方式的地方，哪怕是一条幽暗森林中的小路也会被标在地图上，出现在政府机构的文书里。德国还是“大都会”集团中的一员，因为这个国家没有一片荒无人烟的地方。

或许海德格尔和其他在“林中路（Holzweg）”[2]中游荡的人所尝试的非理性主义让“城里人”和久坐书斋的学究们多少感到恐惧，并引起了他们的偏见——这些偏见根深蒂固地存在于英美哲学中，而且难以被人们留意到。在当前的英语主流哲学界（不论是从从业人数还是研究的实际数量看），很少会有人否认自己渴望更丰富的多样性。但学界充其量只会接受那些已经被定义为“哲学”的思想传统。界定“哲学”的标准很宽泛，它的内容也常常变化；有趣的是，英美哲学家也采取了同一套标准来理解自己。这些标准包括形式化的辩论，传统上固定不

---

[1] 黑森林是德国最大的森林山脉，也是海德格尔著作中“家园”的代名词。德国人最早居住在森林中，自然对德国人来说就是家园。德国思想家们似乎有某种天生的倾向想去弄清楚事情的根据和起源，所以，“森林”和“家”有关，是一个重要的意象。因作者此段没有标注任何参考文献，读者可参见脚注的第 26 条理解这段文本想要表述的观点。

[2] 在 1969 年的莱托研讨会上，海德格尔指出：在 1927 年至 1936 年间，对存在论差异的由来不可避免地走向一个必然的林中路（或“死胡同”，Holzweg）。

变的训练机制、文本性（texuality）[1]，与神学、仪式、神话等其他人类活动的目标明显分离……这不是在抵制欧洲中心主义，反而是在帮它开疆拓土。在大多数情况下，新吸收的传统被认为是哲学的，因为它们要么在历史上与“大都会”和崇高思想的机制（借助这种机制，哲学得以被人们实践和复制）同源，要么是该机制的衍生物。这样说来，非洲裔美国人的传统完全有资格被当作哲学。但在与欧美传统进行直接和全方位的接触之前，这些传统已经具有相当的规模。考虑到非洲裔（为主的）美国人和欧洲裔（为主的）美国人之间共有的密切且复杂的历史，这是完全行得通的。W·E·B·杜波依斯（DuBois）[2]就是个很好的例子：虽然他是在柏林度过了对他人生影响最深远的几年，但他的生命历程、教育背景以及习惯（habitus）[3]都能成

[1] “文本性”是由后结构主义者德里达（Jacques Derrida）提出的术语，意为“文本之外，别无他物”。（《论文字学》）德里达认为，一切的意义或思想都需要通过文本（text）表达，文本的意义是由各种文本之间相互联系的关系决定的；不同文本之间的交织关系，构成了这一特性。

[2]W·E·B·杜波依斯（1868—1963），美国社会学家、历史学家、民权运动者、泛非主义者，是哈佛大学第一个取得博士学位的非裔美国人。1892年，他获奖学金前往德国柏林大学就读研究生。在此期间，他与德国最杰出的一群社会科学家一同学习。这段学习经历奠定了他深厚的学养，对他后期的发展影响深远。

[3] “habitus”由法国社会学家皮埃尔·布迪厄创造并使用，没有严格对应的中文翻译。从字面意思上看，意为习性、习惯，指通过长时间生活实践、积累而视为理所当然的一种习性。根据布迪厄的社会学理论，每个个体都成长于一个特定的环境，并受到该环境文化的深刻影响。因此，每个人在日常生活中视为理所当然的事物，在另一个环境中则未必。

为支持这一观点的论据。

现如今，很多人都渴望将杜波依斯的作品纳入哲学正典中。但在我们现在看来，这种做法与耻辱或丑闻无异，因为这位才华横溢的思想家竟遭到如此长时间的排斥。我们应该思考，自己是不是还在排斥一些东西（没准我们还对此毫无知觉）？在这里，我们或许可以援引卓拉·尼尔·赫斯特（Zora Neale Hurston）[1] 对人类知识传统的兴趣：她搜集美国南部诸民族非文本的口传知识，在很大程度上受到弗朗茨·博厄斯（Franz Boas）[2] 的启发。后者的知识遗产可以追溯到另一个德国传统（在前文有所提及），该传统给予我们的不是非理性哲学，而是对民间故事的研究：这一传统研究的不是海德格尔，而是格林兄弟 [3]。

---

[1] 卓拉·尼尔·赫斯特（1891—1960），美国哈莱姆文艺复兴时期（Harlem Renaissance，主要内容是反对种族歧视，鼓励黑人作家在艺术创作中树立黑人的新形象）的民俗学家、作家。

[2] 弗朗茨·博厄斯（1858—1942），又译作法兰兹·鲍亚士，德裔美国人类学家、语言学家。他被称作“美国人类学之父”，同时也是语言学研究的先驱。他开创了人类学的四大分支（体质人类学、语言学、考古学以及文化人类学），并将科学研究方法运用于人类文化和社会研究。

[3] 见海德格尔在《形而上学的基本概念——世界、有限性、孤独》这一讲座中对诺瓦利斯哲学定义的引用。诺瓦利斯是十八世纪的浪漫主义作家，以创作风格独特的童话小说闻名。按照诺瓦利斯的观点，哲学是“一种乡愁，它使人想要在世界任何地方都具有在家之感”。既然研究形而上学是人的自然倾向，那么阅读童话也是人的自然倾向。德国的许多童话故事都是和森林有关的。

*

维柯认为，在城市形成之前，诗歌是古代文化特有的思维模式。他将哲学从“诗歌”中划分出来，主要根据不同活动领域对普遍性和特殊性的重视程度。亚里士多德认为，诗歌的范围包括可能性，因此在某种意义上更接近哲学而不是历史学。维柯与亚里士多德的不同之处在于，他认为诗歌沉湎于具体事物，而让我们上升到普遍性的是形而上学。这一区分是否有效？答案是显而易见的。维柯甚至会承认道：按照他的理解，纯粹的哲学不可能存在。跨领域研究在当今往往被视作一种优势，但人们认为与当代哲学的联系最为密切的是实证心理学（empirical psychology）[1]——该学科关注的主要群体是生活在城市里的美国人，有时也会拓展到一些国外城市，比如香港）57——和实证社会学（empirical sociology）。它们研究现代化、城市化的思想和社会，但它们漏掉了文化的显性表现形式，比如叙事艺术（narrative art）和视觉艺术——特别是那些存在于非西方、非城市社会中的视觉艺术。哲学还对民族志、民族音乐学（ethnomusicology）、民俗研究、比较神话学等领域漠不关心，还有那些和“诗歌”（按维柯的定义）十分相似、难以区分的

[1] 该词指十九世纪几位德国实验心理学先驱（威廉·詹姆斯，威廉·温特等人）的工作，包括基于经验主义认识论立场的心理学哲学理论，比如弗朗兹·布伦塔诺所著的《从经验的观点看心理学》。

所有事物。

维柯的区分似乎是在告诉我们，该以何种方式思考哲学在诸学科中的特殊地位，也提供了把“非哲学”[即关注具体事物（particulars）的文化与艺术表达的研究]排除在外的依据。我们在第一章已经详细讨论过，人们在内在兴趣的驱动下研究具体事物，而承认这一内在兴趣的价值，则是德国反理性主义传统最有力的做法。我在上文中讲到，这种反传统出现在德国哲学的一个特定发展阶段，并最终使 Geisteswissenschaften[1] 到达全盛。这种对传统的逆反将有价值的想法局限在某种范围之内，比如必须是某个制度环境的产物。因此，它无法像维柯希望做到的那样，将人类思想的发展和趋向复杂的人类制度联系在一起。

为了与这种反传统保持一致，也为了审慎地思考包容性，我们需要以海纳百川的方式重新理解哲学：不仅包括基于制度的文本知识，也包括口头传播的民间知识。但这件事不可能一蹴而就。大多数人会认为，放弃哲学与其他人类文化之间任何有意义的区别都是一种自我毁灭的行为。但这里有个严重的问题：除非这种新构想真正付诸实践，目前英美学术哲学界在包

---

[1] 该词在中文里被译为“人文科学”，但其本意是“精神的科学”（sciences of spirit），描述德国大学特定的学科分类传统。其包括哲学、历史学、文献学、音乐学、语言学、戏剧和文学研究，有时甚至包括神学和法学等诸学科的统称，与 Naturwissenschaft(natural science) 对应。

容性上的努力将仍是浮于表面的折中办法。哲学界正努力促进多样性，在这个过程中存在着许多意想不到的形式。维柯已经明确说明，这些形式就是非城市性民族的特征。我们现如今正附和着维柯式的偏见，却对此毫无意识：我们希望把所有其他形式的“异类”吸纳进哲学正典，把它们看作哲学学术研究的一部分，但这些形式全都是城市性的。

马克思主义者和拥护社会民主主义的自由主义者（social democratic liberals）会觉得我的观点非常陌生，但无政府主义者和某类怀旧的保守主义者或许可能会觉得熟悉。这一观点由澳大利亚天主教诗人——同时也是极端保守主义分子——莱斯利·穆雷（Les Murray）[1]强有力地提出。他抱怨“反对歧视乡野已经被神圣化了。要是回到古典时代，压根就不会有反歧视法或后殖民主义论调保护你免遭这种歧视——所以让那些玩意儿统统见鬼去吧。”58 但我们不必为了接受“存在这种偏见”的这一事实，顺带也赞同穆雷在结尾处的骂人话。一直以来，哲学都在不经反思地接受这种“歧视乡野”的偏见，并假设道，如果没有这种偏见的话，哲学就会堕落到人类学或民俗学（即非哲学）上去。但这一偏见不仅把一大部分人文学科都排除在外，还助长了由时人造成的不公平——因为现在正是人类历史上城市化和文本化最剧烈的时代。此外，它还屏蔽了许多极富价值

[1] 莱斯利·穆雷（1938— ），澳大利亚诗人、文学评论家。

的洞见，它们解释了对动物、环境和祖先的道德承诺是怎样形成的，这些承诺的本质又是什么。这种偏见蒙蔽了我们的双眼，把我们局限在很小一部分人类经验与自我认识之中。

我聆听过许多哲学家的演说：比如托马斯·内格尔（Thomas Nagel）[1]的“死亡是否是一个客观的不幸”；汉娜·阿伦特（Hannah Arendt）[2]的“为何当我们看到人类内脏时会感到不安”；丹尼尔·丹尼特（Daniel Dennett）[3]的“杀死哪些生物会使我们在道德上感到不安，而哪些不会”。我想，为什么我就该听你讲呢？全世界有那么多人，他们生活在各个地方：农场、雨林，甚至贫民窟；所有的人都坚持着和自己有关、和许多杂七杂八事情有关的信念。我的哲学将以尽可能广泛的方式研究这些信念，而不关心它们隶属什么机构、它们的创造者身处何处，是否能读会写。

*

人们发现，在过去的大约一个世纪里，当哲学家们思考人类独特性的本质时，他们用语言取代了“灵魂神圣”的观

[1] 托马斯·内格尔（1937— ），美国哲学家，现执教于纽约大学。研究领域为政治哲学、伦理学、认识论和心灵哲学。

[2] 汉娜·阿伦特（1906—1976），美裔犹太籍，美国政治理论家，以关注集权主义的研究文明于西方思想界。但她本人拒绝这一标签，自认为是政治理论家。因为“哲学关心单个的人”，而她的著作关注“生长繁衍于大地上的人类”。

[3] 丹尼尔·丹尼特（1942—），美国哲学家、作家、认知科学家，现执教于塔夫斯大学。

念。我们认为语言官能（faculty of language）可以代表“人类的杰出之处”，部分是因为那种用不朽、永恒、非物质的原则解释“人之所以为人”的做法已经落伍了。虽然人们从十九世纪时就开始对“灵魂”失去兴趣，它在当代哲学中几乎销声匿迹，但人们经常认为语言是神圣的，认为每个人都分有这种神圣的能力——这和“灵魂神圣”的观念没什么两样。诗人保罗·瓦勒里（Paul Valéry）[1]将语言描述为：“上帝在身体中迷了路。”59 理查德·索拉布（Richard Sorabji）[2]也描述了这一发展过程。在他看来，人的独特性使我们和自然界的其他动物区别开来；但在很久以前，将不同人区分开来的是我们各自的灵魂，当人们不再赞成这种区分方式时，他们便认为人和人的区别主要在于语言；后来人们发现了许多动物拥有复杂的交流系统，他们便根据乔姆斯基的观点，认为“语言”是由无限递归的语法所组成的。“我们可以吃掉它们，因为它们没有语法”似乎说的是人和动物之间的区别，但索拉布没有详细地论证这一点，所以这句话不能算是一个有效的推论。60

上文中提到，亚历克西斯·卡加梅（Alexis Kagame）和

[1] 保罗·瓦勒里（1871—1945），法国作家、诗人、法兰西学术院院士，法国象征主义后期诗人的主要代表。

[2] 理查德·索拉布（1934— ），英国历史学家，伦敦国王学院的古代西方哲学和西方哲学荣誉教授。

其他学者研究了自然语言（比如班图语）蕴含的哲学性质。他们的研究体现了“神圣灵魂”——“语言”的这一转变。我们已经了解到，卡加梅认为没有语言学就没有哲学。顺便说一句，卡加梅也是一位天主教神父。他对班图哲学的研究是对比利时传教士普拉西德·坦普尔（Placide Tempels）[1] 观点的批判性继承：坦普尔在 1945 年出版了《班图哲学》（*La philosophie bantoue*），开创了相关研究的先河。[61] 坦普尔相信，所有真正的“原始”民族拥有一个关于上帝清晰且独特的概念，并且这一概念是人们得以精通逻辑和伦理学的根本原因，因为二者均反映了神的理性和良善。“真正的原始人对最高存在的信仰”，坦普尔写道，“是目前所有半原始宗教观念的根源，比如活力论（animism）、物力论（dynamism）、拜物教（fetichism）和魔法”。[62] 长期以来，人类学家认为“原始”民族的信仰是所有宗教形式中最低级的。实际上，这种信仰仅仅是一种对真理的原始掌握方式，这种真理与基督教传教士所宣扬的真理相差无几。因此，传教士的主要工作是提醒本地居民，告诉他们真正的本体论承诺；而非使他们改变信仰。

在十七世纪的非基督教世界中，标准的自由主义神学就已经开始被应用于传教，坦普尔效仿的正是这种方法。在该方法的所有拥趸中，G·W·莱布尼茨的记录最为清楚。以他 1714

[1] 普拉西德·坦普尔（1906—1977），比利时方济会牧师，在刚果传教。

年的文章，“论中国人的自然神学”（the Discourse on the Natural Theology of the Chinese）为例，莱布尼茨认为，古时候的中国人似乎有一个明确的上帝概念。但是最近，他们让自己盲目地接受法律和传统的管制。就这一方面而言，他们已经忘记了很早前就知道的根本真理。我们再次发现，人们不把改变信仰理解为皈依，而是要引出一种能让所有人（基督徒也好，异教徒也好）记起我们共同承诺的文化回忆[1]。

对莱布尼茨来说，即便有些文化遗失了作为全人类遗产的终极和神圣的真理，它们的文本、口头传统和日常语言中也会存在着和这些真理有关的丰富痕迹（可能是人们在潜意识的驱动下制造出来的）。正是基于这一点，在《人类理智新论》（*New Essays Concerning Human Understanding*，1704）中，莱布尼茨设想了人类智慧研究在未来将如何发展。“拉丁民族、希腊人、希伯来人和阿拉伯人的哲学终有才思枯竭的一天”，他写道：

中国人会带着他们的典籍来到我们身边，带给我们许多新奇事物；我们的评论家们会带着好奇心来研究它们。当然，还有波

[1] 柏拉图哲学理论的一个概念。柏拉图认为灵魂不朽，所以人类拥有的知识来自前世。相应地，学习意味着重新发现我们内部的知识。整个理念被称作“回忆”（anamnesis），特指前世生活的经验。

斯人、亚美尼亚人、科普特人[1]和婆罗门的那些古老典籍——在未来的某个时刻，人们将把它们发掘出来。这样我们就不会忽略任何古代作家的观点，不管是他们立足于传统发展的学说，还是根据历史叙述的事实。63

莱布尼茨认为，掌握了这些文本传统之后，真正的工作才刚刚开始："如果我们没有可供研究的古老典籍，研究语言也是一样的——它们是人类最古老的纪念碑。"64

和莱布尼茨一样，卡加梅也认为自然语言（班图语）是人类最古老的纪念碑。和坦普尔一样，卡加梅认为，班图自然语言的古老纪念碑带有本体论承诺的印记。这些本体论承诺（其中包括上帝存在）由所有讲班图语的人共享。卡加梅注意到，班图语中以"-ntu"为词根的词大多指"生命""存在"或是"某物"。65 他借此总结了班图思想的分类系统，将以"-ntu"为结尾的单词视作最常见的类别。卡加梅把存在分成四个最基础的类别，分别是：muntu[与智力或"人"搭配使用，也是欧洲语言中"Bantu（班图）"这一变体的词源]；kintu（不与智慧或"事物"联系在一起）；hantu（和位置有关的存在物或时间—空间[2]）和 kuntu[模态（Modal）意义上的存在，或某一存在

[1] 指埃及的基督徒，其历史可追溯至公元一世纪。

[2] 原文是 Space-time，不同于 spacetime（时空），这一表达特指力学、物理学、天文学和哲学几个学科最重要的基本概念。

物存在的方式]。[66] 这就是卡加梅对班图形而上学的全部描述。除此之外，还有一种“先在（Pre-Existent）”的特殊形而上学，它是使所有事物存在的根本原因。

值得一提的是，虽然班图语中有许多和“上帝”这一专名等效的部分同义词（partial synonym）[1]，但没有一个能够直接被翻译成“上帝”的词[但齐切瓦语[2]（Mulungu）和刚果语[3]（Nzambi）中则有对应的词]。不过，人们还可以参考丢尼修[4]的做法，来阐明一种关于“上帝之名”的班图理论——班图的自然语言用许多方式命名讨论了先在（Pre-Existent），人们可以对它们加以分析：比如“Likatonda”指“伟大的创造者”，“Limdimi”意为“伟大的守护者”，“Limgalizi”指“伟大的保佑者”，等等。[67] 卡加梅认为，从逻辑上讲，得先有上帝的概念才能有其他对祂的圣名。人们可以从对自然语言的实际使用中推导出如下观点：先在者“不是存在的话，那就说明它是本质”。[68] 民族志学者们认为，这种“班图式”证明上帝（欧洲文化中的）存在的方式是一种异端，因为班图人断言“上帝不是

[1] 在英语中，“partial synonym”特指在意义上十分接近，或只存在微小差别的词语。

[2] 齐切瓦语又称马拉维语，是马拉维共和国的官方语言之一。

[3] 刚果语同属班图语支，指生活在刚果民主共和国、刚果共和国和安哥拉热带雨林的 Bakongo 和 Bandundu 族人使用的语言。

[4] 丢尼修，又译作亚略巴古的丢尼修，大法官狄奥尼修斯。他是亚略巴古城的法官，因使徒保罗在该城讲道而成为基督徒，后被教会推崇为雅典的主保圣人。圣经《使徒行传》17 ： 34 对此有所记载。

永恒的，祂会时时变化；我们从已经存在的事物中看见上帝”。[69] 卡加梅把班图自然语言中的内隐神学与希腊人（比如丢尼修）的否定神学相提并论，这两种神学都认为上帝超越存在与非存在，但尽管如此，所有事物的终极原因（ultimate cause）还是属于“存在”和“不存在”这对对立范畴。如果想用人类的语言描述上帝的话，祂是 nyamuzinda（意为“开始和结束”）、leza（意为“全能的”）、kalaga（意为“卓越的”）等等。但就像我们之前所说的，所有这些断言都建立在一个基础、原始的哲学承诺上：上帝不在四个一般形而上学基本类别之内。[70] 总而言之，人们不能用任何以“-ntu”为词根的词形容上帝。

我们没必要讨论卡加梅微妙详尽的研究细节。我们要理解的是他的方法，领会他建立分类理论的精髓；还有他仅凭人们谈话的方式、语法和词汇，就能把这种理论的边界勾勒出来，进以说明上帝是高于这些基本分类的存在物的本领。卡加梅的做法实际上正是莱布尼茨所期许的：这种方法能真正详尽地解释人类智慧的多样性。这样说来，民族哲学（Ethno-philosophy）和研究经典文本的哲学同样重要。

但是，卡加梅从自然语言中所提取出的本体论承诺很像他从别的地方了解到的。如果班图人在自然而然的情况下就能获得对上帝的理解，而且他们的理解居然和那些希腊古典时代晚期的基督徒们对上帝的理解有重合之处，这真是一件令人惊叹的事情——要知道，后者的工作以柏拉图的形而上学为基础。跟坦普尔一样，卡加梅对班图思想中那些“原始的”（按早期人类学家的说法）要素不屑一顾。他把自己否认偶像或祖先祭拜在班图文化中的中心地位，看作他们（包括他自己）捍卫全人类的尊严与平等的关键部分。这样说来，卡加梅对基督教传统和异教徒文化的理解与莱布尼茨和坦普尔类似。他认为，只要哲学家把我们真正的本体论承诺解释清楚，人们就能最终明白，我们一直相信的是同样的事情；每个人都是上帝的儿女，这一血脉传承将说明所有人都是神造的，本质上人人平等。让人惊讶的是，哪怕已经到了二十世纪，这些古老的神学观念仍然根深蒂固：和以前的欧洲传教士一样，卡加梅也视协调欧洲文化传统与原住民文化为己任；但在他致力于维护传统非文本知识体系的完整性和复杂性的辩护词中，尽管使用的是二十世纪语言哲学复杂的论证技巧，其基本思路和传教士也无本质区别。

*

莱布尼茨和卡加梅都认为，所有的文化都从自己的角度出发，表达着同样的哲学真理。这归根结底是一种世界主义（cosmopolitanism）。虽然这一学说的核心思想非常简单且广为人知，但它和希腊化时代[1]（Hellenistic）的哲学人物

---

[1] 希腊化时代被十九世纪后的西方史学界认为是希腊古典时代和罗马文化之间的过渡时期，与希腊古典时代相比，该阶段文化上呈现下降或衰退的趋势，以殖民活动为主。

之间的关系最为紧密。有人问犬儒主义者第欧根尼，“你从何处来？”第欧根尼只简单地回答了一句：“我是世界公民（kosmopolites）。”71

许多学者留意到，这种犬儒的姿态与各种各样的普世主义者之间存在着广泛的相似性。因此，在所谓的轴心时代[1]（Axial Age），跨国的宗教运动必然出现——特别是佛教与基督教。二者都希望让自己核心的真理主张在全世界范围内普遍有效，这样就切断了它们与自己发源地之间的历史关联。当耶稣告诫道：“恺撒的归恺撒，上帝的归上帝”（马太福音 22 ：21），言外之意是他要区分出两种规则：一种规则仅仅在一个领域有效，而另一种规则的范围则比它大得多，而且统领着它。

但是，在“恺撒”宣称自己效忠于上帝，并将自己塑造成神圣秩序的代言人的情况下，基督的诫命更难遵循。基督之所以能区分这两种情况，是因为“恺撒”当时尚未皈依基督教。但当一个世俗的统治者声称自己以神圣之名行事的时候，原有的政治普遍主义（political universalism）就很容易转化成帝国主义（imperialism）。背后的逻辑是：神圣真理具有普遍性；我以神圣真理之名进行统治；因此，我必须尽可能广泛地扩大自己的统治。阿育王（Aśoka）就是这么做的，他既是一位皇帝，也是一

[1]“轴心时代”是德国哲学家卡尔·雅斯贝尔斯在《历史的起源与目标》中提出的哲学发展理论，指公元前八世纪到公元前二世纪之间，中国、印度和西方同时涌现出了革命性的思潮；世界上主要宗教背后的哲学同时发展起来。

名佛教徒——他不断扩张帝国的版图，使佛教成为泛亚洲的宗教。

除了公元前三世纪阿育王统治下的孔雀王朝之外，还有许多其他的例子可以印证这条规则。当统治者借普遍主义之名采取政治行动的时候，如果他的邻邦和附近的少数族裔想要维持本地的文化特色，他往往会采取铁腕手段消灭这一诉求。地方性与普遍性之间的这一冲突的范围远不止存在于古时的普世性宗教中，它同样出现在世俗普世价值里（比如民主、自由、平等……）。以迈克尔·曼（Michael Mann）[72]和查尔斯·泰勒（Charles Taylor）[73]为代表的学者们从不同的角度论证道：在民主共和国出现之前，少数群体的境遇反而更好（比如在法国和土耳其）。因为民主政体希望通过消除少数群体的地方观念和价值观来推广“最高价值”；在它们心目中，这些观念应该被全人类共享，受所有人珍视——只要生而为人，就该无条件地接受这些观念。

当第欧根尼自称为“世界公民”时，他是站在弃世者的立场上的，所以这句话不会有什么危害；但要是某个信奉普遍真理的领袖认为，普世真理必然会造就“世界公民”的话，这就是另一码事了。人们或许会说，这对矛盾一直占据着世界主义的中心舞台。哲学家和托钵修士[1]会声称自己知道普遍真理，

[1] “托钵修士”最早是基督徒之间的相互称呼。十三世纪末起特指托钵修道会教团的成员。托钵修士与修道士不同的地方在于：后者住在一个固定的僻静之地，有财产和收入；前者专注于牧师的传道职务，依靠行乞贫困度日，居无定所。

而军队则忠于必将扩张到全世界的真理。我们甚至可以这么说：如果传播普遍真理的武装力量存在的话，那就意味着军队、传教团体或贸易卡特尔（cartel）[1]也同时在借助武力传播一种价值（有时三者相互作用，很难说到底谁是传播的主体）；而与它们同时代的哲学家会发表对该价值的看法，我们能从这些评价中发现一种真正的世界主义精神。这一点在欧洲近代早期的世界主义观上体现得尤为明显，尤其是欧洲人在思考东亚文明能欣赏哪些和他们共有的真理时。

1624 年，西班牙人被驱逐出德川时代[2]的日本；接下来，日本政府于 1653 年开始实行《锁国令》。虽然现在有许多学者研究十六世纪西学在日本的发展，因为那时的西方和日本的知识体系出现了意义深远的融合，但在十七世纪的很长一段时间里，日本在欧洲人的心中只是个模糊的影子。相比之下，中国一直是深受欧洲思想家和实干者们重视的试验田，如果他们的学说描述了神圣真理是如何反映在宇宙秩序（universal order）上[3]，或是这一真理在

[1] 指多家公司为控制价格和限制竞争联合组成的贸易垄断集团，是同业联盟的一种表现。

[2] 又称江户时代（1603—1867），指日本历史中被江户（德川）幕府统治的时代。

[3] 此处反映了自宗教改革以来，基督教思想家们试图将“宇宙秩序”和“社会秩序”统一起来的努力。这种观点沿袭了加尔文的思想。加尔文认为，宇宙的秩序本质上是一个等级序列；同理可知，人类社会也应当有同样的等级序列。人们可以靠观测和科学研究获得，但在人类社会秩序的这个问题上，思想家们始终无法达成共识。因此历史上会有形形色色对上帝秩序的解释。

不同文化环境中的各异形态的话，他们就要到中国去检验自己的观点。

人们常常把“思考普遍真理”和“普遍真理在不同的地方形态各异，人们描述它们的方式也不同”混为一谈，但它们其实是两码事。前者多表现在实践和价值观上面——比如说，有些思想家会扪心自问：这个遥远文化的实践和我所在文化的实践是否平等？如果我抱有偏见，觉得自己的文化更有优越性，这种想法是合理的吗？当第欧根尼标榜自己是一个世界公民（kosmou polites）[1]时，他试图克服的正是这种偏见。再不就是像亚里士多德在《尼各马可伦理学》中所说的那样：“自然的力量在哪里都是一样的，它不会变化——不管是在这里还是在波斯，火焰都会燃烧。”（这可能是我们能找到的最好的例子了）74 如果说自然在哪里都一样的话，我们不妨顺势推想：虽然在世界的不同角落生活着形形色色的人，但当他们怀着对上帝的崇敬去描述世界的运行规律或是刻画现象之间的因果联系时，他们描述的是同一个对象。按照一种过时的“科学世界主义”的说法，这些不同的解释只不过是在用不同的方式表达相同的真理；如果自然是由理性支配的话，那么这些对自然的不同的解释也都是理性的。

不过，这两个不同的方面在一个自然神学问题上遇到了同

---

[1] 希腊语 κόσμου πολίτες（世界公民）的英文转写。

样的困境：某人（或某个群体）有没有可能通过努力获得关于上帝的充分知识呢？在这里，“充分”指“灵魂得救(salvation)”。那人们怎么才能得救呢？他们只用思考上帝统治世界的秩序就能得救吗？还是说，人们同样也需要上帝的启示(revelation)？显然，“启示”只发生在特定的历史时期、特定的文化中。以基督教为例，启示发生在东地中海一带的犹太人之中，比佛陀在印度北部出现还要晚几个世纪。但思考自然没有任何限制，人们可以在任何时间、任何地点这么做。

一般来说，所有的世界主义都有两个共通点：首先，不管每个文化中的知识是由什么文本决定的，它们都能发展出与自然秩序相关的知识，这些知识最终会指向一个神圣的源头；其次，人类在本质上是相同的，相比之下，文化表达上的不同就没那么重要。在这一点上，莱布尼茨为我们提供了一个绝佳的例子。莱布尼茨对中国有两重兴趣：从实践的角度讲，他在激烈的礼仪之争（rites controversy）[1]中坚定地支持自由派耶稣会会士（Jesuits）一方，他们捍卫祖先崇拜，认为这种做法和接受基督教教义之间没什么冲突；[75]其次，他为中国人眼中的“超越”

---

[1] 指十七至十八世纪，西方天主教传教士就中国传统礼仪是否与天主教教义相容，与清王朝在学术和政治上发生的冲突。天主教内部先后有两种看法：耶稣会认为祭祖祭孔是世俗的仪式，与天主教教义相容，因此在一定范围内可以容忍；而道明会和方济会认为这与天主教教义相悖，不可容忍。在道明会的建议下，罗马教廷于1645年通过通谕，禁止中国教徒祭祖祭孔。但在其后耶稣会的游说下，罗马教廷在1656年解除了这个禁令。

和“内在”做出了理论解释，并论证道，这足以说明中国人懂得造物主和受造物之间的根本区别，这种做法还能充分说明中国人知道此世的虔敬是为了来世的救恩。我们可以从中看出，莱布尼茨的理解建立在哲学人类学的基础之上。

自莱布尼茨将来华耶稣会士们的报告——《中国新论》（*Novissima Sinica*，1699）作序之后，他就将欧亚大陆两端的中国和欧洲视为势均力敌的两极，把关注点聚焦在二者地位的平等上。莱布尼茨写道：“人类最伟大的文化和最伟大的技术文明集中在我们大陆的两端——欧洲和中国……中国是东方的另一个欧洲，它在地球的另一端熠熠生辉。”[76] 总的来说，莱布尼茨认为每种文化都平等地具备表达终极智慧的能力——这种智慧蕴藏在自然秩序之中，是神圣理性的一种体现。但和同时代的思想家一样，莱布尼茨也认为中国是世界文化中的一个特例，因为它的技术水平和政治的复杂程度已经与欧洲持平，甚至超过了欧洲。即便如此，这些优势条件却没有孕育出西方文化理解的那种哲学。

当时的欧洲流行一种偏见，认为中国人实际上是有智慧的自动人偶（automaton）[1]——这是说中国的技术和治国之

[1] 在某种意义上，“智慧人偶”是古代的机器人，由十八到十九世纪欧洲的钟表匠制作。在上紧发条之后，人偶会做出类似人类的动作，比如写字、弹琴和表情变化。文中这一表达更接近于今天对“人工智能”的定义，认为机器能够自我思考，甚至拥有情感意识。

道是盲目地发展出来的，因为中国人没有思考自然本质或正义背后的第一原理（first principle）[1]。当欧洲近代早期的学者评判美洲原住民的草药学知识时（当时美洲是传统意义上的狩猎采集社会），他们也表现出了类似的偏见。这些人认为草药学再浅显不过，是再明白不过的自然现象。草药学与动物生药学（zoopharmacognosy）没有本质上的区别，后者指动物在生病时寻找某种植物的自我治疗能力。在他们看来，这些人还没怎么脱离原始的生存状态，所以他们经常用“自然（les naturels）”这个词来描述原住民。但中国却截然不同。欧洲人猜测，社会习俗和技术发展是使中国人脱离原始状态的主要原因。但他们没有对一些抽象原则进行反思——在欧洲人心目中，这些原则是使所有习俗和技术成立的根基。

为了让这个表面上的悖谬能说得通，人们弄出了许多荒谬的理论。以耶稣会士阿塔纳斯·珂雪（Athanasius Kircher）[2]为例，他认为中国人的发源地是古代近东[3]，他甚至还把中文书

---

[1] 指该领域最基本的命题或假设，既不能被省略或删除，也不能被违反。

[2] 阿塔纳斯·珂雪（1602—1680），生前是欧洲最著名的学者、天主教耶稣会会士。他的著作《中国纪念碑》是欧洲第一部关于中国知识的百科全书。在书中，他始终试图用当时的教理来诠释他的研究成果。他强调中国历史中的基督教元素（也包括他自己想象的），比如说，他认为中国人是含（诺亚的第二个儿子）的后代，中国的神话元素（龙）也有基督教的影子。在他看来，“中国人不是野人，而是天父失落的子女。”成为当时欧洲对中国文化见解的代表。

[3] 早期近代西方地理学者对临近欧洲“东方”的称呼，指地中海东部沿岸地区，包括非洲东北部，亚洲西南部，有时还将巴尔干半岛包括其中。

写系统看作希伯来语的变形。珂雪认为，中国人在遥远的地方游荡了很久，最终遗忘了与第一原则有关的形而上学和知识——他们曾经把第一原则当作自己的科学、伦理学和治国之道的根本。莱布尼茨不需要为这种不合理的设想自圆其说。我们在上文中提到，莱布尼茨认为世间的一切事物都表达着统一理性秩序，每个实体的完整概念中也包含着与其他所有实体相关的一切真理。正是出于这个原因，莱布尼茨认为研究土著语言是值得的。他在《中国新论》中解释道，他不仅要把中国和其他古典文明的古籍与圣经放在一起研究，也要研究非文本文化的语言，因为理性深植于词汇本身、语源与语素之中。因此，人类文化是理性现成的宝库，是世界上规模最宏伟的图书馆。如果按着这个思路继续前进，我们还可以说，对莱布尼茨而言，就算某个文化中的成员没有为他们的文化实践做出明确的理论解释，这也并不妨碍人们把这一文化判定为“理性文明”。

这一洞见正是我们希望从莱布尼茨——这位提出微知觉（petites perceptions）理论的哲学家身上得到的。在莱布尼茨的学说中，每个实体都在传达着自然的完整秩序，即便这种表达方法模糊不清或是让人困惑，够不上严格意义上的“知识”。如果莱布尼茨不认为中国的知识系统纯粹是微知觉的一部分，他的理论就带有某种欧洲至上的色彩。但恰恰相反，到 1714 年他写作《论中国人的自然神学》的时候，已经可以胸有成竹地论证道：至少在古时候，中国人拥有和上帝有关的知识；中国人意识到上帝和自己不一样，祂是至高无上的存在。在书中，莱布尼茨写道：

如果我断言中国人能够识别（或已经识别）出精神实体，这乍听上去令人生疑。但在经过大量的深入思考之后，我认为他们确实能做到这点——尽管他们没有意识到精神实体和物质截然不同，并且凌驾于物质。如果他们为精神实体创造出一个物质实体也无伤大雅，因为我本人就倾向认为天使有身体，古时候许多教父（Church Father）[1]也这么想。此外，我认为人们理性的灵魂绝不可能完全脱离身体。可能一些中国人觉得上帝是世界的灵魂，并给祂加上了个身体——这就像希腊和亚洲的古代哲学家们那样，把作为精神实体的上帝和物质结合到了一起。然而我们看到，中国最古老的思想家要么认为"理"是第一原则，要么认为"理"是从"气"或"物质"中产生的。（传教士）完全不必从零开始，这些思想已经能替他们解释上帝的本质了。这样一来，传教士们就更容易向中国人说明，上帝是高于所有物质的、超越世俗的智慧（Intelligentia supramondana）。77

在读莱布尼茨的前几句话时，我们无疑会和那些反对欧洲

[1] 教父是对基督教会早期宗教作家及宣教师的统称。他们的著作往往具有权威性，可以作为教会的教义指引与先例。教父中有许多著名的教会神学家、主教和护教士。

中心论的思想家们一样欢呼雀跃——但在莱布尼茨的这段话里有个极端的假设。他自认为对这个问题有发言权，哪怕他离中国十万八千里，哪怕他对中文一窍不通。他从一开始就把“理”设想为一个完全超越的原则，不仅让它符合基督教中上帝的定义，而且认为“理”就是上帝。但我们先不管莱布尼茨思想的局限性，来看看其他的内容。从某种程度上讲，莱布尼茨与鲜为人知的珂雪古代神学（prisca theologia）是一个路子。珂雪认为，古代所有的知识传统背后都存在着隐藏的统一性，但莱布尼茨的思想比珂雪更具包容性。他认为中国的古老典籍能带领中国人走向真理，哪怕它们不和古代教父们奉为圭臬的典籍出自同源。

莱布尼茨认为，中国人实际上有一个上帝的概念（不管他们是否意识到了这一点）。尽管史实表明中国人在退步，把宇宙灵魂（anima mundi）物质化（不过在西方历史上，这种倒退也时常发生），但这并不妨碍中国人从“理”中提取出上帝的概念。在《论中国人的自然神学》一书中，莱布尼茨用积极的方式评价了英国自然神学，因为它是孕育了洛克和牛顿这两位重要人物的土壤。中国人确实知道上帝，就像牛顿知道上帝一样，但他们得在莱布尼茨的帮助下弄清楚这一点。在调和礼仪上的争执时，莱布尼茨设想所有人的意见都是一致的；当人们对自己使用的词汇理解得不够清楚明白时，分歧就产生了——这是莱布尼茨论证中最核心的部分。莱布尼茨有句名言：

Calculemus!（让我们算算吧！）在他看来，人们可以借此避免争论——如果欧洲和东方真有一场宗教战争的话，它深层的原因就是人们在信仰上的分歧。

所以，莱布尼茨认为宇宙的理性秩序为全人类所共享，不过每个人对这一秩序的理解程度都不同，他们中有的了解得比较透彻，有的则对此感到困惑；所以说，每个人都能得知真相，只是方式不同罢了。如果把这些不同的理解方式放到一起，它们就会构成各种各样的世界主义——第欧根尼绝对会赞成这一点。但莱布尼茨的思想也体现了世界主义和普遍真理之间的张力（我们之前提到了这一点）：他认为人们共享同一个真理，在欧洲之外的文化中，这一真理往往不明显，不过人们在潜意识里已经相信了它。所以欧洲人要把传教士派往世界的各个角落，唤醒当地人的信仰。但他也认为，在伦理学方面，中国应该将本国的传教士派到欧洲来。虽然莱布尼茨的想法很公平，但在他看来，传教士的使命就是去教中国人（也包括全世界的人）理解让万物运行的第一原则。也就是说，莱布尼茨从来没怀疑过基督教的传教是否必要、是否正当。

在与罗马教廷的礼仪之争中，莱布尼茨更倾向于耶稣会一方。许多耶稣会传教士——比如龙华民（Nicolò Longobardo）[1] 都

[1] 龙华民（1559—1654），天主教耶稣会传教士，1597 年来华，在利玛窦死后接替他的职务。因与利玛窦在对待中国礼仪的问题上观点不同，从而引发天主教教廷与清朝的中国礼仪之争，最终导致天主教被禁止传播。

是他重要的信息提供者。但他的目标很明确，就是要推动新教徒的传教活动，与天主教竞争。他与新教自由派的东方学者们之间来往尤为甚密，比如哈雷（Halle）[1]和研究阿姆哈拉（Amharic）[2]和埃塞俄比亚地区的学者约伯·鲁道夫（Hiob Ludolf）。78 不过，莱布尼茨和与他志同道合的传教士伙伴们既希望向中国人和其他非基督教文化背景下的人传教，也希望这些群体能带给他们一些回馈。莱布尼茨用《论中国人的自然神学》阐述在中国进行传教的理由，他主要想说的是，传教士们在抵达一个新文化时，完全不必从零开始。相反，他认为那里已经有很多东西供传教士们进行工作。莱布尼茨关心传教活动多半是出于自己的兴趣，他渴望见到的是传教士们带回的见闻（比如中国人信仰的东西），而不是真想改变当地人的信仰。

莱布尼茨一方面鼓动传教士们前往俄罗斯帝国，一方面希望能从传教士那里获取那里所有的非文本语言样本——主祷文（Lord's Prayer）[3] 在当地的抄本。79 他希望这种双向交流可以让两方都从中受益，就像他建议与中国互派传教士一样。这么做有两层含义：首先，这是人们第一次把基督教教义的核

---

[1] 德国中部城市，在十七和十八世纪是敬虔运动的中心。该运动最令人瞩目的特点之一就是对海外宣教的热忱。

[2] 东北非民族，主要分部在埃塞俄比亚高原的中部和北部。阿姆哈拉语是闪语族中使用人数第二多的语言（仅次于阿拉伯语）。

[3] 基督宗教的信徒最熟悉的祷词，记载于圣经的《马太福音》中。

心部分翻译成异教语言［萨摩耶德（Samoyed）[1]语和卡尔梅克语（Kalmyks）[2]］；其次，对莱布尼茨来说，他不断扩大的信息库中又添进了新的语言学条目。在第一章里，我们花了许多笔墨描述了莱布尼茨那野心勃勃的“具体事物的科学”，而这恰好就是其中一个例子：如果人们在知识的不同领域中不断积累各种数据，就最终能在一个给定的领域内刻画出不同程度的多样性，而且还可以让人最终找到多样性背后的统一性。

人们不会把这种方法用在某些学科的研究上，比如测定地磁偏角，还有收集公共卫生统计数据的研究。但它也是一种科学研究的手段，在另一些学科中很常见——比如学者们可能用这种方法细分出了比较语言学这门新学科。这一学科假设道，所有的自然语言都表达了同一个理性秩序，哪怕它们都会在某些特定领域表达不清楚：比如，在形容某些草药的药性上，某种亚马逊语言可能描述得比其他语言更清楚（在形而上学和语言学的双重意义上）；但要想清楚地表达上帝的真实本质，迄今为止，拉丁语或许是最理想的语言。但这并不是说语言之间存在优劣之分，有些自然语言如果说不清楚关于世界的某种真理（和其他自然语言相比），就会失去表达真理的权利——用

[1] 萨摩耶德语是生活在俄罗斯西伯利亚北部的蒙古人所使用的语言。

[2] 卡尔梅克语是卡尔梅克人使用的语言，该民族分布在俄罗斯联邦西部利亚的南部和蒙古国境内。

萨摩耶德语写的主祷文绝不亚于用拉丁语写成的。

自然语言和文化习俗背后的问题是相通的，这得以让我们去寻找多样性背后的统一性。但文化习俗也会引发严重的认识论问题，尤其在人们试着判断引领某个文化中实践的信念，却对该文化知之甚少的时候。自由派耶稣会士们意识到了这些问题，并意识到在接下来的跨文化交往中，人们需要遵循包容的准则——在礼仪之争中，自由派耶稣会将这一原则奉为圭臬，莱布尼茨也对此深表赞同。罗马教廷要求在中国举行的天主教仪式必须照搬圣伯多禄大教堂（Saint Peter’s Basilica）[1]的做法，说起来好像很容易；但在实际操作中，传教士们就会明白，要想符合当地的实际情况，仪式必须做出调整。

不过，有些地方的人也会拒绝接受基督教，甚至明确反对它。远藤周作[2]在1966年发表了一篇名为《沉默》80的小说，讲述了一个和葡萄牙传教士有关的故事：这位传教士决定执行踏绘令（fumie）[3]，这一举动使他免遭被倒挂着流血身亡的厄运。但在当时的环境下，他的做法似乎没有犯下最高程度的渎

[1] 位于梵蒂冈，是天主教会最重要的象征之一。

[2] 远藤周作（1923—1996），日本著名小说家，文学评论家和剧作家。因为日本人口中的基督徒比例小于1%，他以独特的日本天主教徒创作视角而闻名。

[3] “踏绘”是日本人在德川幕府时期发布的命令（1629年）。在禁止基督教后，幕府以此检验进入日本的欧洲人是否为传教士。主要做法是命人踩踏基督教圣像（耶稣像、玛利亚像或十字架），尤其是在一些通商口岸。但后一句话（倒挂流血）描述的是小说中的情节而非史实。

神罪，反而表现出他对基督的最高承诺和爱。仪式或许千变万化，人们也可能身不由己。罗德格里斯神父[1]认为，这个故事告诉我们，基督教真理是永恒不变的，哪怕这位传教士的做法会让他为之效力的世俗机构将他永远除名。类似的故事在民族志的记录中也有很多：丹麦籍因纽特人类学家克努德·拉斯穆森（Knud Rasmussen）记载了二十世纪初格陵兰岛的萨满皈依基督教的方式：按照当地传统，担任萨满的男性被禁止食用海象内脏的某部分；但这些萨满要吃掉这部分内脏作为第一次圣餐礼（communion），以示皈依。81《圣经》里肯定没有讲过海象，但这种做法说明，海象让基督教在当地扎下了根；人们对宇宙秩序的了解不断深入，因地制宜的做法就必不可少。

要是按照第欧根尼的标准来看，罗德里格斯神父（Father Rodrigues）可能是一个真正的世界主义者。因为他是个实实在在的基督徒，所以他没必要一直和罗马教廷保持联系；不管世俗机构是否授予了他圣职，他对基督的虔诚都不会改变。这正体现了世界公民（kosmopolites）最纯粹的意义；而对“世界”（kosmos）的不同理解也造成了犬儒主义者和基督徒之间的区别——它是直接给人无言指示的自然本身，还是作为神圣计划中一部分的“自然秩序”？但犬儒主义和基督教对于基本问题认识存在的差异远比这大得多。

---

[1] 小说中的人物。

不过，世界主义的大部分内容和它的起源有关，所以世界主义往往是个悖论：比如说，莱布尼茨将自己视作世界公民，也相信我们都是世界公民；但他同时认定自己恰好投生的这个文明，对世界的某些基本事实理解得最为清楚。这种想法让传教成了一件理所当然的事情：传教士们前往世界各地，用积极（或武力）的方式让人领悟所谓的普遍真理。这等于在说，“我来是为了告诉你，不管你同不同意，上帝都会说我们都是一样的。”

显然，并非每个人都会认同这一观点，而这一看法也亟待修正和变通。现代自由民主世俗主义鼓吹自身的普世性，但它也一直面临着同样的问题。当人们在国际层面上讨论战争干预，或是保护少数群体的权利时（不管是在地方、地区还是国家的层面上），这一悖论都是所有相关辩论的症结。作为一门有关生活的哲学，世界主义似乎有趣且无害；一旦它成为一股导致社会变革的力量，种种难题就会由此而生；而政治哲学家（或政治家）对这些难题束手无策。

*

如果作为政治理想的世界主义充满悖论，这就不难明白西方文化传统将世界性视作哲学的本质。这样说来，我们可以在世界上的任何角落找到人们进行哲学活动的痕迹，他们做哲学的方法或多或少相同。哲学的世界主义还有另一种形式，这种形式没有落入欧洲中心主义或把“哲学”理解为专有名词的窠臼。

它认为每个文化都拥有自己独特的哲学，它们不可简化或言传，只能意会。这样的哲学深嵌在文化的矿石中，绝不可能把它的纯粹形式提炼出来。1959年，第二届黑人作家与艺术家会议在罗马召开。会议设立了一个特别的哲学委员会，通过了一项关于非洲哲学特征的重要决议：

鉴于哲学思考在文化解释中占据主导地位，鉴于西方对哲学思考的垄断延续至今，这使人们无法摆脱西方的桎梏，在西方的话语体系之外开展哲学研究；鉴于非洲传统哲学一直致力于思考重要的意见，从未以纯粹的概念性为目标，本委员会宣布：

1. 对非洲哲学家而言，他们的哲学决不能简化非洲的哲学思想来迎合西方的体系；

2. 在进行哲学研究时，非洲哲学家们必须明确一个基本事实：西方的哲学研究方法不是唯一可行的方案。因此：

a）我们敦促非洲哲学家应当从他的人民的传统、传说、神话和言语中学习，以便从中汲取真正的非洲智慧法则，与其他形式的人类智慧相辅相成，让非洲思想在世界哲学中独树一帜。

b）当遇到那些奉行集权主义或以自我为中心的西方哲学家们时，我们呼吁非洲哲学家克制可能出现的自卑情绪。如果我们能大方自信地展示自己的观点，对方就能意识到他非洲同僚所做的贡献，进而了解到所有在西方文化之外哲学家们做出的贡献。[82]

这项决议有个很明显的问题，它里面的非洲哲学观似乎制造了一个双重标准：它认为从定义上讲，欧洲哲学是系统的、清晰的，流传于欧洲的传统、故事、神话和谚语不在哲学的研究范围之内；然而非洲传统中的某些因素（比如民间故事之类）符合非洲哲学的特质，是非洲哲学独特的源泉。但是欧洲（特别是德国）的思想家们也捍卫这一观点，包括莱布尼茨、赫尔德（Herder）[1]、歌德还有格林兄弟；他们认为人们能从这些资源当中萃取出能被大众广为接受的哲学。在十九世纪时，人们认为科学哲学（尤其以法国理性主义为代表）已经走到了尽头，它无法完全覆盖不同民族文化流传至今的历史。受此启发，和比较神话与民俗学（Folkloristik）有关的研究在许多领域中纷纷涌现。欧洲史不仅仅是一部科学进步、制度创造、技术发明的历史，它也包括农业文明的生殖崇拜、歌曲和舞蹈，还有依靠鸟类飞行轨迹进行占卜。1959 年罗马委员会制定的非洲哲学发展方法暗示读者，这种方法只在非洲适用，在欧洲则完全行不通。如果非洲哲学家真的采纳了这种观点，人们就完全有道理担心，这么做会不必要地加强所谓的“欧洲理性”和其他地区理性不同表现形式之间的差别。

---

[1] 约翰·戈特弗里德·赫尔德（1744—1803），德国哲学家，路德派神学家、诗人，在文献学和文化人类学领域贡献巨大。赫尔德提倡经验主义的理性化，反对传统上排斥经验的形而上学和体系化的哲学。他认为人并非是纯粹理性的，而是生活在历史之中——人们使用的语言和生活经历都会受到历史的影响。

在实际操作中，大多数按这项决议进行的哲学工作都带有一种独特的混合特质。加纳总统夸梅·恩克鲁玛（Kwame Nkrumah）的良知主义[1]（consciencism）可能是个最具代表性的例子（他于1964年出版了一本同名著作）。[83] 对恩克鲁玛来说，良知主义是"一张部署思想能力的地图——借助这种思想能力，非洲社会就能消化西方、伊斯兰和欧洲基督教中的元素，并以适应非洲个性的方式发展它们。"[84] 那"非洲的个性"又是什么呢？恩克鲁玛接着解释道，"根据定义，（个性是）构成传统非洲社会基础的人文主义原则的集合。"[85] 恩克鲁玛希望把传统非洲社会的认为主义和某个欧洲学派综合起来，马克思主义思想正符合这一条件。因此，唯物主义是恩克鲁玛良心主义的基础；但他对唯物主义的理解非常简单，认为它就是指"物质绝对且独立地存在"。

恩克鲁玛认为物质是绝对且独立的存在，这是他与欧洲大多数唯物主义者的不同之处。但就像其他的辩证唯物主义者们那样，恩克鲁玛强调，"物质的概念必然和它的惰性（interness）有关"这种说法是错误的，这使他站在了牛顿和洛克立场的对立面。不过，他支持形形色色的万物有灵论（hylozoism）：他认为物质的属性不仅包括自运动（self-motion），甚至包括意识。他坚信哲学只

[1] 目前中文哲学界尚未对该思想进行介绍。考虑到 conscience 在伦理学上的意义，暂将此术语译作"良知主义"。

有在这种情况下才能生成一幅“关于本质的概念图像”。[86]——恩克鲁玛认为，这是斯宾诺莎的哲学观，因为斯宾诺莎有一个著名的观点：“思维的秩序和联系与自然的秩序和联系一模一样。”[87]斯宾诺莎指出，心灵是身体的观念，而身体具有自然的属性；恩克鲁玛认为，如果斯宾诺莎的看法正确的话，那么我们可以由此推出，“心灵的知识可以作为研究自然的直接客观基础。”[88]因此，良知主义的唯物主义观点是实践哲学直接的产物：在确定了物质正确的概念之后，良知主义的概念就形成了；所谓良知主义，就是“对物质发展客观性的思考”。[89]这样一来，作为物质发展的客观性的反映，良心主义也在“知识和行动之间建立了直接的联系。”[90]进行一番论证之后，恩克鲁玛最终得到如下结论：能在实践或社会层面上反映唯物主义本体论承诺的只有一种思想——平等主义。

恩克鲁玛唯物主义的大部分内容与二十世纪中叶马克思、列宁主义对辩证唯物主义标准的构想十分相似。但恩克鲁玛认为，自己的良知唯物主义调和了“非洲的传统观念（即物质是绝对且独立的存在），以及和物质自主运动力量相关联的观念……还有绝对可变性的概念；以及在人的本性中，与伦理学根本原则有关的基础观念”。[91]显然，这里面提到的一些观点流行于撒哈拉以南的非洲，是在该地区许多文化群体中相当常见的基本哲学观点（不过这些群体使用的语言存在很大差异）。我们或许能用一种更具包容性的方式来解释恩克鲁玛的观点：他简单地把非洲传统文化归结为一种对真理的理解方式，只不过这一点不太容易被人看出来；这使他觉得自己对唯物主义的解释是正确的。他还认为，人们要是想了解自然界，弄清人在自然界中的位置的话，他们只需和某个文化传统建立简单直接的联系，完全用不上那种行文严谨、推理严整的哲学。我们发现了一个很有趣的现象：前文说过，卡加梅区分班图自然语言中词汇的不同种类，把它们系统化为清晰的班图哲学；虽然卡加梅使用的方法和恩克鲁玛参照的马克思主义截然不同，但当恩克鲁玛试着构建一种符合非洲情况的混合哲学时，他的哲学体系存在着与卡加梅思想相同的局限性。卡加梅是一名卢旺达天主教神父，他关注讲班图语的人们对自然及其原因的见解；他创立的否定神学与某些古典时代晚期的某些希腊学派惊人的相似。而恩克鲁玛则是加纳的社会主义领袖，他看到的是非洲人民面临的困境，倾听人民的声音，关注人民的做法；他从其他辩证唯物主义思想家那里获得启迪。

“文化”是个极其模糊的概念，但人类学家一直都想用更精确的方式阐释它，找出“文化”与“文明”在语义上的重叠和差异。一种关于二者之间差别常见的观点是，“文明”具有普遍性，而“文化”则是地方特色，并且不能被简化——这是针对二者对立的特性来说的。文明有全球扩张的潜力，但人们只能想象出无数不同的地区文化，无法想象出一个“全球文化”——不过我们也可以说，超高速通信技术将推动全球文化的生成。值得注意的是，从语源学意义上讲，“文化（culture）”一词最初的字面意义与发育、种植和耕种之类的行为有关。像农业（agriculture），葡萄栽培（viticulture），养蜂（apiculture）等词都是“文化”的衍生词。当人们用“文化”来描述人类社会时，这个词仍然带有“生物”“生长”的含义。从这个意义上讲，文化和文明则截然相反；文化可能是统治阶层或是外部强加的称呼。人们可以受到某种文化的熏陶，但人们得靠引导和谆谆教诲变得文明。文化总是和特定的社会群体有关，具有独特性和不可传播性。根据马歇尔·萨林斯（Marshall Sahlins）[1] 的记载，早期的人类学家对研究某些群体的文化特别感兴趣，这些群体拿人类学者所说的“文化”来形容自己。西方的研究者告诉他们，他们的文化别具一格，值得跋山涉水地前来研究；一些文化团体就用“习俗”（指文化实践）来精确描述那些本族群独有的特征——就像一位波利尼西亚人向萨林斯解释的那样：“如果我们没有‘kastom[2]’的话，就和白人没什么两样了。”92

启蒙运动和世界主义认为文明具有普世性，而在浪漫主义和民族主义则不这么看。在后者对前者的回应中，文化是个至关重要的概念。在十八世纪末和十九世纪初的时候，一些德国浪漫主义思想家专门反驳法国启蒙思想中的普遍主义。或许正是在这个时期，“文化”和“文明”内涵之间的对立体现得最为显著。

---

[1] 马歇尔·萨林斯（1930— ），美国人类学家，以在太平洋地区做的田野调查及其他理论研究而闻名。

[2] 皮钦语词汇，是美拉尼西亚的传统文化、宗教、经济活动、艺术和巫术的总称。

值得一提的是，法国人把那群公认的启蒙思想代言人称作les philosophes（法语“哲学家”的复数形式），这个词多少带点贬义。联想我们在第一章中谈过的内容，我们就不会对这个现象大惊小怪了。在法语世界之外的人们也不把启蒙运动者看作一群真正的哲学家，而是一群在沙龙里放肆地端着架子，我行我素，装腔作势的家伙——他们认为自己代表了最卓越的文化，这种文化值得在全世界推广，全世界的人也都对他们的文化渴望有加。

简单来说，les philosophes或许可能会承认自己犯了两个错误：他们错把自己的文化当作文明，也没弄明白“普世性文化”和“某文化具备普世化的潜质”之间的区别。在英语中，“les philosophes”这个称呼被保留了下来，专门用来取笑启蒙时期的法国哲学家；从字面意思上看，这个词像是在说那群巴黎哲学家觉得他们在做的事情（或想问题的方式）是永恒的、无国界的，事实上则不然。但凡人们稍微抽出身来，或是用外人的眼光来看，这只是法国独特文化的一部分，并且只能意会，无法言传。经常拿les philosophes来损法国佬的是讲英语的人，他们认为自己不矫揉造作，并且自己的观点来自明白可靠的常识——但这种做法是搬石头砸自己的脚，他们和法国人犯了一样的错误。霍勒斯·沃波尔[1]（Horace Walpole）把“那群”哲学家形容为：“严肃，傲慢又独裁的纨绔子弟。”93 虽然哲学

[1] 霍勒斯·沃波尔（1717—1797），英国艺术史学家、文学家、辉格党政治家。

的内容自启蒙运动以来发生了巨大变化，这一基本文化动态却保留了下来，还能描述当今讲英语与讲法语的哲学家之间的关系：两者都觉得自己研究的哲学是普世性的，而对方研究的则是当地根深蒂固的文化（法国人也用“盎格鲁—撒克逊”一词反唇相讥）。

在地方性和普遍性之间的相互影响下，哲学似乎很难在文化与文明之间找准定位。就拿波利尼西亚人所说的“kastom”为例，我们可以拿它和另一种情况比较：人们在赞扬自己的本土文化时，有时也会提到哲学。我曾经就职于蒙特利尔的康考迪亚大学（Concordia University），在校园开放日那天，我负责坐在哲学系的桌子后面答疑解惑。一个来自附近卡涅撒塔克保留地（Kanesatake reservation）的莫霍克族人走上前来，告诉我们说，他几十年前没有把大学念完，现在想重新开始。他问我这里都教哪些哲学，接着他突然说，“你知道吗，我们也是有自己的哲学的。”那时我还没有开始思考哲学和文化之间的关系，也没有想过英语世界之外也有哲学。我当时颇为怀疑地回答道，“哦，是吗？”话音未落，我就意识到他听出了我声音中的傲慢与轻蔑。我赶紧把课题拉回到课程设置上来，他跟我们又寒暄了几分钟就离开了。这个人最终还是没有来跟我们学哲学。

回想起那天来，我认为自己忠实且准确地传达了学院哲学的自我定位。而现在我正努力质疑的正是这种自我定位，不仅是在这本书里，也在其他的场合。学术界对哲学有一种官方的解释，但某些地区和这种解释没有丝毫关联。我之所以专门把这次偶遇放在这里讨论，是因为如果我们把这一解释放到这些地方，一些隐藏的古怪之处就会显现出来。在这些地区，哲学不单是那种具有普遍性的哲学，而是有各种各样的形态，就好像世界上有形形色色的文化一样。这样说来，学院派哲学家的自负和法国哲学家们（les philosophes）的自负很相似：他们将自己视作某种普遍事物的唯一化身，但是在外人看来，他们不过是某种哲学形式的某个代表罢了，而哲学的形式远不止一种。他们认为自己所代表的哲学是文明，但哲学实际上是由许多不同的文化构成的。

和波利尼西亚人的“kastom”相比，这位莫霍克族人并没有直接或间接地表示，因为莫霍克族（或美洲原住民）有别人所没有的哲学，所以他们与众不同。如果他确实误解了哲学的概念——就像萨林斯暗示波利尼西亚人好像误解了习俗的概念那样——那也不能说他错得很离谱。这位莫霍克人只不过是想强调，他的民族的哲学观和我理解的那种哲学在某种程度上是平等的。但我当时没法承认这一点，因为我没觉得自己所处的文化是世界上的众多文化之一。说来惭愧，我当时觉得只有自己所处的文化最值得研究。

有趣的是，很多欧美学生不会去谈本民族的哲学家代表人物，而更愿意谈他们自己的“个人”哲学。也就是说，这些学生会告诉你，他们对培养自己的哲学感兴趣；不光是学生，那些没上过大学的人也会跟你讲他们的“人生哲学”。当听到有人这么说时，我们往往会条件反射般地哈哈大笑或嗤之以鼻，但当我们对这些人不屑一顾的时候，就会错失许多东西。“我的哲学”这个表述既可能出自阿尔贝·加缪（Albert Camus）之口，高中生可以从高级阅读书目里接触到他的观点；但一位阅历丰富、常常思考自己的人生的体力劳动者也可能会这么说。当生活在个人主义社会中的人说“我的哲学”时，其实和那位莫霍克人说“我的民族的哲学”或“我族人的哲学”是一回事。有人之所以会追求自己的哲学，是因为他们所在的社会给他们灌输了个人主义哲学。但哲学也是一门虔诚的学科，就像这位莫霍克人以虔敬的态度对待他“族人的哲学”。搞哲学研究的学者们想把哲学描述成不带地方色彩的东西，他们认为哲学是普遍的，至少有被普世化的潜质；他们还认为，只有在大学里接受过系统哲学教育的人才有资格说自己在做（具有普遍性的）哲学——但在上面的这些例子中，人们拒绝接受学究们的看法。

上文提到，“philosophe”（哲学家）在十八世纪的法国是个略带贬义的字眼。有趣的是，在二十一世纪早期的美国，职业化的“哲学家”概念和“philosophe”有些相似的意味。在外人眼中，大多数德高望重的美国哲学学会会员都不能算是完全意义上的哲学家，这一点和启蒙思想家们的处境非常相似。沃波尔将他们称作“纨绔子弟”。法国哲学界的若干著名成员编撰了一部百科全书（Encyclopédie），在写到“哲学家”时，作者们觉得这个头衔很难得到尊重。“philosophe”（哲学家）条目的开头这样写道：“在当今社会，人们几乎可以不费吹灰之力就获得‘哲学家’这个头衔。只要一个人过着隐居避世的生活，看起来有点智慧，读过些书就行；要是一个人能满足以上这些条件，哪怕这人一无所长，都能获得‘哲学家’的称呼。”[94]

然而，这些编者同时也想为另一群人把哲学家的名号赢回来——他们不仅更值得称颂，并且“总是三思而行，即便情绪激动的时候也是如此”；他们受“观察与正义的精神”指引，诸如此类的优点还有很多。有趣的是，这本百科全书还为哲学的形容词形式——“哲学的”——单列了一个条目，用来形容一个人“能条理清晰地判断所有事情”的特质。至于“哲学”本身，编者们承认这个术语的意义很含糊，并且不只有一个含义；不过在一般情况下，“哲学”不是一个贬义词。和背负了许多负面含义的“哲学家”比起来，“哲学”和“哲学的”的含义就显得相对中立一些。说来奇怪，“哲学家”下面还有一个子条目，描述了一群和哲学家完全不同的人——炼金术士和化学家。书上写道，“炼金术士们不会放过任何一个用这一称呼给自己装点门面的机会。”[95]人们嘲笑这是种老掉牙的做法，但在这部百科全书成书的时代，炼金术师和哲学家这两种身份非常相似，编者们确实需要在这里特意着墨一番；二者之间的紧密关系甚至维持到了十八世纪晚期，在此之前，化学实验的诸多成果都冠以哲学的名号：比如“哲学家油脂（Oil of Philosophers）”[1]，“哲学粉碎法（philosophical pulverization）”，“哲学煅烧法（philosophical calcination）”[2]，等等——这就是“哲学家”和“炼金术师”相似的根源。

我们从“哲学”这个条目中得知，在古希腊时期，将自己标榜为智慧大师的人想招徕听众，并不是因为他们想给追随者们传授“能促进幸福的可靠知识”，而是要激起他们的好奇心，在他们心中种下一个个问题。要是用“圣徒”来称呼他们显然有些过誉了，书里接着写道，“毕达哥拉斯……用‘哲学家’来取代了这个尊贵的称呼，这样就显得谦虚……尽管称呼转变背后的依据十分有道理，但这种转变没能抑制哲学家们（Philosophes）的傲慢。”编者们罗列了古人划分哲学子域的种种方法：斯多葛学派的哲学概念包括道德、自然和理性三个部分；而在经院哲学家那里，哲学却分成了逻辑、形而上学、物理学和道德哲学。但所有的这些划分都不能算是定义，因为它们都没有回答“哲学到底是什么？”这个问题。当然，这个问题也一直都没有一个固定的答案。

---

[1] 焦油的一种，被药剂师 Oleum de Lateribus 和炼金术师们冠以“哲学家的油”的称呼。具体做法是将砖块浸在橄榄油里，让其吸收油脂。然后将砖块高温蒸馏，把油重新萃取出来。在前现代医学中，它被用作肿瘤或癫痫的治疗，或用于加工宝石的工艺。

[2] 特指将牛角或动物的蹄子挂在沸水之上，让里面的黏液析出，以便于之后磨粉的加工方法。

百科全书的编者们对克里斯提安·沃尔夫（Christian Wolff）[1]的哲学定义青睐有加，将其概括为："只要事物存在，它就有无穷的可能性；哲学就是关于世间万物一切可能性的科学（Philosophia est scientia possibilium, quatenus esse possunt）。"96几个世纪后，伯特兰·罗素（Bertrand Russell）也提出了类似的构想。要是这么说的话，哲学从来都不是一门非常完整的科学，而且之后也会一直如此；毕竟，"谁能把所有可能性都解释清楚呢？"

在这部百科全书中，"哲学"条目中的大部分内容都借鉴自约翰·雅各布·布鲁克（Johann Jakob Brucker）的《批判哲学史》（*Historia Critica Philosophiae*），他用了两年编撰完这套丛书（1742-1744）。这部著作的杰出之处在于，它认为哲学史研究应当是哲学的重要组成部分。布鲁克是这样解释的：

（哲学史是）一部和人类理解有关的历史，它清楚地指明了人类理解力所能及的范围，误入歧途的种种原因，是什么将这种能力从无益的彷徨中召回，最终成功地将它驯服，用以增进人类的福祉。与此同时，它也勾勒出那些有用的知识的起源与发展，

[1] 克里斯提安·沃尔夫（1679—1754），第一个用德语作为学术语言进行哲学写作的德国思想家。他在德国思想史上的重要程度仅次于康德和莱布尼茨，除了在哲学本地化方面的贡献之外，沃尔夫还对中国的儒教推崇备至。他认为儒教可以弥补基督教的不足，这一观点极大地推进了欧洲社会对孔子思想的了解。

以及在这个过程中，错误如何一步步地产生且不断传播；它还让人们看到，这种错误是如何损害了科学、文学和宗教；它也如实地向世人展示，那些伟大显赫的思想家如何背离了通往真理的道路，转而选择了那些最荒谬、最有害的观点；它更是如实地反映出人们的愚蠢，比如不经反思就轻信名人的观点，或是没有经过深思熟虑就判定某个思想体系为真。97

布鲁克完全不担心这种反对偶像化的审查会让人"蔑视那些真正有智慧的饱学之士"，因为"（这种做法）能让人们从前人错误和失败中吸取教训，比如他们没有将自己的聪明才智和刻苦勤奋用在追求真理上。这些反例告诫着我们，在进行自己的研究时，要保持谦逊的态度，时刻认识到自己的不足。"98

值得一提的是，布鲁克的这本书是第一部用现代研究方法全面概述哲学史的专著。它一开始就没把哲学看成某一特定传统中的某些成员的私有财产；相反，哲学可以存在于任何文化之中，人们得在逐个研究这些文化之后，才能判定该文化中是否存在着哲学。在布鲁克看来，哲学史正确的写作方法应该先从所有可用的信息入手，在此基础上，用一种历史—民族志的研究方法研究所有的民族（比如阿比西尼亚人[1]或凯尔特人），再从该民族的文化信念中提取出哲学思考存在的证明。不过，布鲁克在判断哪些

[1] 埃塞俄比亚的前身，"阿比西尼亚"是其旧称。

文化实践能算作哲学思考的时候，还是没能跳出那个时代的偏见。所以布鲁克在评价古希腊史料中与斯基泰蛮族有关的传说时，会得到以下结论：“不论怎样绞尽脑汁地给他们的哲学家们想一个称呼，都像把一块大理石称为雕塑一样。”99

布鲁克对待凯尔特人的态度则截然相反。他总结道：“虽然他们所拥有的智慧与希腊人和罗马人截然不同，也没有专门教授哲学的学校和自己的哲学家，但他们并不那么缺乏知识。”100 显然，布鲁克是在谴责希腊和罗马的历史学家断言凯尔特不可靠，他们只有“空洞无物的神话和不切实际的寓言”；101 不过他也承认，这些内容似乎是外人了解凯尔特人文化信念唯一的切入点。布鲁克认为德鲁伊（Durids）[1] 是凯尔特人中的哲学阶级，相当于波斯人中的博士（Magi[2]）。在看待德鲁伊在凯尔特社会中基本功能时，布鲁克继承了尤利乌斯·恺撒（Julius Caesar）的观点，认为“他们主持宗教事务，指导公共或私人的献祭，并解释神的旨意”。102

布鲁克认为，德鲁伊的宗教教义“披着预言的外衣”103，人们通过严格保密的方式传授它。虽然这里面存在预言和秘传

---

[1] 在凯尔特神话中，德鲁伊具有与众神对话的超能力。他们不仅是僧侣，也是医生、教师、先知和法官，是君王的顾问和百姓的统治者。作为特权阶级，德鲁伊采取能力主义制。神秘的教义以口传形式进行，不留任何文字资料。

[2] 这里指的不是圣经故事中的“东方三博士”，而是古波斯宗教文化中对拜火教祭司或神职人员的称呼，类似于基督教中的神父、牧师或主教。

的成分，但不能就此判定德鲁伊的文化实践不是哲学。布鲁克似乎认为，要是和斯基泰人比较的话，德鲁伊秘不外传的教导是精心设计过的，所以并不像斯基泰的文化信念如同未经雕琢的木块。在布鲁克看来，这就足以证明凯尔特人有哲学了。

但布鲁克没怎么讨论“蛮族”（Barbarians）[1] 哲学的“东方”传统——比如伽勒底人、腓尼基人、波斯人、埃及人的传统；可是在希腊、拉丁和基督教的传统中，它们一直毫无争议地被视作智慧的源泉，享有令人尊敬的地位。但智慧和哲学是同一码事吗？布鲁克承认，“哲学是首次出现在‘蛮族’人中间，还是希腊人中间呢？人们对此一直争论不休。”104 他认为，腊人在“学习一种人造的探讨哲学的方法”上是出类拔萃的。但他坚持希腊人在“哲学上的虚荣”使他们“不希望让其他国家也有哲学，除非这哲学是从自己这里借鉴来的”。105

但布鲁克有个想法是合理的：我们只需敲定一个清晰恰当的定义来说明哲学是什么，就能很容易地解决这一争端。在他看来，这个定义既要强调“人造方法”发展进步的重要性，但也要承认“纯粹的沉思”的哲学地位——这些思考方式没有固定的体系，有时甚至是不成文的。布鲁克抱怨道，“人们对这

---

[1] 该词源于古希腊时期。由于罗马人和希腊人属于同种语系，因此在两个民族中间存在通用语。这个词词源是指不会说通用语的民族，在本语境中，并不是指这些民族野蛮或不开化。为了将首字母大写的 Barbarians 区别于作为形容词的 barbarian（指野蛮的，未开化的），此处标引号以示区别。

个问题总是争论不休，但观点都大同小异，也很少准确地使用‘哲学’这个词，许多和这个论证无关紧要的东西倒发展了起来。”[106]他接着写道：

如果人们已经准确地敲定了哲学这个词的含义；如果知识的初始状态和它高度成熟的状态区分开来；如果人们意识到，纯粹依靠权威传播的教条是一回事，潜心研究事物的原理、关系和原因是另一回事，并且对二者之间的区别足够重视的话——人们很快就会发现，这场争论不过是文字游戏。因为没有人会断言，那些未开化的民族根本意识不到智慧的存在，或是对每种知识都一窍不通（不管是人的知识还是神的知识）。还有一点是毋庸置疑的：他们仅仅通过沉思获得知识，而不是科学研究；他们的后人从本族传统而非论证中继承这些知识。但希腊人则不同，他们还在自己文明的萌芽阶段时，就已发现并培养出一种普遍的质疑习性，并且善用科学规则和推理方法。因此很容易看出，虽然希腊人在促进哲学发展上功不可没，但人们完全可以在未开化的民族中找到哲学的起源。[107]

布鲁克对希腊人研究哲学的方法提出了一种耳目一新的解释，但他的解释过于简单，有很多经不起推敲的地方。[108]但从某些方面讲，他的意见绝对值得被重视。布鲁克对哲学的定义既包括系统研究，也包括“纯粹的沉思”，和那些最绝对的哲学定义相比（它们几乎主导了二十世纪所有的哲学学术研究），这种解释更有包容性。布鲁克没有排除民族志和哲学之间存在共同基础的可能性，所谓“民族志”是指研究人类文化的多样性和这些文化独有的信念体系，“哲学”指沿袭了古希腊传统的文化实践——“爱智慧”。但这种可能性在二十一世纪似乎被完全排除掉了：要是有人建议说，我们要是想像哲学家那样学习的话，就得了解（比如说）古代凯尔特人或甚至赛西亚人的自然观念，这种建议绝对属于边缘中的非主流，在书店专门摆放“怪谈”书的架子上，我们也不会找到诸如此类的书籍；此外，对那些有志于投身哲学学术的人来说，这个建议可谓是南辕北辙。

美国哲学界最近出现了一些新的政治风向，许多人越来越厌倦让傲慢专断的纨绔子弟们替我们决定什么是哲学，什么不是哲学；他们转而去寻找构思哲学研究的新方法，把过去从未被听到的声音涵盖进来。在这个鼓舞人心的时刻，每个人都能开拓这门学科的疆土；我们应该重新评判布鲁克对哲学活动更具包容性的理解。

*

有一回，我到特兰西瓦尼亚[1]（一个中等规模的城市）参加一个学术会议。开幕式上，主办方请来了当地的东正教主教，

[1] 该城市位于罗马尼亚。

让他围绕“哲学的价值”发表长篇演讲。借此机会，主教把马克思主义和存在主义这种哲学统统批判了一番，连说唱音乐也没放过；与此同时，他赞赏了所有的与会者，因为他们在这个腐朽的、奉行唯物主义的世界里守护着灵性的火种。他的颂词冗长极了，纵使代表团中的学界泰斗再有涵养，也禁不住哈欠连连。我也翻着自己马上要讲的论文来打发时间（主题就是十八世纪的唯物主义）。

主教听说许多哲学家会过来，就笃定会和我们有共同语言。我只能私下估摸一下他的大致背景：我猜他在神学院待过一阵子，他在那里也多少读了一些哲学原著。在学院派哲学家们看来，他接触到的倒都是西方哲学经典（或在至少广义的“西方”意义上，包括拜占庭）：他的书单中可能包括奥利金（Origen）和克莱门特的著作，奥古斯丁的书可能也在榜上；他甚至没准也读过异教徒柏拉图的对话集。他讲了许多问题，比如：人死后的命运如何？我与这具肉体的联系是必然还是偶然？无限是什么？公平地说，这些大多数倒是哲学问题，但他好像把自己的感悟和自己学到的东西弄混了。这访问团（包括我）觉得主教是个门外汉。这绝不是歧视：假如在我们面前班门弄斧不是这位特兰西瓦尼亚主教，而是一位蒙古萨满，我估计西方哲学界中的绝大多数人也会做出同样的判断。

虽然我当时觉得大家的反应没什么不妥，但现在回头看看，这次经历仅仅是一次地方主义（provincialism）的交锋。

症结可能仅仅在于，“哲学”这个词在这里表达了两种不同的意义：一种是指条理清晰、系统化且定义完善的研究传统，纵观整个人类历史，这种传统似乎只在南亚和东地中海地区独立发展了出来；而另一种更像“民间哲学”或“民族性哲学”（Ethnophilosophy），就像每个民族都有自己的天文学和生物分类学那样——它是人类与生俱来的本能，描述了不同文化在理解自然、自我等方面时存在的一系列的文化差异。人们要是能把所有哲学都理解为某种意义上的“民族性哲学”的话，就能摆脱地方主义的局限性。毕竟，目不识丁的牧民和精通托马斯主义的神学生在心智上完全一样，只是他们用来支持自己观点、表达自己想法的方式方法有所不同。我们不妨看看另一个与哲学相仿的例子——法律：它是由汉谟拉比最先发明，在罗马时期得到了第一次成熟的表达吗？还是说，这些重大事件是让已经存在的东西显现出来呢？所有的人类社会都是基于某些方式，或一系列心照不宣的规则和禁忌组成的，没有这些潜在的规则，法律就不可能存在。一部成文法典是新思维的诞生，还是表达方式的转变？也就是说，法典其实是把人们熟悉的潜规则明确地写了出来。如果我们更愿意接受后一种可能性，就能在对比罗马法和豪萨人[1]的法律（通常被称为豪萨“习俗”）

[1] 西非萨赫勒地区的一个民族，主要聚居于尼日利亚北部和尼日尔东南部。苏丹、喀麦隆、加纳、科特迪瓦和乍得也有大量该族人口。

时取得更丰硕的成果。这种可能性也同样适用于哲学。

我们所讲的狭义上的哲学或许比民间信仰更缜密，但哲学从民间信仰中汲取了许多养分，理应将它视作哲学研究的一部分。近几十年来，研究民族分类法（folk taxonomy）认知科学的学者们就是这么做的，他们从民间信仰中发掘出许多有价值的内容。很明显，与世界上科学和文字出现之前所有的生物分类体系相比，林奈式动植物分类法[1]的现代系统更精确，更严格[109]；但并不是因为林奈摒弃了之前的体系，相反，这一先进的分类法是在之前体系的基础上发展起来的。我们不仅能从这个例子中了解科学史，还能明白现在的科学秉承了何种分类方式。

如果我们把研究民间信仰纳入哲学的范畴的话，印度哲学、中国哲学或欧洲哲学之间最大的区别不在于清晰程度或思想的深刻性。相反，它们之间的区别取决于不同社会中存在的不同技术：比如说，亚洲社会就格外注重书写和书面文本的复制。但当我们要去研究一个与世隔绝的亚马逊部落时，就得做出不

---

[1] 最早已知的对生命形式的分类系统由亚里士多德建立，他将动物根据运动方式（空中，陆上或水中）分类。随着新大陆的发现，在十六世纪晚期和十七世纪早期的欧洲，人们开始进一步研究动物的详细分类。这一分类以解剖学为基础，随后昆虫学家和最初使用显微镜的学者将分类的范围进一步扩大。根据卡尔·林奈的巨著《自然系统》，自然界被四个等级（纲、目、属、种）划分为三个界：矿物界、植物界和动物界。林奈将物种名称统一成两个单词的拉丁文名称（即学名），由此区分了命名法和分类法。这一命名法被称为“双名法”，并沿用至今。但就分类而言，不同领域的学者在此基础上将其不断细化。

同的假设，制订一个不一样的目标；要想达到研究的目的，研究思路和方法也要做出相应的调整。即便在这种与世隔绝的情况下，也仍会有人苦苦思索实在的本质，还有人类在自然中的地位。哲学家们应当对这种思考形式感兴趣，并不是因为要幼稚地拥护文化多样性，而是出于一个实际的、科学的动机：我们要是想知道人类对所有“哲学”问题的答案的话，研究这些思考方式能帮我们探明这些回答的范围和种类；不仅如此，这么做也能加深我们对哲学问题的理解。

法国民族学协会档案

类别：美洲，巴西

田野调查记录，档案号No. A-2042

1936年，1月28日

（翻译：让-皮埃尔·托合笃）

我不知道自己哪来的这种能力。大家伙儿出去打猎时，我用连祷开场（Litany）[1]:我恳求动物出现并让我们看见它们，用

[1] 连祷是基督宗教中公共祈祷的一种形式，罗马天主教会中有五篇用于公众背诵的连祷，其他教派，比如东正教、圣公会（英国国教会），以及许多新教教派有时也会使用。

动物们的语言说我的祷词——这都是从我爷爷那里学到的。我会背的祷词比我手指头加起来都多。我“咕咕咕”地叫着向它们恳求，动物们甚至都会被我逗笑。这说明我精通动物的语言，据说动物的语言渗透了全gana（“自然界”——让-皮埃尔·托合笃）的achan（理性）。但我也知道该在什么时候停止沟通，换成我的人声说话。这有时会让猴子和鹿犯迷糊，但聪明的美洲虎不会。这会让动物们大笑着从林子里走出来，把自己献给我们。然后我们开始剥下它们的皮，一边剥一边按规矩道歉。但是在这里，我知道什么时候该打断这个规矩，并且开始做另一件与道歉相反的事情；我对着尸体痛骂它们的愚蠢，因为它们分不清我的声音与自然的声音。我告诉它们我是个人，我可能没有一部分的gana。当我用它们的话呼喊时，我只是个冒牌货。我告诉它们，它们真的不知道gana到底是什么。但当我对着尸体发表演讲时，同行的男人们只是点头微笑，并央求他们的妻子少安毋躁。因为他们知道，再没有谁能比我在打猎的时候带回更多的肉。他们扪心自问，动物也扪心自问：如果他所讲的不是真理，他怎么能打到这么多猎物？我们又有什么资格与这个智慧的男人争论呢？

在我看来，一个与世隔绝的亚马逊部落里很可能从来都没出现过一个像亚里士多德那样的人，试着对人类知识的所有领域进行透彻且系统的描述。但我相信，这个部落里肯定会有一个（或几个）人像苏格拉底：这个人身处传统的亚马逊文化中，精通本文化的推理形式；他思路敏捷，能够一针见血地指出某些推理的预设和弱点，并质疑它们。倘若研究者们能开始行动起来，齐心协力地发展研究哲学、人类学和历史学交叉领域的方法的话，他们的努力不仅会产生难以估量的价值，也能帮助我们还原一些东西：不仅包括思想家向他/她的对话者提供的内容，还有它们在特定文化背景下意义的来源与生成方式。哲学把传统的口传文化排除在自己的研究兴趣之外，往往是因为人们在定义“哲学应该是什么”时奉行了一套双重标准。按照这一标准，口传文化不能算哲学文化的一部分，因为它们不立文字，更别提结构严谨的议论文了。但这样很容易忽略一点：苏格拉底——这位西方哲学史上最出类拔萃的哲学家终身都在城邦里四处游荡，与志同道合的人刨根问底地探讨问题；但这种做法绝不只是个人行为，而是代表了一种精神。但可以肯定的是，这种活动并不是希腊独有的文化价值和讨论规范的结合，所以只有希腊人有，而亚马逊部落没有。反之，这似乎是全人类都会做的事情。

我们将扮演上述角色的人尊为“圣徒”，既包括男性，也包括女性——“助产士（sage-femme）”的字面意思就是“女圣人”。他/她成长于某一特定的文化，该文化独有的哲学思想深植并隐含在其自然语言以及该文化的其他表达形式中。我不同意卡加梅或莱布尼茨的看法：如果一个人成长于某一个特定的文化，并且把这些文化表达变成自己的一部分，这绝不足以保证他/她成为一名哲学家（根据本民族的标准看）。除此之外，人们或许还应该借鉴拉丁的看法：一个哲学家要带着批判性的思维研究这些文化表达，与它们保持距离，拿它们开涮。在希腊，人们会把这种灵活的思维理解成讽刺。不过，我们完全可以这么想：全世界的人可能不都拥有一样的常识，但讽刺是全世界人都会做的事情。

第三章

圈内人，圈外人

哲学家群像之三：牛虻

“我现在是一名先知。虽说不怎么高明，但就像一名蹩脚的作家说的那样，足够我实现自己的目的了。”

——《裴德罗篇》，242C

我们在前文中提到了亚里士多德区分哲学和诗学的基本依据，但除此之外，二者之间还存在着一个根本的区别：哲学是人类自发的智性活动，而不是被缪斯女神植入思维中的东西。这实际上是指“可解释性”（explainablity）与“神秘主义”（mysterianism）之间的区别。假如缪斯选中了某个人，将一些内容植入他的思想中；那么，这人虽然能将这些思想表达出来，但他对自己所表达的东西一无所知；哲学则不同，它得去检验所有的断言。哲学不是诗歌或宗教，人们一般也不会把它们混为一谈。哲学源于理性，而不是灵感与启示，而理性是全人类共享的属性，没有高低之别。然而，这一清晰的标准似乎很难一直成立。有人认为苏格拉底做哲学全凭缪斯的功劳[1]，他不过是把缪斯的话复述了下来。但要想让这种讽刺观点说得过去，人们起码得找到一些证据来证明，哲学活动与启示或灵感之间确实存在着密切的关系。

我们或许会这么理解直觉：它是自成一体的启示或灵感，总是让人灵光一闪，有如神助；但归根结底，直觉是思想者与生俱来的能力。思想者全凭自身积累，并没有外在的助力。但这些个人积累何以能提供一种特定或无比准确的方法，帮人们通往真相的呢？我们对此并不清楚。在哲学史上经常会出现这样一种情况：祈求灵感被视作通向真理之路的阶梯，或是作为推动哲学进程的工具。这一观点建立在以下预设上：当思想者将哲学创新诉诸灵感时，就会把她[2]之前学到的所有知识搁到一旁；这样说来，学者或已有的权威对发现真理毫无助益，反而是发现真理道路上的阻碍。一个凭直觉知道真相的人既可以像《第一哲学沉思录》110 里的笛卡尔，也可以像解释现象学中“括置（bracketing）”或“悬置（epochē）”的埃蒙德·胡塞尔（Edmund Husserl）111：他们都通过排除已获得的所有知识，来证明直觉是最后能留下的东西。对那些借助直觉构筑思想的

[1] 在前苏格拉底时代，诗体是哲学的主要体裁。在古希腊神话中，波林尼亚（Polyhymnia）是专门司管修辞学、颂歌和几何学的一位缪斯。

[2] 此处特指第一章中，以“求知者”身份发言的女侯爵。后文亦然。

哲学家们来说，直觉绝对公正；通过直觉获得的信念往往是纯粹的哲学知识。因为它既不基于任何关于世界的特定事实，也不来源于人们接触世界时的任何经验。

一个与直觉相似，但或许比较危险的相关概念是“常识”：某人的直觉可能建立在他的常识之上——在这里，常识指的既不是老掉牙的“sensus communis（拉丁语，常识）”，也不是假设综合了视觉、听觉等感官资料的内感官；而是指某人无须经过任何思考就能知道的事物，因为某人经常以一种没有成见的、头脑清晰的方式使用自己的心灵（mind）。如果人们借助这种方式获得常识，他们往往假设存在着这样一种能力：哲学阻碍了我们依赖常识，普通人或非哲学家身上的这种能力才最完美。乔治·贝克莱（George Berkeley）[1] 设想道，任何一个普通人所拥有的常识都不可能与生俱来，这也难怪人们会误以为我们的感官经验存在着物质基础。112 另一些哲学家则摒弃了哲学的复杂性，不仅削减了概念上的混乱，也以事物本来的样子看待它们。这些人与胡塞尔有相同的直觉，他们都赞成精简推理步骤和思考方式，反对增加它们或是其他花里胡哨的东西。然而还有一部分人认为，物质的概念是完全自明的，而不是某个哲学学派首创的观点。对一位哲学家是概念混乱的东西，对另一位则是不言而喻的真理。所以我们很快就意识到，讨论

[1] 乔治·贝克莱，英国近代经验主义代表人物，著有《人类知识原理》等。

常识无异于是在浪费时间。

毋庸置疑，直觉是一项容易被滥用的技能。原因在于，如果这位思想家坚持她有如此这般的直觉，并且这些直觉在她看来全部真实、不可辩驳，我们并没有一进步的方法证明或评估它们。在外人眼中，一个人对自己直觉的陈述有说服力与否，往往取决于他/她的社会地位。人们常常担心，“做哲学家”仅仅意味着扮演某种社会和体制中的角色，只要一个人有了这项名头，他的直觉陈述就能被认真对待。我们在第一章中描述了一位擅长分析事物的哲学家女士，她记录下自己借助直觉获得的知识，并觉得自己的资历与声望足以让别人认真对待自己的看法。如果是这样的话，她和那位马恩岛的医生没什么区别——后者也信誓旦旦地表示，自己确实看到了畸形的双头小牛。他们二人都给出了证词，但证词的说服力则取决于他们个人的社会地位。

尊敬的教授：

冒昧叨扰，鄙人深感抱歉。但我猜您作为一名哲学家，没准会对我创立的哲学系统产生兴趣：它基于我对真理孜孜不倦的追求，和身为一名发明家与独立思想者工作数十载的结晶（我之前是一名不动产估价师，在这个令人满意的行当里工作了很久）。

我采取的方法综合了对量子力学以及考古天文学对加伽勒底人、玛雅人历法研究的最新成果，还有批判性思考。它是东方的非二进制与西方冷静解决问题的方法相结合的产物。美加草原区技术学院人文系的名誉教授汤姆·昆珀评价道，我的新哲学体系堪称一次大胆的“统合人类知识的尝试”。倘若您读了在下的拙作，一定会认同昆珀教授的评价。

拙作的电子书版本，《二十一世纪的量子力学真理》的第一章随邮件附上。您要想阅读整本书的话，不妨来我的个人网站下载：只要进行一些捐赠，您就能直接下载整本书。倘若您肯赏光回复，并为本书作荐，说说它是怎么改变了您的哲学观念的，在下将不胜感激。

鄙人坚信这本书能拓宽您对哲学的理解……除非您是这种人：已经有了一套行事方式并且不知变通；坐在舒适的办公室里凝视窗外，享受着您所谓终身的“哲学家”身份带来的好处。

日安

巴德·考格

以第一人称进行哲学写作是一种标榜特立独行和拒绝权威的方式。当一个哲学文本的作者选择写“正如我之前所说”，而不是使用基础被动结构或是现在已经不再流行的“尊贵复数（royal we）”[1]时，他采取的是一种简单且不起眼的第一人称写作手法。但第一人称还有另一种用法，就是让人把注意力全放在作者本人身上，连同关注他（她）具有的特质。这种方法有许多不同的呈现方式，或许笛卡尔的《沉思录》代表的是适度的自我入侵。笛卡尔以一种略带小说化的叙事方法来应用他的直觉，希望得到一整套特定且普遍的真理——只要从直觉出发，通过遵循同一种理性推论方式，任何一个“我”都能得到这些真理。在哲学写作中，米歇尔·德·蒙田（Michel de Montaigne）代表了一种更明显的自我反思。蒙田是笛卡尔的同胞，不过比笛卡尔早了将近一个世纪。[113]在蒙田的随笔中，他常常将自己视为主体。但他并不是要借助自己的直觉或推论得到普遍真理，这不过是他一直都感兴趣的一个话题罢了。比如，他描述了自己的品位与突发奇想，还告诉我们他对酱汁和调味品的偏好。这怎么能与哲学挂上钩呢？显然，如果我在这里大谈自己偏好的酱汁口味，这绝对不是在对哲学做贡献。我可能会在一个学术演讲中插入一个诸如此类的评论，但它肯定会被听众理解为轻松的玩笑话，跟哲学本身无关。相比之下，鉴于蒙田的做法发生在一个特定的时刻，这一行为才与哲学有关：在欧洲历史上，正是在这一时刻，个人的作用才被格外凸显出来，并被视作不可简化的主体与构成社会现实的基本原子——人们将现代欧洲历史上的这一阶段描

[1] 指一个在社会上拥有高位阶的人在说话时，以复数代词来借指自己。这种用法在欧洲及中东传统中常常出现。

述为“自我发现”（或是“自我觉醒”），许多学者认为，蒙田是该阶段的核心人物。[114] 查尔斯·泰勒（Charles Taylor）认为，所谓“自我觉醒”并不像这样：假设两个石器时代的猎人试着降服一只暴怒的野兽时，当它冲向其中一个人时，另一人不会产生一种混杂着解脱和遗憾的心情——“野兽追赶的是我的同伴，而不是‘我’”。[115] 然而我们从物质文明、原始文本和来自欧洲之外的民族志的研究中找到了许多证据，它们强有力地证明，个人主体的地位直到欧洲近代早期都没受到重视，时人尚未把它视作一种不可简化、与生俱来的事物，并予以足够的关注。值得注意的是，在蒙田生活的时代（或是之后不久），人们开始将独立个体的“想法”看作二元本体论中的其中一元；在人权及政治平等有关的政治议题和形而上学领域，人们不再认为个体微不足道。在这一语境中，蒙田的自我“探索”反映了他的内在兴趣；不论他笔下的内容是多么琐碎、多么普通，人们都会承认他是名哲学领域的先驱，这些都是他重要的创举。

更重要的是，即使蒙田描述自己的口味，这里面也表达了某种普遍性。为什么描述某人的私人偏好是有价值的呢？其背后指导思想在于，这种做法将揭露全人类广泛的共性：我们都会异想天开，即便异想天开的内容是我们个人的做法，但“异想天开”这一举动是共性。所以，当某人在谈论自己在调味品方面的个人喜好时，这一行为是在“共性”这一术语的双重意义上进行的：第一层是日常或是世俗的意义，第二层是“被（全人类）共享”的意义。就像泰伦斯（Terence）[1]那句古老的座右铭所说的那样，“我是人，而人类的一切对我都不陌生”，这一基本的人文主义意识是早期文艺复兴时期所有人文主义的共通点。在某种程度上，这不仅是前现代（比如泰伦斯）人类主义的期望，也是所有古典神学的模型——根据后者的设想，我们每个人都具备一些表征，这使得我们能与其他人区分开来；但当这些宛如洋葱皮的表征被层层剥去，最后留下的东西就是灵魂（在那时的人们看来，灵魂在某种程度上是上帝的碎片或是上帝的倒影）。从这一概念上讲，我们在某种程度上都是一致的；而将我们区分开来的东西（就像我们对调味品的不同喜好），最终与“作为人类，我们到底是谁”的深刻问题无关。蒙田扭转这个老观念，但没有全盘否定它。从某种意义上讲，人类并无差别；但是我们可以借助解释个人多样性的方式来找到人类的身份。除了从每个人的个体独特性出发之外，我们还能找到哪个更好的切入点呢？

现如今，在哲学写作的诸多风格中，带有作者个人性的蒙田式思考几乎无立锥之地。比如一篇学术文章（假设是伦理学）中，如果某人举了一个自己的拼车或饮食习惯的例子，这也多半是使用假托的手法，用来支持关于一些伦理学理论或原则的一般论证——虽然我们也可以私下揣测，这位作者想让读者了

[1] 泰伦斯（公元前 195/185—公元前 159/161），罗马共和国时期剧作家。

解他（她）的拼车或饮食习惯。

哲学家们普遍厌恶第一人称写作，不过似乎也有一些例外：这些哲学领域要么受到立场认识论（standpoint epistemology）[1]影响，要么为了使自己适应某种“批判哲学（critical philosophy）”的标签。116 一个人的言论往往与他的社会身份挂钩，特别是这人的种族、阶级、性别、性取向等。但这种判断“这是个什么人（who one is）”的做法不是蒙田提倡的，反而走向了蒙田的反面，因为它削弱了一个人的独特性，把个人缩减为少数几个社会特征的集合。从这个意义上讲，如果一个人是某个特定群体中的一员，他（她）从个人（或群体）立场出发进行哲学写作的话，这种以“第一人称写作”的形式和个人立场仅仅是表面上的。而在更深刻的层面上，这种工作相当于一种（有意或不自觉的）尝试，即作者试着从第三人称视角分析自己的身份。这也不符合泰伦提乌斯的那句名言。立场理论的认识论捍卫者们更偏好这样的承诺：如果某人与你有不同的社会坐标，你就无法得知这个人的处境；此外，在有些事情上，人与人之间的隔阂不可逾越。但这种宣告失败或许为时尚早，对这种局限性的设想可能是缺乏想象力的结果。正如庄子的朋友惠子与他争辩时所说的那样，因为庄子不是鱼，所以他无法声称自己懂得鱼的乐趣。庄子则回答道：子非我，

[1] 即女权主义认识论，强调认知主体的立场。

安知我非知鱼之乐？[117] 在庄子看来，人类既然能理解所有事物，就自然能理解所有的生物。

不论怎样，无论哲学学科遵循何种惯例，我对墨西哥辣椒酱、辣椒面、辣椒仔辣汁和芥末的喜爱都不会改变——热爱法国的美国食评人 M.F.K. 费舍把这些调料和最低级的烹饪文化画等号。[118] 我讨厌去巴黎的市场，法国人把 guacamole 做成了本土风味的 tartinade aux avocats[1]，这些欧洲人还把干辣椒和辣椒粉当成一回事。我常常对吃饭不耐烦，进餐时狼吞虎咽：我总是飞快地吃东西，因为我喜欢吃得有点儿撑的感觉。我深深怀疑，仅凭留意自己吃了些什么和我的进食方式，对于我想了什么和怎么想的毫无帮助。

这不是那种一个人申请教职或项目的声明。除了那些追随弗洛伊德的哲学家之外，其他人不仅不会谈论自己的饮食偏好，也对自己的人格或研究哲学的动机闭口不提——哪怕后者可以解释某人“为什么会做这种哲学”，或是“对自己研究的哲学有何领悟”。如果说职业哲学写作是一座圣殿，当人们准备进入它时，必须得把这些东西全留在门外。人们大多从小道消息和口耳相传中了解到和某位哲学家背景动机有关的信息，只有少数人会去读他们写于职业生涯尽头的回忆录。[119] 简单来说，人们不会把这种信息当成某位

[1] 前者是把牛油果直接压碎做成的，比较粗犷；而后者则细腻柔滑，深受法餐酱汁烹饪传统的影响。

哲学家（我们暂且这么说）哲学的一部分。

*

在同一部文本中，体裁往往决定了不同叙事角度的差异。我们现在倾向于相信，除了回忆录之外，只有一小部分其他类型的文学作品可以被部分（或模棱两可）地收入“哲学写作”的资料库之中。根据人们的某种共识来看，哲学包括可能性，而历史关注现实；虽然哲学“尊重可能和现实之间的边界”，但是诗歌却不需为现实保持一个可见的边界——它以拓展神话、科幻小说和文学的方式，自由地在可能性的领域中徜徉。我们尝试将哲学孤立出来，作为一项独特的人类活动存在，但以上提到的区分让我们的工作复杂了起来：现在，我们把许多文本中描绘的现象归为哲学，可它们与神话或诗歌也有联系；而被我们归类为文学的许多作品，也直接涉及我们现在认为是哲学的问题。就这一点而言，我引用以下两段文字供读者思考——它们均是成书于1600年至1800年间的英文著作。人们将其中一部视作哲学史资料的一部分（它至今仍是哲学史学者们研究的对象），而另一部则不是。

1.（这位侍女）是这样有力，六个男人（或更多）都抓不住她。当他们抓住她的时候，就把她高举过他们的身体，她的脚踢在他们的胸口上。差不多在午夜时分，她正被悲痛折磨着，并且大声哭号——“魔鬼要把我带走了！”这些抓住她的男人把她从正躺着的下铺上拽起来，把她挪到上铺去。她背后的衣裳被撕坏，皮肤也被磨破了：屋子里，放在桌子上的蜡烛倒下并且熄灭了，有个小男孩本来已经快睡着了，被这噪声吓得不轻，又没有勇气离开这间屋子。他呆若木鸡地立在那儿，看着屋子里进来一个幽灵：看起来像是一个魁梧的黑人男子，但是没有头，与侍女扭打在一处。这个幽灵将她提起来，并把她摁在一把椅子里，告诉她，她必须跟他走，他来取她的灵魂，她必须把自己的灵魂交出来。但这位侍女回答道，她没法交出自己的灵魂，因为这灵魂属于上帝，而不属于她自己。何况他已经取了她的血，他无论如何也得不到她的灵魂！魔鬼和女佣撕扯了一会儿后，一把把她甩到地上。随后，魔鬼就消失了。[120]

2.请问阁下，在您读过的所有书里，是否包括洛克的《人类理解论》？——请别轻率地回答我，因此我知道没读过它的人也引用过这本书，而读过它的人又读不懂。如果您符合我提到的任意一种情况，我会用三个字告诉您这本书是什么：它是一部历史书。历史！谁的历史？什么的历史？哪里的历史？什么时候的历史？您没必要急着一下子全弄明白。阁下，这本书是一部关于人类心灵的历史的书（全世界的人都该好好读读它），要是您想对这本书评论一二的话，您只要重复我的话，就能让形而上学圈子里的那群榆木脑袋对您刮目相看。相信我，您真的只用说这些。[121]

这两段选文分别出自亨利·摩尔（Henry More）[1] 写于1653年的《无神论的解药》（*Antidote against Atheism*）和劳伦斯·斯特恩（Laurence Sterne）[2] 在1759年至1767年间发表的连载小说《项狄传》[3]。虽然我本人写过专门研究摩尔的哲学史论文，但我之后绝不会专门写一篇和斯特恩有关的哲学史文章。不过，斯特恩的作品宛如当头棒喝，促使我反思——要是把我从剑桥柏拉图主义者们所有的著作中读到涉及哲学史的部分加起来，都远不及我从项狄那里了解到的多。即便如此，我也还是不会为斯特恩写一篇哲学史的学术论文，因为会逾越已经固定下来的学科界限。斯特恩不仅是一位小说家，还是一名讽刺小说家。他写的人和事明显是捏造出来的，并没带着严肃认真的态度去叙述它们。相反，摩尔描述的人和事据说是真实的，他抱着严肃的态度写作。如果我们现在觉得他的作品好笑，这绝对不是他的本意。

有人可能会问：为什么这种区分会造成差别？摩尔笔下的无头恶魔肯定和斯特恩塑造的斯洛普博士一样不真实，其虚构性也远比斯特恩提到的约翰·洛克（John Locke）强得多——

[1] 亨利·摩尔（1614—1687），英国思想家，在十七世纪的英国思想界占据重要地位。

[2] 劳伦斯·斯特恩（1713—1768），英国感伤主义小说家。

[3] 全名 *The Life and Opinions of Tristram Shandy Gentleman*，共九册，被认为是意识流小说的开山之作。

后者就像安布鲁瓦兹·帕雷（Ambroise Paré）[1]，埃万杰利斯塔·托里切利（Evangelista Toricelli）[2]，伯努利兄弟（Bernoulli brothers）[3]，以及现代哲学学者感兴趣的一大批历史人物一样，是小说中经常出现的形象。即便作者会用幽默的叙事手法表述他们的思想，但这类评论和总结也是在作者对他们的哲学充分了解之后做出的。

学者们不太会把亨利·摩尔视作一流的哲学家，但他们确实承认，摩尔的作品反映了与他同时代哲学圈子里的成员们的关注点，甚至偶尔会表现出一些洞察力，因此他的书值得一读。不过，这些评论也绝对适用于斯特恩。这么说来，当我们说一位哲学家比另一位更伟大、更有影响力，因为他的作品中包含了一系列作者本人直接赞成的主张——相反，在其他作品中，作者的主张往往借书中角色之口表达出来，而作者本人并不知道要如何对待这些观点。但为什么一部作品的主张必须要由与作者身份同一的叙述者做出呢？似乎没有什么显而易见的理由让人必须这么做。事实上，许多现代早期哲学论文的写作方式多少都体现出一些虚构的技巧，比如笛卡尔的《第一哲学沉思

---

[1] 安布鲁瓦兹·帕雷（1510—1590），文艺复兴时期欧洲法国著名外科医生，被尊为现代外科与病理学之父。

[2] 埃万杰利斯塔·托里切利（1608—1647），意大利物理学家、数学家、气压计的发明者。

[3] 伯努利家族中出现了许多科学家和艺术家，比如在概率（如伯努利分布）和流体力学（伯努利定律）领域贡献突出。此处指的是发明伯努利分布的雅各布·伯努利和教授过欧拉的约翰·伯努利。

录》，或是以人物之间（双方在现实中绝对不存在）的对话形式写作的作品，往往只有其中一方代表着现实中的作者。

当我们将目光投向欧洲之外的地方，我们在现代时期发现了许多混合作品的例子，它们将一些虚构叙事的元素和直截了当、带有讽刺意味的哲学叙述综合在了一起。

艾哈迈德·发里斯·阿里－希德亚格（Ahmad Faris al-Shidyaq）那部出色的“小说”——《二郎腿或是树上的乌龟：关于发里亚齐，他可能是种什么生物》（*Leg over Leg; or, the Turtle in the Tree, Concerning the Fāriyāq, What Manner of Creature He Might Be*）——就是其中一例。这本书由阿拉伯语写成，于 1855 年在巴黎首次出版。这部作品没有一个典型的叙事结构，并且在那个时代的法语和英语描述中，它被视作一名阿拉伯人在非洲的非虚构游记。但它有意识地借鉴了斯特恩，还有阿拉伯古典诗歌形式（比如 shukf），为了和他们在传统阿拉伯的学习系统中被教授的哲学思想衔接起来——归根结底，亚里士多德是这些思想的重要根源。因此，以语法为例，人们对“语法是否是一门科学”这一问题进行了长时间探讨，并且说明了如何从语法中汲取养分来解决哲学问题。比如一位导师向他的学生解释道，他“很长一段时间以来，他一直怀疑灵魂不朽的问题，并且更倾向于哲学家们的格言，大意是‘人是有始有终的’。但是当我发现语法有一种‘表始状态’（inchoative）但没有‘终结状态’（terminative）时，我可以将其与灵魂进行类比。赞美主！”[122]这位导师接下来手舞足蹈地为学生分析道，为了成为一名真正的文法学家，他必须掌握隐喻的不同种类（这么说来，也是为了获得哲学的元素）。这些隐喻的种类包括“受风（aeolian）的作用的，所有鸟类发出的嘶嘶声、纤柔的啁啾声，还有弹舌头的声音，微弱的叮当声，骨头噼啪作响，回荡在天地间的雷鸣。而风本身可以分成 stridulaceous、crepitaceous 和 oropharyngeal，其中 crepitaceous 又可以细分成 absquiliferous、vulgaritissimous、exquipilifabulous、seborrhaceous、squapalidaceous 和 kalipaceous”。[123]阿里 - 希德亚格是在做哲学吗？斯特恩呢？不管他们算不算哲学史学家，我们确实可以从他们身上学到些东西——当他们分别把各自传统中的某部分挑出来，并加以讽刺的时候。

在上面举的两个例子中，叙述者的身份似乎不是人们把某部作品完全接受为哲学文本的障碍（哪怕笛卡尔在《第一哲学沉思录》中使用了一个虚构的主角），而另一个关键的特征才是——人们不怎么知道该怎么去理解作者们的主张。尼采觉得斯特恩是“有史以来最自由的灵魂”[124]，他认为，要是人们对项狄的任何话都信以为真的话，就是性格扭曲、精神错乱和教条主义的表现。现实中也没有像阿里 - 希德亚格（al-Shidyaq）编造出的“比微醺醉得再多一点儿”这种隐喻。这就是问题的症结所在：即使小说里的某句话看起来像是表达了对英国经验主义或是阿拉伯语法科学的深刻见解，但它实际上是不可信的。

我们的哲学史学家们更偏好这种“侍女中邪”的民间传说（只要这些民间传说是一本正经地讲给我们听的），而不是对实证知识理论进行的微妙批判。

但是和阿里－希德亚格一样，斯特恩的观察过于敏锐，并且他的作品模糊了哲学和小说之间的界限，这让哲学家们很难读懂他说了什么。比方说，斯特恩断言道，幽默感和判断力是两种不存在任何共同点的能力，因此二者无法共存。当他这么说的时候，他就陷入了一个哲学难题。他说明这一点的方式是建议人们不妨试试同时放屁和打嗝；但斯特恩的洞见（比如这个）是如何让人感觉如此真实、如此有说服力呢？即便在我们阅读的时候，作者在一旁警示我们不要把这些观点太当真，我们也会情不自禁地觉得他说得有道理。作为作者，他有权扮演一个单纯的小丑；但他的目的显然不在于为自己的权利辩护，而是在于把两个方面的矛盾表达出来：一方是小说中某位人物的主张，另一方则是斯特恩本人文学创作的整体力量。所以说，我们不能因为“放屁”这一个笑话，就把这部小说中好的判断全都剔出去。从某种程度上讲，斯特恩用选择不同风格的方式进行哲学论证。

项狄是否是托马斯·品钦（Thomas Pynchon）[1]，威廉·盖

[1] 托马斯·品钦（1937— ），美国作家，以写作晦涩复杂的后现代主义小说著称，几度获得诺贝尔奖的提名。

迪斯（William Gaddis）[1]和大卫·福斯特·华莱士（David Foster Wallace）[2]等人预期的化身？或者反过来说，这个角色知识渊博，谈吐风趣，它是否效仿了被遗忘的文艺复兴传统？我们会在二手文献中遇到许多对这个问题的讨论。读者们可以从任何一个角度理解它们，随自己喜欢；但不管怎么样，我本人目前对哲学史更感兴趣，而不是小说史。在许多情况下，我们都不该轻信"过去的好东西都'超越了它们自己的时代'"，而不是指望到一些灭绝的传统中翻翻捡捡，寻找那些开创性举动存在过的遗迹。在斯特恩的小说中，幽默感和理智的判断对抗性地交织在一起，并向读者强烈地传达出这样的信号：哲学史是一部自我定义的历史，与其说哲学史充满了理性的洞见，不如说严肃的哲学观点把所有的幽默成分都排除了出去。哲学是一件严肃的事情，每个人总是需要知道如何理解它的主张。康德在《判断力批判》中指出，笑话可以被理解为"紧张的预期突然间落空"。[125]康德对幽默的分析同样有效地说明：如果

[1] 威廉·盖迪斯（1922—1998），美国后现代主义作家，小说家，处女作《承认》被《时代杂志》评为百大英文小说。由于其复杂性和创造力的结构和风格，阅读他的小说往往颇具挑战性。

[2] 大卫·福斯特·华莱士（1962—2008），美国著名作家，其作品擅长讥讽嘲笑，为现代派小说开辟了新道路。华莱士的文学创作与哲学颇具渊源，他的毕业论文《系统的扫帚》借鉴维特根斯坦的《逻辑哲学论》，这本书发表后，在美国文坛引起轰动。华莱士写作喜欢用烦琐的长句，并且脚注和尾注比正文都长。他擅长打断正常的句子结构，小说内容具有深邃的知识和精密的逻辑思辨。

我们把哲学看成一门建设性的学科的话，为什么幽默不能在哲学里占据一席之地？因为在人们的预设中，哲学要得到结论，而不是“落空”。

*

自亚里士多德以来，人们通常认为诗歌对以上描述的那种“违规行为”更具有开放性（与哲学相比），即便是诗歌不像是幽默，不以制造令人惊讶的转折作为它的唯一的目的。不过，虽然亚里士多德试图归类这一差异，但人们还是根据一些形式特征（比如韵律和节奏）来判断一段文本是否是诗歌，而不是它的内容。这样说来，在过去的几千年中，许多哲学被写成诗歌就不足为奇了。在许多例子中——比如说卢克莱修（Lucretius）[1]的《物性论》，诗歌元素只是一种用来表达哲学的形式：这篇讨论原子论—唯物主义的文本用韵文写成，它根本不依赖于引经据典、隐喻或通感作为他所辩护的哲学观点的充分理由。

现如今，人们都觉得诸如韵律和节奏这类的元素不妨碍我们理解哲学文本的内容。但没人会觉得诗歌是表达哲学思想的一个理想载体，不仅因为韵律和节奏的形式不必要地限制了人们表达观点和论证的自由，还因为诗歌更倾向于借助隐喻和引经据

[1] 卢克莱修（前99—前55），罗马共和国末期的诗人、哲学家，以哲理长诗《物性论》闻名。

典，而不是直截了当地表达（虽然人们并不非得这么写）。欧洲哲学家们在辨认其他哲学的智性传统时，所面临的最大障碍之一就在于：因为它们往往依赖隐喻和在这些传统之中形式方面的限制，所以被判断为“单纯的”诗学或文学，这些特征也成为它们被排除在哲学之外的依据。这种判断不仅体现在民间文学传统［比如雅库特人[1]的欧隆克（Olonkho）[2]］上 126，也同样适用于对奥义书[3]集注的传统——这是一种“高级”文本文化的产物，它所讨论的问题会被西方哲学家们认定为“哲学问题”。

我们很容易发现，这里存在着一个明显的双重标准：当扮演权威的欧洲哲学家们使用隐喻和其他未经论证的文学手法时，我们常常会把这些手法视作对哲学的贡献，并欣然接受它们。换句话说，如果某人作为哲学家的地位从未动摇过，那么这人的话语（不论被记录在哪儿）都算哲学。就拿莱布尼茨在《单子论》（1714 年）中著名的主张来说，他认为整个自然界就像是“一个充满鱼的池塘”。127 他之所以这样说，是为了详细阐释一种关于复合物质更普遍的理论：根据这一理论，构成自然

[1] 突厥语民族之一，自称萨哈人，是西伯利亚人口最多的民族。

[2] 指雅库特人诗歌故事文本形式的统称，这些叙事诗涵盖了宗教（萨满教）、社会生活、历史和生活智慧种种方面，这一传统以家庭为载体发展，以歌唱的方式讲演，每个社区都有掌握丰富叙事诗的表演者。这一艺术形式是联合国认定的口头非物质文化遗产。

[3]“奥义”的字面意义是“近坐”，引申为“秘密传授”，是古印度一类哲学文献的总称，通常被视作婆罗门教与印度教的经典。

界的所有要素都处在实体的等级序列之中，哪怕不是每种要素都能构成一个单一的、个别的自然存在物。经验证据、概念区分和论证可以为该理论的某些方面提供支持。但是，鱼塘的诗学意象是哲学家用来说服交谈者的常见手段中的一种，好让别人相信他提出的关于复合物质的形而上学真理。这并非是即兴的评论或题外话。在莱布尼茨有形实体的形而上学语境中，他提出一个由推论得出的主张：属于任何给定有机体的部分都处在不断变化之中，任何一个自然人都不具有稳定的体质。在这一点上，莱布尼茨常常认为，身体"就像一座喷泉"。保持恒定的是形式——粒子不断地从身体中穿过，并且进入其他有机体的构成部分。

如果现在有人把身体形容为"一座喷泉"，这还能算一种哲学的说法吗？在十七世纪，有一位名叫达拉·什克（Dara Shukoh）[1] 的波斯穆斯林哲学家专门研究《奥义书》（一系列关于印度教传统的宗教文本）。乔那登·加纳瑞（Jonardon Ganeri）[2] 从他的研究中发现了一个有趣的段落：

水和它的波浪之间的相互作用，就像与灵魂与身体（或

[1] 达拉·什克（1615—1659），莫卧儿帝国沙贾汗一世的长子。

[2] 乔那登·加纳瑞，当代哲学家，执教于纽约大学阿布扎比分校，主要研究哲学作为一种实践的观念与文学形式的关系。

sharira[1]和atma[2]）之间的相互作用一样。如果我们只看波浪的话，它们间的组合好比abul-arwah或paramatma[3]，而水仅仅像令人敬畏的存在，或sudh，或chitan。128

我们无须详述达拉·什克使用的梵语和波斯语词汇的意义。重点在于，我们认为这一比喻十分精妙，不完全在于它解释了肉体—灵魂之间的关系；还因为它是描述身体—灵魂关系的特定理论的基本主张。达拉·什克指出，世界上还有别的东西可以表现出这种关系（比如海洋中的水），他通过这种方式为自己的观点辩护。简单来说，他认为水就像灵魂，而身体则如同波浪；水在任何地方都一样，而作为灵魂媒介的身体则会生生灭灭。如果让一名不公允的外部观测者来解释这一主张，他会很容易把它看作一个纯粹诗意的比喻，但如果人们是这么理解达拉·什克的这一观点的话，以此类推，我们也得把莱布尼茨的观点——“从本质上讲，身体就像一座喷泉”——排除在哲学之外，因为这两种观点非常接近。

在达拉·什克的笔下，唯物主义哲学家弗朗索瓦·伯尔尼（Francois Bernier）[4]与一名班智达（梵语，pandit）[5]

[1] 印地语，身体。
[2] 印地语，灵魂。
[3] 印地语，神圣。
[4] 见第一章脚注 8。
[5] 佛教术语，意为学识渊博的大学者，是藏传佛教使用的尊称。

在十七世纪六十年代的德里[1]进行了一次讨论，他们对话很好地体现出这种排除的方式。这位皮埃尔·伽桑狄（Pierre Gassendi）[2]的门徒发现，印度教徒描述世界的方式十分荒谬——他们认为世界受造于神圣的创造者，方式和蜘蛛织网差不多。在他的描述中，这个类比有助于理解印度人的宇宙观——即生与死的轮回循环往复——因为后一个阶段可以被理解为蜘蛛把蛛丝收回体内。[129]这并没有给伯尔尼留下很深的印象，他认为，这一比喻只能说明“为了解释人的灵魂，多么奇怪或异想天开的教义都能被想出来”。[130]

但这种观点有什么奇怪的呢？大卫·休谟可能从伯尔尼那里了解到了婆罗门的“蛛网世界观”，并意识到这是一种偏见（总算是有个明白人了！）在休谟看来，它是“宇宙进化论的一种。我们觉得它可笑，因为蜘蛛在我们眼里是种微不足道的小虫子，我们绝不会把它织的网当作整个宇宙的模型。”[131]西方哲学传统（特别是斯多葛传统）创造出了大量宇宙模型，在这些模型中，宇宙往往作为一个整体出现，并在广义的生物概念上被概念化为某种巨兽或有机体。但正如休谟所言，在《奥义书》的传统中，被选择来模拟宇宙的特定动物看上去格外可笑，不过是因为这种动物在欧洲文化中有不一样的象征。人们可能普遍排斥昆虫，

---

[1] 德里地处北印度，是古印度的历代首都，也是当今印度的第二大城市。

[2] 皮埃尔·伽桑狄（1592-1655），法国科学家、数学家和哲学家，原子论者。他认为世界上的一切东西都是按照一定次序结合起来的原子综合，世界是无限的。

所以觉得它不配成为宇宙的模型。但我们可能会注意到，蜜蜂在西方哲学中的地位非常重要[132]——如果不是在宇宙论领域的话，也起码是在从古至今对集体理性（group rationality）和分布式认知（distributed cognition）的讨论中。即便在我们仔细观察蜜蜂后发现，这种昆虫并不比蜘蛛更丑或更好看。

这种现象被称作某个文化的“纯粹隐喻”（mere metaphor）。身处该文化之外的人会把这些“纯粹的隐喻”排除在哲学论证之外，因为它们不符合“哲学论证”的定义。但在该文化的内部，这些隐喻是支持某一哲学理论的一整套策略中完全有效的一部分，它与经验证据和逻辑推理的地位是一样的。但是，如果这一套策略中其他的元素没有出现，留给我们的文本只用（或主要用）诗歌的形式表达关于世界本质或人类在世界中的地位的声明呢？

*

在这方面，沃尔特·惠特曼（Walt Whitman）为我们提供了一个有趣的例子。现在，学术哲学界中的禁区并不比那种或许可以被称为“年龄的智慧”的哲学中的要少：它禁止在诗歌和宗教表达中迸发出的情感；那些准备将诸如吠陀、查拉图斯特拉与专于论证的正典文本和形象相提并论的方法；还“即便是最精神错乱的‘票友’——比如斯威登堡（Swedenborg）[1]和邬斯宾斯基（Ouspensky）[2]等等——都会就关于人类回应真正哲学问题的范围与我们分享自己的想法”的这种观点（康德同样明白这一点，从他推进斯威登堡提出的星云假说[3]这一点可以看出来。这一假说不仅是疯狂的猜想，而且在很大程度上是正确的133）。但这主要是一条人为设置的界限；我们对特定的权威人物热情洋溢的诗歌创作网开一面，把它们当作哲学的额外部分，主要是因为这些人物在其他领域做出的严谨工作——但这么做着实高估了他们的诗歌。让我们回到之前的例子：虽然莱布尼茨发明了无穷小微积分（infinitesimal calculus）和充足理由律（the principle of sufficient reason），但像在“身体是否是灵魂的展开”，或“自然的每一部分是否都包含自身”这类问题上，很难说莱布尼茨的观点就比惠特曼的看法更值得人们研究。不过，哲学史学家们（包括我）写的都是研究莱布尼茨的论文和专著，研究他对这些问题的见解。

---

[1] 伊曼纽·斯威登堡（Emanuel Swedenborg，1688—1722），著名瑞典科学家、哲学家、神学家和神秘主义者，他的宗教思想是许多杰出作家（如巴尔扎克、波德莱尔、叶芝等）灵感的源泉。

[2]P.D. 邬斯宾斯基（1878—1947），俄罗斯数学家和神秘主义者。

[3] 星云假说主要用来解释太阳系的形成与演化，是最为广泛接受的模型，由伊曼纽·威斯登堡在 1734 年首次提出。康德在威斯登堡的基础上，于 1755 年对这一观点进行进一步发展。康德认为，星云是缓慢旋转的气体，在重力的作用下逐渐分解和合并，最终形成恒星和行星。

如果我们接受这一更宽泛的哲学概念——也就是说，如果我们接受“迸发的诗意至少在某种程度上激发并塑造了哲学”的观点的话（柏拉图肯定不会否定这一点），在我看来，惠特曼是一名伟大的哲学家。就像我刚才提到的那样，人们能在他的诗里读出莱布尼茨的痕迹：

一切真理都静候于万物之中，
它们并不急着娩出自己，也不抗拒出生。[134]

也同样能看出康德的影子（在惠特曼为自己诗作所取的标题中，我们不仅能发现康德哥白尼式的革命的踪迹，还可以看出人类对自然运作认识的局限）：

一个孩子说，“这草是什么？”他双手摘了满满一把送给我；
我如何回答这个孩子呢？我所知的并不比他多。
我猜想它必是我性情的旗帜，由代表希望的绿色物质织成。[135]

当然，还有尼采试图超越善与恶的期望：

我也为罪恶作诗，我也赞赏这一部分。
我自己的善和恶一样多，我的国家也是如此——要我说，事实上根本没有恶。

如果有的话，那我要说：它对于你，对于国家，对于我，就如同别的东西一样重要。[136]

尼采的虔诚信徒们会坚持认为，尼采的思想远比诗中呈现出的丰富——德国思想家的深刻性见于微妙之处，而美国诗人不愿屈尊在细处下功夫。有人也可能会认为，尼采和惠特曼主要的区别在于：虽然他们都是未来一个世纪的先知，但尼采的预言是在欧洲大陆上即将发生的一种自我毁灭，他的抱病独居和他对超人即将到来的幻想之间存在的差距，让人只是想想这个事实就会觉得痛苦。惠特曼的预言体现了他的祖国面对世界时侵略性的自我主张，这一断言完全是惠特曼健壮与性的自我肯定的缩影，尽管美国二十世纪的好战分子们还没发现，他们对自己世界统治的根源在于惠特曼泛性恋的多种形态的欲望中。尼采本来希望超越善与恶，但他是痛苦的；惠特曼对所有价值观的重新评估充满活力和快乐，并且认为自己代言了美国的权威地位——除去一些细节之外，他是绝对正确的。

惠特曼将即将到来的超人称作“知识分子”。他认为，在某个时期，只有一个国家能够引领世界。他坚持认为，知识分子的职责就是铸造国家的灵魂——文学。在发表于1871年的《民主远景》（*Democratic Vistas*）这篇散文中，惠特曼描述了未来知识分子们具备的美德：

人们在准备成为未来高贵的美国作家时，要充分培养出如下的鲜明特质：快乐、忠诚、带有野性的强健。评判一名伟大知识分子的部分标准，就是看他是否与（可能）从清教徒、地狱、本性的邪恶等等中继承来的隐秘、可怕、作奸犯科、魔鬼的思想绝缘。如果一个人能对简朴乐在其中、遵守自然标准、对上帝的信仰无止境；并且他同时与倦怠、滑稽可笑、尖酸刻薄、牵强附会和随大流绝缘，那么他就从芸芸众生中脱颖而出，被视作伟大的知识分子。137

在诗集《草叶集》中，惠特曼也刻画了这一点：

未来的诗人们！未来的演说家，歌唱家，音乐家！

不必今天为我申辩，解答我存在的意义。

可是你们是一群土生土长，体魄健美、属于大陆、空前伟大的新人物，

快醒来！因为你们必须为我申辩。[1]

他认为自己的诗歌将埋下一粒种子，使日后能成长出配得上美国超级大国身份的新文人。《草叶集》中最癫狂的一些章节，正是借助“种子”这个隐喻大做文章，其中洋溢着一种欢快的

---

[1] 作者在原文中并未标出引文，此处节选自惠特曼的诗歌《未来的诗人》。

调子，并体现出作者本人的傲慢；这种傲慢的强度正是他希望注入国民性格中的——这意味着惠特曼正在缔造美国的未来：

在可以怀胎的妇人身上我种下更大更敏慧的婴儿，
今天我射出的东西属于更加傲慢的共和国。[138]

惠特曼不断地通过他本人性欲旺盛的身体来表达最崇高的政治理想和形而上学假设。他将这具躯壳和它的感受力视作对古老问题的答案，比如说，关于灵魂的性质。而且，与其他现代思想家不同，他拒绝将身体的本真欲望贬斥为对哲学的桎梏：

以任何形式存在，这究竟说的是什么？……
倘若发展仅限于此，那么做硬壳中的蛤蜊足矣。
我身外却并非硬壳，
无论我或行或止，我周身遍布着灵敏的导体，
它们攫住每一件物体，并引导它无害地通过我的身子。
我只要稍做走动，轻微按捺，用手指略微试探，我就觉得很幸福，
让我的身体和另一个人接触，这对我就是最大的满足。[139]

通常来说，所谓幽默就是突然从崇高转向低劣。但在惠特曼的作品中，这种转向不仅显得特别真诚，而且极为合情合理：

我里外都是神圣的，不论我触到什么或被人所触，我都使它成为神圣的东西，

这两腋下的芳香气息比祈祷更加美好。[140]

这里不涉及从高尚转向低劣。莱布尼茨和惠特曼都认为，身体是解释灵魂的一种方式。所以在他们二人看来，作为身体存在的自我是不朽的，并且与宇宙本身形成于同一时代：

在母亲生下我以前，若干世代都引导了我，

我的胚胎从未麻痹过，没有东西能使它窒息。

为着它，星云凝结在一颗星球上，

千万年的地层堆积起来让它在上面栖息，

无数的植物供给它以养分，

巨大的蜥蜴用它们的嘴运载着它并小心地将它存放好。

一切力量都有步骤地用来完成我并使我快乐，

现在，我带着自己健壮的灵魂站在此地。[141]

惠特曼的宇宙主义；他对不同的存在等级之间关系的敏感性；还有对天文学、地质学、生物学和灵性之间共同存在的差异和特性的敏感——这一切构成了他本体论的核心。因为在这里，惠特曼能够以一种别样的、自我的方式阐明他自

视为世界中心的形象——这是个包含并表达了一切其他东西的世界中心：

我发现我身体混在片麻岩、煤炭、苔藓、果实、谷粒、菜根里，
遍体装饰着走兽与飞禽，
虽然有很好的理由远抛下身后之物，
但需要的时候又可以将任何东西召回。[142]

我们稍加思考就能发现，没有什么比惠特曼最有名的那句诗——“我包罗万象（I contain multitudes）”[143]——更有莱布尼茨的味道。然而二者间巨大的区别在于，惠特曼是为了以一种挑衅的方式赞颂他饱受诟病的自我矛盾，而莱布尼茨则穷尽一生去证明在这个多样性统一的世界里，矛盾是不存在的。

作为一名先知，惠特曼的宇宙主义是他对自己使命理解的关键部分；他坚信，作为民族之魂的美国文学即将产生，它必须用一种在欧洲思想中从未尝试过的方式与自然互动。正如他在《民主远景》中解释的：

在这些国家的预言文学中……自然，真正的自然，以及长久以来缺乏的关于自然的真实想法，必须最先完全恢复，扩大。并且它们必须为诗歌提供一种潜移默化的氛围，并测试所有重要的文学与美学作品。我指的不是平坦的小路，修剪过

> 的树篱，也不是英国诗人笔下的夜莺与花束。我说的是有地质史，有宇宙，有着火焰和冰雪，在无边无际的空间中按轨道运行的整个星球——在宇宙中，它看起来轻如鸿毛，实际上却有几十亿吨那么重。[144]

这明显颠覆了德国浪漫美学的崇高性，并与这一特性相去甚远。德国人曾经努力提倡自然无穷的复杂性，来对抗法国人对呆板的几何式园艺的热爱。但他们只弄出来无人打理的花园，野生的苔藓看上去就像补丁一样。当然，还有草叶。惠特曼希望他的自然观念超越生物本身，把岩浆、地壳、地幔和地心、行星、天体的轨道全部包括在内。他希望采取一种不会造成任何本体论分裂的方式来做到这一点，但这种方法允许他将自我视作空气、片麻岩和蜥鱼。正是这种令人赞叹的自然观——这部诗集把大气之外、地上地下的东西全都包揽进来，这一自然观则是贯穿整部世纪强劲的主旋律；也正是这种自然观，使《草叶集》成为描写美国西部的最佳作品——在这里，我用来和惠特曼比较的是戈马克·麦卡锡（Cormac McCarthy）和盖瑞·施耐德（Gary Snyder）等人。

同样是一片草叶，在康德和惠特曼眼中有完全不同的含义——对惠特曼来说，它没什么特别的美妙之处。不过惠特曼不会否认，草叶们也可以有自己的艾萨克·牛顿（Isaac Newton）。他再三声明，自己断然不会来担任这个角色。惠特曼在《自我之歌》中写道，“为实用科学而欢呼！”“为精准的论证欢呼！”但他接下来澄清道：

> 先生们！最高荣耀永远归于你们！
> 你们的事实非常有用，但它们并不是我的住所，
> 我只是通过它们走进我居住的地方。[145]

如果把人们对未来的看法比作一套房子，惠特曼和科学都生活在里面。正如我在“展望未来”这一点上指出的那样，惠特曼是最欢喜、最乐观的——特别是在接下来的一个世纪，蒸汽和电力等科技手段推进了美国的霸权地位。我们把惠特曼看作伟大的先知，很大程度上是因为他对未来的预测大体正确（虽然不是每位伟大的先知都需要，或必然有这种卓越性）。如果你不怎么赞成惠特曼重新评估善恶的做法，那么他预言的准确性会使得他的遗产问题重重。

尼采的预言模糊朦胧，而且带有妄想的色彩。如果它看起来非常像是对下个世纪德国政治历史的一种预感，这是因为在很大程度上，尼采无法阻止他那位支持希特勒的姐姐篡改他的观点。但惠特曼并不是在妄想，他的预言涉及大屠杀：他旗帜鲜明地为正在对美洲印第安人进行的种族灭绝而欢呼，他认为这一举动是全面实现美国的伟大的必要条件。他没把原住民从“美国之歌”中踢出去，但他将该群体视作这片土地原始遗产

的一部分；他认为美国的未来将建立在荒原之上，而原住民是荒原独特的一部分。

在 1878 年，乔西亚·罗伊斯（Josiah Royce）[1] 从他居住的州给身在哈佛的威廉·詹姆斯（William James）[2] 写了一封信，信中说："加利福尼亚没有哲学。"146 彼时，加利福尼亚正急于加入联邦，并于 1849 年建州；而与此同时，"印第安战争"[3] 正席卷整片北美大陆。那时人们似乎有这样一种理解：在北美洲的太平洋沿岸建立一处根据地，对美国控制海洋不可或缺；不久之后加利福尼亚并入联邦，美国就能着手控制夏威夷和菲律宾，并逐步扩张。但是在深造于哈佛，并随后被派回加利福尼亚建设加州大学伯克利分校的罗伊斯看来，加利福尼亚存在一个非常尖锐的问题。在他看来，老套又文雅的方式的哲学交流在东部早已有之，复制这套方式没什么意义。再者，东部仍是边疆（从各个方面来说），任何人与东部建立联系的努力都要冒很大的风险。恰在此时，惠特曼出现了，他"狂喜"的思想和语言风格正契合扩张中的美洲。

在哲学与诗歌之间微妙的联系上，T·S·艾略特（T. S.

[1] 乔西亚·罗伊斯（1855—1916），美国哲学家，是绝对唯心主义（由黑格尔创立）在美国最重要的倡导者。
[2] 威廉·詹姆斯（1842—1910），美国哲学家、心理学家，被尊为美国心理学之父。
[3] 指美国拓荒者和联邦政府与印第安人在美国独立战争前后的一系列冲突。

Eliot）[1] 的经历为我们提供了另一个有趣的例子。我们可以很容易设想出一个临近的可能世界：在那个世界中，我们会在一些晦涩难懂的学术专著中找到以下脚注："在二十世纪早期，有一名几乎被人们抛在脑后的英美哲学家——T·S·艾略特。他发表过一些学术论文，特别是在 1916 年，他题为《论莱布尼茨单子论思想的发展》的文章发表在《一元论者》（The Monist）[2] 上。"147 在这篇文章中，他带着批判的眼光，审阅了莱布尼茨力图统一的各种哲学遗产和他希望解决的问题。艾略特没有将自己拘泥于莱布尼茨的哲学思想中，但他肯定了这位前辈的哲学体系，称"（与莱布尼茨相比）没有别的哲学能蕴含发展的更多可能，或是汇聚了如此多的影响因素。"148 我们永远都看不见这样一个脚注的原因是，艾略特没有把莱布尼茨思想中诸多可能性里的其中任意一种发展下去，而是靠写出很多篇现代主义的杰作，成为一名广为人知的诗人——比如他发表于 1922 年的《荒原》（*The Waste Land*）。但即便如此，人们还是可以从中看出一种延续性：莱布尼茨给他的继任者留下了许多哲学问题，作为一名学者，艾略特受到了这些问题的激发，并试着去解决它们，沿着莱布尼茨的道路继续前进。不过，艾略特用一种截然不同于莱布尼茨的方式前行着。在发表

[1] 托马斯·斯特尔那斯·艾略特（1888—1965），英国诗人、剧作家、文学批评家，诺贝尔奖获得者。

[2]《一元论者》是一部同行评议的学术期刊，首次发行于 1890 年，并延续至今。

于1940年的《干燥的塞尔维吉斯》（*The Dry Salvages*）中，他向我们展示了一系列令人惊叹的探究：关于知识的边界；还有人类在穿越和推动这些边界的过程中，所展现出始终如一、坚韧不拔的意志。我们可以从下面的这段诗中看出，在艾略特眼中，我们希望了解不可知事物的渴望被束缚住了。他描述道：

> 与火星沟通，和灵魂交谈，
> 报告海妖的一举一动，
> 描述星象，祭牲的内脏[1]或水晶球中的幻影，
> 从签名笔迹里看出病症，而掌纹
> 召唤出一生的故事，
> 手指上写着一出悲剧，祛除凶兆，
> 得用签卜或茶叶梗，那躲不开的奥秘，
> 得用纸牌解释，得用上五角星护身符，
> 或是巴比妥酸。[2]149

艾略特写道，这些“倒都是寻常的举动”。在这种生活中，我们中绝大多数的人永远无法逃离“（只有）暗示和猜测 / 紧接着暗示和猜测”的窠臼。但我们渴求一种知识，它“绝对不

[1] 一种解释神谕的方式。

[2] 一类重要的镇静催眠药物。

可能在这里被实现”。最后，唯一的出路就是再吸收，并且重返自然：

我们，终于感到满足。
如果我们暂时的返璞归真滋养了，
（离紫杉树并不太远）
那意义深长的土地里的生命。[150]

伴随着一种激进的寂静主义（quietism）和有限主义（finitism），这首诗就这样结束了。诗中的有限主义与莱布尼大胆的形而上学相去甚远。不过，诗中的寂静主义和同时代的哲学家（比如维特根斯坦）所表现出的寂静主义十分相似。当面对形而上学的不可能性时，艾略特没有选择“保持静默”，而是另辟蹊径：他在最大限度上使用着语言，语言自身的感染力与丰富性证明了哲学家一直追求的逻辑与清晰不可能实现。但在这一证明过程中，它为读者提供了鲜活的审美经验。一些人可能会认为，审美经验会在关键时刻让哲学观点更有说服力。请别担心，人们还是不会把形而上学完全等同于“五角星护身符”的！如果我们把 T·S·艾略特看作一名哲学家的话（当然，他的资历并不够格），他职业生涯就是从一名微不足道的莱布尼茨评论者到形而上学的破坏者。然而，人们主要是拿二十世纪哲学写作的体裁惯例来衡量艾略特的作品，照这一规矩，用诗体写的东西都不能算是哲学；而在另一些历史时期和其他文化中，如果一个人思想的内容，或是他作品的目标与范围属于哲学的范畴，那这个人就是在进行哲学写作。

尊敬的教授：

鉴于我几周前发给您的邮件尚未收到答复，恕我冒昧，只得再次来信叨扰。在路德斯冬季的漫漫长夜里，我发自内心地建议您抽时间读读我的那本书，《二十一世纪的量子力学真理》——从我的个人网站上便能下载。我十分荣幸地与您分享任职于佛罗里达州奥兰多国际商务学院的默顿·拉博尼科教授对该书的评价：“这是一部对从事哲学研究的哲学学者们还击的重要作品，它击中的是学界狭隘的思维，还有无关紧要的选题思路。”我希望您能意识到，您所从事的职业一直用目光短浅和无病呻吟的风气影响着您，盼您早日摆脱这一桎梏。

巴德·考格

敬上

中北大区前任主席

美国不动产评估师协会

哲学定义的高度抽象问题，使其本身在一些非常具体和实际的问题上感受到这一点。很多年来，我都在努力寻找一个可行的标准，来把我私人图书馆里的几千本书分门别类地收好。我打算把所有的哲学书都放在办公室里，把所有的非哲学书都放在家里。这个区分乍一看很简单，我知道自己的很多同事执行起来毫无障碍。当把约翰·麦克道威尔（John McDowell）[1] 或德里克·帕菲特（Derek Parfit）[2] 那些具有很强专业性和技术性的著作，和为娱乐消遣而读的汤姆·克兰西（Tom Clancy）[3] 军事小说分开来时，根本不用担心灰色地带的存在。但是到目前为止，我发现自己的大部分书籍都掉进了一个灰色地带。比如说，我刚刚为了新工作搬到蒙特利尔后不久，把运来的一箱书拆开。我想把里面的书分成两堆，一堆放在家里，一堆放在办公室里。

我掏出的第一本书是埃德蒙·斯宾塞（Edmund Spenser）[4] 的《仙后》（*The Faerie Queene*），由企鹅出版

---

[1] 约翰·麦克道威尔（1942— ），现执教于匹兹堡大学，在心灵哲学和语言哲学领域具有极深远的影响力。

[2] 德里克·帕菲特（1942—2017），被誉为二十世纪最重要的道德哲学家，代表作有《理与人》和《论重要之事》。

[3] 汤姆·克兰西（1947—2013），美国军事小说的代表，擅长写作以冷战时期为背景的政治、军事科技和间谍故事。

[4] 埃德蒙·斯宾塞（1552—1599），英国桂冠诗人，《仙后》为其代表作。

社出版——这本当然要放在家里。第二本平装书也来自企鹅出版社，是一部题为《英国玄学诗人》（*English Metaphysical Poets*）的作品集。我浏览了一下目录，注意到它不仅收录了斯宾塞的诗作，也把剑桥柏拉图主义者（Cambridge Platonist）和不出名的形而上学诗人——我们已经介绍过的亨利·摩尔（Henry More）选了进去。我接下来拿出的一本，是摩尔（Henry More）的《无神论的解药》，在本章靠前一些的地方，我摘录了这本书的片段。那下一本呢？不管你信不信，是本英文版的笛卡尔《第一哲学沉思录》，里面还包括托马斯·霍布斯、皮埃尔·伽桑狄和亨利·摩尔对笛卡尔（绝对少不了的）的"反驳和回应"。

这里存在着一个标准的滑坡谬误（slippery-slope）[1]：如果一本书无论如何都符合被放进"哲学图书馆"里的条件，那就是笛卡尔的《沉思录》。没人会否认这一点，不过雅克·德里达（Jacques Derrida）[2] 和约翰·希尔勒（John Searle）[3]

[1] "滑坡谬误"是因果（非形式）谬误的一种，表现在使用一连串的因果推论时，因夸大每个环节的因果强度而无法得出合理的结论。其形式为："如果发生 A，接着就会发生 B，紧接着 C 会发生，然后 D 发生……最后 Z 就会发生"。假如把 A→B（同理可证其他，比如 B→C，C→D……Y Z）之间的因果视作一个个"坡"，每个"坡"都有不同的因果强度，并非每组因果关系都是必然发生的。因此，即便 A 发生，Z 也并非必然（或极可能）发生。

[2] 雅克·德里达（1930—2004），当代法国解构主义哲学家，西方解构主义代表人物。

[3] 约翰·希尔勒（1932— ），美国哲学教授，执教于加州大学伯克利分校，是语言哲学、心灵哲学领域的重要哲学家。

或许会持反对意见。但是，《沉思录》显然也会和亨利·摩尔（Henry More）的书摆在同一个架子上（至少在同一个房间里）。不过，将摩尔的哲学著作和他的诗歌区分开来并非易事：他的大部分哲学都是用诗来写的（比如那部发表于1646年的《德谟克利特的柏拉图主义》），即使是在写作散文的时候，他的作品也涵盖了许多和诗歌作品中相同的论证和主题。但人们要想读懂摩尔的诗，就要了解与摩尔同时代和地区的诗人的某些写作手法和关注点。所以说，摩尔应该和斯宾塞、笛卡尔放在一起；这么说，斯宾塞和笛卡尔也该被放在一起。

然而仔细想想，斯宾塞本人是不是没怎么谈论过和精神、灵魂、肉体、存在等有关的内容呢？有人会觉得斯宾塞可能提到过这些东西；但当他谈论这些内容时，他只是在讨论一些民间观念，还有笛卡尔哲学分析目标想尽力破除的那种普遍的错误想法。但这个观点忽略了一个重要的事实：在《沉思录》中，笛卡尔本人就分析过这种民间观念；人们要是想理解他所反对的东西，多少应该去追溯这一事物的某些源头。比如说，当笛卡尔坚持自己不是一个“细小的蒸汽”（subtle vapor）时，他反对的是一种流行的、根深蒂固的灵魂观念：这种观念把灵魂视作介于物质和非物质交界处的事物；而笛卡尔的二元论则建立在“所有实体要么属于物质，要么属于非物质”的信念之上。了解这一点后，当我们再在诗歌中读到“灵魂是一种细微的事物”这类生动描写时，就不会感到惊讶了。

当我试着将哲学与自己其他的阅读和思考生涯（与“不是哲学的”一切）区分开来时，我都会面临各种各样的困难——书架分类的问题不是个案，只是这类困难的冰山一角。我该把让·热内（Jean Genet）[1] 的剧本放在家里还是办公室里？热内——特别是他 1974 年那部全是疯话的《丧钟》（*Glas*）——极大地影响了德里达。当时，在约翰·奥斯汀（J. L. Austin）[2] 对意向性（intentionality）[3] 的解释上面，德里达陷入了与约翰·希尔勒（John Searle）徒劳无益的争论。德里达和希尔勒的辩论各执一词，而热内作品中是否存在着一些线索，可以帮助我们理解意见不一背后真正的意义呢？我不想放弃任何可能性。这一点同样适用于这样的文学作家，比如：阿里斯托芬、西哈诺·德·贝杰拉克（Cyrano de Bergerac）[4]、惠特曼、艾略特和贝克特 [5]——在思想层面而言，他们的作品与被我们归为哲学家的人的观点相互对话，或是对其提出尖锐的反驳。我不打算把这些思想家挑出来另成一组，因为这么做会让我的哲学书架变得贫乏不堪。

---

[1] 让·热内（1910—1986），法国著名小说家、剧作家、社会活动家。

[2] 约翰·奥斯汀（1911—1960），英国分析哲学家，以研究语言哲学见长。

[3] 哲学术语，指心灵代表或呈现事物、属性或状态的能力。

[4] 西哈诺·德·贝杰拉克（1619—1655），法国作家、哲学家，其著作《月亮世界旅行记》和《太阳世界旅行记》被视为科幻小说的先驱作品。

[5] 塞缪尔·贝克特（Samuel Beckett，1906—1989），荒诞派戏剧代表人物，诺贝尔文学奖获得者。

*

当我还是个七八岁的孩子时，我被许多关于无穷的悖论深深困扰着——对我来说，好奇心的开始也是焦虑的开始。世界是如何永远运转着的呢？我冥思苦想，却百思不得其解；与此同时，我感到在世界的深处正罹患某种突如其来的疾病。这个问题并不像一个新鲜的智力游戏，或是一个激动人心的挑战那样让我不能自拔。相反，我感到在这一切的背后存在某种邪恶的力量。在我人生最初的阶段，孕育我的世界温暖、舒适，并且有着无穷的希望；并且这个世界的延续似乎依赖于某种安排——我现在开始怀疑，这种安排几乎不可能存在。

从产生这些念头，到我开始接受正规哲学训练的这段时间里，发生了许许多多的琐事。我刚进入青春期的时候，经常在本地书店的书架中细细搜索，希望为“深奥的”问题找到答案。我来到“哲学”分区，几乎没发现任何能满足我愿望的内容。早在懂得很多知识之前，我就能敏感地判断出一本书的质量如何；我坚信自己绝对看不进去杜兰特夫妇俩（Will and Ariel Durant）[1]的书，更别提那一大堆拿“形而上学”当自己著作副标题的作者们了：比如雪莉·麦克雷恩

[1] 威尔·杜兰特（1885—1981），美国作家、历史学家和哲学家。他出版于1926年的《哲学的故事》被形容为“有助于推广哲学的开创性著作”。他最知名的作品是和妻子阿里尔·杜兰特（生卒年不详）合著的《文明的故事》。这套书从1935年动笔，直到1975年完成，共计十一卷。

（Shirley MacLaine），还有阿莱斯特·克劳利（Aleister Crowley）[1]。我十五岁那年误打误撞地读到了维特根斯坦的《逻辑哲学论》（*Tractatus*）[2]，虽然我当时对这本书一无所知，但我知道它很难，我拼命地想弄明白书中一字不余、但信息量巨大的那些话。在把这本书买回家后的很多年里，我一直对它的内容一窍不通——它就静静地躺在那里，像一件被供奉的神秘之物。

我十六岁那年从高中退学，并开始自学起一些激进思想的著作来——或至少作者看起来在讨论激进主义（radicalism）。但在一些情况下，他们只是残忍的煽动者：比如克鲁泡特金（Kropotkin）[3]。我还是一点儿都看不懂《逻辑哲学论》，它被我束之高阁。当我用自己的一套办法完成社区大学，进入州立大学学习的时候，我已对俄语、历史和文学颇为精通，而这也是我接触哲学的主要手段。比如说，我最先学到的是实证主义（positivism）——这是从列宁对马赫[4]的批判中读到的。我

---

[1] 阿莱斯特·克劳利（1875—1947），英国神秘学家、作家，被誉为“二十世纪最具影响力的神秘学领袖”。

[2]《逻辑哲学论》出版于1918年，是维特根斯坦一生中唯一出版的书籍篇幅的著作，对逻辑实证主义影响深远。

[3] 彼得·阿列克谢耶维奇·克鲁泡特金（1842—1921），俄国革命家，无政府主义的重要代表人物之一，“无政府共产主义”的创始人。

[4] 恩斯特·马赫（Ernst Mach，1838—1916），奥地利－捷克实验物理学家、哲学家。他强调经验主义和实证主义在科学研究中的重要性，为科学哲学的发展奠定了基础。后来出现的逻辑实证主义就借鉴并发展了马赫的科学哲学。

只在大学里待了短短两年，同时修了两个专业：斯拉夫研究和哲学——我追随一位教授学习古希腊哲学，他脾气极为古怪，但是特别善于启发学生，这构成了我绝大部分的哲学学习生涯。本科毕业后，我收到两份录取通知书：一份邀请我去南加州继续钻研斯拉夫语言学，另一份则邀请我去纽约读哲学。我最终决定去纽约，主要考虑的是地理上的原因；我长在加州，从小到大的经历印证了我的老乡乔西亚·罗伊斯（Josiah Royce）的观点——加利福尼亚不可能有哲学（虽然我那时还没读到他）。在当时的我看来，加州对任何严肃的思想都没好处：它既没有波澜壮阔的历史，也没什么耐人寻味的往事。对我来说，加利福尼亚曾经是新大陆中的新世界（the New World）；而我要是去纽约的话，那就意味着前往旧世界（the Old World）——我总算是找到了一个地方，让我能认真思考问题的地方。在我看来，"地区研究"的范围有些狭窄；这也是我最终选择哲学的另一个动机：既然哲学能给我全部，我为什么要把全部注意力只放在一门语言，以及一个单一的地理区域上呢?

所以我去了纽约，投身哲学。我相信，自己的研究对象是整个世界以及世间万物；我将在这个领域不断深入地钻研下去。我坚信，自己一直在按哲学的方式做哲学，而我的本科课程可能太过浅显，我对哲学的知识不足以让我打消这个念头。差不多在研究生一年级的时候，我幡然醒悟——我理解的哲学和自英美十九世纪末以来就作为学术领域的哲学之间存在一道鸿沟。

事已至此，改行似乎来不及了。我左思右想一番，也没想出自己这辈子还能干什么。不过，我最终找到了一个满意的平衡：我很快发现，莱布尼茨就是我的灯塔、我的导师，更重要的是，他向我展示的哲学模型与我现在鼓捣的那些完全不一样。在莱布尼茨看来，斯拉夫语言学就是哲学 [他在与瑞典斯拉夫语言文化专家斯帕温菲尔德（J. G. Sparwenfeld）的往来书信中提到了这点]；除此之外，在他笔下，显微镜学、古生物学、数学和诗歌都是哲学。如果他对以上内容并不精通，也对它们充满热爱。

我一直都不太擅长尊重哲学已有的学科界限，也正是由于这个原因，我经常觉得自己是个差劲的哲学家。我一直都对像斯特恩、惠特曼或阿里 - 希德亚格这样的人感兴趣——他们似乎在拿局外人眼光看待哲学，要么从哲学中取走他们所需要的一切，以便于做其他的事情；要么在估量哲学的目标和方法后，认为哲学派不上用场。

有这样一群人——他们拒绝哲学，或是坚持待在哲学的边界之外，嘲弄它、讽刺它、解构它；他们目空一切，只关注他们自己最喜欢的酱汁，醉心于他们第一人称的个人偏好和幻想。但他们真的是“圈外人”吗？或是说，如果这些人组成了哲学，而不是摧毁了哲学，从这个意义上讲，哲学能算是一个专门的学科吗？这里非常重要的一点是（也是需要重申的），苏格拉底作为哲学的奠基人之一，但按照他那个年代人们对哲学活动的定义看，他反而是一个圈外人；惠特曼与斯特恩和苏格拉底的情况非常像。如果有人用尽一生追求破坏或拒斥哲学，哲学反而会将他们（或至少这群人中的一部分）封圣；在所有学科中，只有哲学会这样做。诚如史蒂文·谢平（Steven Shapin）[1] 所言，反哲学也是哲学家们的任务——就和做哲学一样。伯纳德·威廉姆斯（Bernard Williams）[2] 肯定地指出，“只要一门学科像哲学，就肯定会有人痛恨并且鄙视它”。151 谢平的观点来自学术哲学之外的立场，而威廉姆斯则完美地代表了“圈内人”的看法。威廉姆斯没有意识到，而谢平意识到的是，许多对哲学“怀恨在心的人”本身就是叛逆的哲学家。

在这个鱼龙混杂的行当里，很少分得清谁是牛虻，谁是冒牌货；谁不是哲学家，或谁是个愤青。好像也没有任何中立的方法来解决这个问题。人们对同一个人也有不同的评价：一个人会觉得某人是招人厌烦的牛虻，另一人觉得这人只是个蹩脚的捉刀者。不论如何，人们的判断似乎在很大程度上取决于该思想家运用话语模式的方式（比如诗歌和讽刺）。在哲学学科尝试自我定义的整个历史中，这些话语模式与哲学的关系始终错综复杂。在这些其他话语模式中，不同的规则有不同的侧重点：有的关注对隐喻的使用，有的侧重排中律的规范性；或许在绝大多数的情况下，这些规则都和作者显著的个人特质有关。

---

[1] 史蒂文·谢平（1943— ），科学历史学家，现执教于哈佛大学。

[2] 伯纳德·威廉姆斯（1929—2003），英国道德哲学家，在世界范围内有极高知名度。代表作《道德运气》《伦理学和哲学的边界》等。

尊敬的教授：

鉴于您一直保持沉默，鄙人断定您对阅读拙作《二十一世纪的量子力学真理》（电子版）毫无兴趣。依鄙人之见，您更乐意舒舒服服地待在您巴掌大的学术世界里；只需轻点一下电脑上的“删除”键，就能像拍打牛虻一样把在下轰出去。您若是赏脸读了，也多半会断定我的方法和研究是民哲的野路子。您作为哲学家唯一有价值的地方，就是像海狸啃树枝一样，愚蠢地对某个问题评议个没完没了。但请您牢记：哲学不止始于惊讶；不过惊讶一旦消失，哲学就会不复存在。请您好好记住我说的话，教授先生。

诚挚的

巴德·考格

（前）房地产估价员

第四章

身体与灵魂

哲学家群像之四：禁欲者

在第一章里，我提到了一个天真的本科生。他想在户外草坪上上哲学课，因为玩毽球、懒洋洋地晒太阳、享受美好的生活“全都是哲学”，和那些支持（或反对）客观世界存在与否的论证有同样的地位。实际上，许多权威哲学家对哲学的理解和这位天真的本科生无甚差别。

我们中大多数人都很熟悉被称作“幸福论（eudaemonia）[1]”的哲学流派。皮埃尔·哈铎（Pierre Hadot）[2]写道，古代哲学的典型目标是要让“一个人宣布放弃财富、荣耀和寻欢作乐的错误价值，转而追求真正的价值：美德、默观（contemplation）[3]、

---

[1] 特指因理性积极的生活所带来的快乐。

[2] 皮埃尔·哈铎（1922—2010），法国哲学家、哲学史学家；以研究古代哲学，尤其是柏拉图主义见长。

[3] 基督教术语，认为上帝的神圣本质能够通过祈祷或默想来感受到。

朴素的生活方式和身边平常的幸福”152 这种对哲学的理解流传至今，不过不能代表所有哲学流派的观点。事实上，这种观点只和古典时代晚期的很小一部分传统有关，包括斯多葛学派和伊壁鸠鲁学派。比如说，这两个学派对与原因（cause）、运动（motion）或身体有关的哲学感兴趣，这种兴趣使斯多葛主义者和伊壁鸠鲁主义者们认为，要想正确地理解我们自己和我们在自然中的位置，就得把正确地理解自然作为首要前提；也只有真正地理解这些才能最终确保我们获得真正的幸福。但在莱布尼茨或罗伯特·波义耳（Robert Boyle）[1] 看来，幸福是哲学的核心——在这里，他们理解的幸福是道德高尚和身体健康。按这种理解来看，哲学研究的唯一目的就是幸福。但假如人们光靠看蝴蝶飞来飞去就能做到这一点，那么我们绝对不需要，也不想要这种哲学。

我们先来看一个有说服力的例子：在十八世纪西方出现专业化的哲学之前，每个人或多或少都把“幸福”当成哲学的唯一合法目标。如果历史上的某些哲学看起来更理论化，而另一些更加贴近实际，人们多半认为它们之间的长处和侧重点有所不同；但从古到今，人们公认哲学的主要任务是帮助我们过得幸福——这是大家在“哲学是什么”这个问题上取得的一致共识。知识通常被视作实现幸福的手段，而非目的本身。一些哲学家

[1] 罗伯特·波义耳（1627—1691），爱尔兰自然哲学家，在化学和物理学领域均有建树。

（比如犬儒主义者）认为，追求幸福完全用不着什么确定的知识，这些知识反而会扰乱幸福。他们的做法像是在效仿某种对苏格拉底教学法的另类解读。[153]

莱布尼茨和罗伯特·波义耳对幸福的理解则大不相同：他俩差不多是同时代的人，不过一个住在英国，另一个则生活在德国；两个人都觉得，增长知识的最终结果就是让人更好地领悟上帝的智慧和大能，在他们看来，这种领悟会直接带给人们各种各样的快乐。[154]这些思想家的观点大相径庭，但他们都认为不论人们用什么方式做哲学、他们的哲学是否追求知识，哲学都是抵达内在状态的一种方式：它教人如何与世界打交道，并且培养人们的品德。波义耳在他那本著名的《基督徒的品德》（*The Christian Virtuoso*，1690）中，论述了研究具体事物、领悟抽象真理与培养品德和幸福之间的联系，并提出了一种令人耳目一新的解释：

> 他（指基督徒）既沉迷于经验知识，也一直在追求真理，尊重并且喜爱它们——这些真理既不会带给他感官上的愉悦，也不让他的激情得到舒解，或是迎合他的兴趣；在他看来，掌握这些神圣清晰的真理不仅体现出男子气概，也能带给他精神上的满足。……如果一个人一直都很珍视低级的真理的话（仅仅因为它们是真理），他很可能会把神圣真理奉若瑰宝。[155]

那位本科生想在草坪上上课背后的动机与波义耳的看法有些像：他们都认为，低级的真理和世俗的经验与哲学本质的真理是相通的。但那位研究生助教在第一时间把这个幼稚的想法扼杀在了摇篮里，把哲学这个行当的职业规范教给了他——虽然这个助教对这些规范也不甚精通。在绝大多数情况下，研究生得服从他们的指导教授和前辈的权威，就像这些前辈读研究生时服从他们那时候的权威一样；他们还得知道该服从哪些权威，而哪些不必服从——实际上，当他们决定服从某个权威时，也决定了他们以后要成为什么类型的哲学家。

“权威”是个耐人寻味的概念。从语源学上讲，虽然“权力（auctoritas，拉丁语）”一词在古代主要指一个人所拥有的社会或政治影响力，但“权威”和作者身份（authorship）有关。对哲学家们来说，不仅个人能产生影响力，文本和某个人隶属的机构也能构成权威。可以说任何哲学家都会认可一些或某一个权威，哪怕那些被公认为反对偶像崇拜和独裁主义的哲学家们也不例外。那些置身某一传统、评注前人著作的人，往往会将他们的前辈视作权威。即便是在这个领域里，权威的概念也非常多变：人们会多少认为古人们毫无过失，自己撰写评论的工作无非是梳理他们的观点，或是将之前哲学家思想萌芽中已有的部分发扬光大——而这正是近代早期的经验主义者们（比如培根和笛卡尔）坚决反对的。但这些近代早期思想家们有时候更希望用一种权威取代另一种——在他们看来，感官的权威高于古人的权威。但他们并不是要否定古人哲学观点的价值，而只是说在条件允许的情况下，人们要对照自己的直接经验来检查古人的观点。

在这一点上，许多近代早期的哲学家们强烈表达出一种与亚里士多德修好的态度；亚里士多德和他们是一个阵营的盟友：他们都主张走出书斋去接触大自然，亲自观察事物。他们反对的是亚里士多德主义，尤其是顽固腐朽的经院哲学家拥护的那种——哪怕亚里士多德的观点和人们观察到的现象相左，这些经院哲学家也仍会拥护他的主张。对许多近代早期的哲学家来说，古人的权威尚且存在；但人们应当重新定位这一"权威"，也就是说，人们更应该把"权威"降格为"证词（testimony）"。在十七世纪，特别是在英国皇家学会的集体研究项目中，学者们有一套复杂的办法来判断不同种类证词的真实程度，他们根据报告人的具体身份、是否信教、住在哪里来判断该报告的可信度。根据这套制度，学者们认为社会地位低下和缺乏教育的人的报告不值一提（更不用说妇女了），只有"绅士"的报告才值得信赖。

就这一点来看，十七世纪时的人们所理解的"可信"与"权威"存在非常明显的语义重叠；这并不是说这些主张本身可信与否，而是提出主张的人是否值得信任。"可信"意味着值得被认可，也意味着如果某人隶属某个特定机构、扮演了某个社会角色的话，他的话就值得信赖。但"可信"是从之前描述一个人的身份特征，变成现在描述事态（state of affairs）的可能性的呢？这就超出了我们的讨论范围之外。但此处的重点在于，当人们在早些时候把“可信”理解为“赞成”时，他们已经在考虑衡量观点的真实程度这件事了（尽管不是很精确）。但在引用像亚里士多德这样的权威的时候，人们基本上还在用老路子：古人的观点为真，仅仅因为这些话出自一名哲学泰斗之口。在近代早期的欧洲，随着实验方法的逐渐兴起，感官权威对古代权威发起了新的挑战：人们把古代权威看作证词的一种——它们往往是真知灼见，也相当可靠，但它作为证词的本质和一名乡村医生说的话并无二致：我们或许会读到一名马恩岛的乡村医生寄给皇家学会的信，信中说，岛上出生了一头双头小牛。

*

不同哲学方法之间存在着认识论上的分歧：在一些人看来，哲学只包括心灵活动；而在另一些人眼中，哲学活动必须涉及身体——这一分歧远比当权者和革命家、理性和想象、科学和诗歌之间的区别更深刻。欧洲传统对理论哲学和实践哲学有相似的区分，但这不是我们关注的重点。一般情况下，这一基本的区别包括进一步的细分：形而上学和认识论属于理论的哲学，而伦理学、社会和政治哲学往往被视作实践的哲学。不过在实际的这个分类中，也或多或少有回到理论方法的可能性：比如说元伦理学（Meta-ethics）就是实践哲学细分出的理论方法。

而对理想理论（ideal theory）在政治哲学中的使用也可以采取相同的说法：比如约翰·罗尔斯（John Rawls）在《正义论》（*Theory of Justice*）一书中，讨论了诸如“如何建立最正义的社会”这类问题。罗尔斯认为，人们可以从任何社会的实际运行中概括出相应的方法。身处欧洲传统中的哲学家一直想把这两个分支联合起来，就像G·W·莱布尼茨最推崇的那句座右铭描述的那样，“理论要与实践相结合。”

欧洲哲学中也存在着一些流派（特别是马克思主义），它们的哲学目标是证明理论与实践不可分割，相互依存。马克思主义哲学论证道，人们之所以能提出或捍卫某种哲学理论，是因为这些理论是由某种生活的特定形式决定的，即哲学反映了某个特定的历史阶段的某个社会阶级的特征。比如说，人们绝不会把柏拉图看作辩证唯物主义者，因为这个词只存在于一个资本家剥削劳动力的时代。在近期语言哲学和认识论的分析哲学研究中，理论和实践也日趋统一：学者们论证道，“知道怎么做（knowing how）”和“知道是什么（knowing what）”最终可能没有意义上的区别——如果某人知道某个东西是什么，那么在特定的情况下，他会倾向于以一种特定的方式对此做出反应。[156]

这些例子表明，将理论和实践统一起来的想法由来已久，但我想论证的并不全是上面例子中的这些“理论”或“实践”。在欧洲传统中，许多哲学家都试过把理论和实践结合起来，但他们中绝大多数采取的做法都是在安乐椅上冥思苦想，最后写一篇文章出来，论述“理论和实践相结合”是何等重要。在欧洲传统中几乎找不到任何肢体活动来对应“做哲学”这一脑力活动。但人们也会把一些“习惯”和哲学家联系在一起：比如说，哲学家会带领一群门徒外出散步，当他对自己感兴趣的话题高谈阔论时，门徒们洗耳恭听；要么就是哲学教授站在讲台上，拿着红外笔在投影仪幕布上圈圈点点。然而，人们普遍的共识是，某人不必做出什么动作，让其他人一眼就能看出来他正在“做哲学”。

在西方传统中，只有极少数严谨的、仪式化的活动和哲学相结合；但这里所说的并非仅仅是一种沉思或是思辨的哲学，而是带有通灵色彩，并因此与仪式魔法（ritual magic[1]）和宗教重叠的一种哲学。比如说，我们可以在新柏拉图学派中看到，普罗提诺（Plotinus）[2]将冥想推崇为一种与神沟通的方式，但到了他的学生波菲力（Porphyry）那里，这种粗略的冥想观就发展成一种相当烦琐的仪式。

哈铎（Hadot）认为，灵修是古代哲学晚期的主要特点，并在之后延续了下去，并没有完全消失；如果我们赞成哈铎的观点，

[1] 在英语中，指必须在特定时节举行、使用特定素材，并依照某些特定仪式举行的魔法。比如十六世纪英国数学家、神秘学家约翰·迪伊宣称，他和爱德华·凯利研究出与《以诺书》有关，可以与天使沟通的“仪式魔法”。

[2] 普拉提诺（204—270），新柏拉图学派最著名的哲学家，被誉为新柏拉图主义之父。

那么依纳爵·罗耀拉（Saint Ignatius of Loyola）[1] 所提倡的也是一种“精神操练（spiritual exercises）[2]”，是这种古老灵修观的延续。

康德每天都会在固定的时间散步，尽可能地避免出汗，为的是让自己有效地持续思考哲学问题；伊丽莎白·安斯康姆（G.E.M. Anscombe）[3] 喜欢在讲课的时候吃烤豆罐头。157 如此之类的哲学家轶事还有很多。一些具体的活动既可以被理解为与哲学精神活动相关联的身体反映，也可以被视作个人习惯或日常活动——这两点很难区分开来。说到这儿，在西方，许多练习瑜伽的人会宣称他们生活的其他方面也变得“瑜伽”了起来。因此，你可能会听到一些人说他们正在抽出时间来做“身为父母的瑜伽（yoga of being a parent[4]）”，但如果你对瑜伽一窍不通，回答说你也在做“瑜伽”，你的瑜伽是“在桌旁伸懒腰，并且一直读电脑里的一本书”，对方一定会纠正你，你就知道自己的回答驴唇不对马嘴。从这个例子中我们可以推测出，人与人之间的观点之所以会产生差别，是因为某人举止

---

[1] 依纳爵·罗耀拉（1491—1556），耶稣会创始人，罗马公教圣人之一，西班牙贵族。他在罗马公教会内进行改革，以对抗马丁·路德等人所领导的宗教改革。

[2] 其同名著作被译作《神操》，天主教著作。这本书是为避静者（“避静”是天主教术语，简指一种与天主谈心的内修生活）和其辅导员而写的使用手册，目的是帮助培养信徒们的祈祷经验。

[3] 安斯康姆（1919—2001），英国著名分析哲学家，维特根斯坦的学生。

[4] 实际上指“亲子瑜伽”。

背后的个体特性与另一个人的固有标准（哪怕不怎么严格）之间存在冲突。

在一些特定的历史时期、特定的地区，人们要想在某个哲学传统中有所建树，他们的个人习惯就得让位于某种共同规则——这种规则对人的身体有强制性要求，只有遵守了这些规则，他们才能实现自己的目的。瑜伽就是最典型的例子——这里的“瑜伽”特指印度哲学正统（āstika）六派。它们主要源于数论派(Sāṃkhya)的传统,该传统也和佛教与耆那教碰撞相容;在公元前 400 年前后，波颠阇利（Patañjali）编撰了《瑜伽经》（Yoga Sutras），就此确立了瑜伽的最终形态。当然，世界上还有另外一种“瑜伽”，它是一门重要的生意，主要靠销售商品和服务来促进一个人的健康和幸福，也多少和古印度的传统沾亲带故。仔细想想，如果人们打个擦边球，把作为运动的瑜伽看成一种“作为生活方式的哲学”的话,它就会显得高大上——作为生活方式的哲学既包括我们讨论过的各种灵修方式，作为哲学派别的瑜伽或许是最好的例子；它也包括像广告里宣传的那种“生活方式”理念，它们在本质上怎么看都是非哲学或亚哲学的。

但这并不是瑜伽学派的正确含义。波颠阇利的经文由 196 条相当深奥的格言汇编而成，但没有任何一条明确指示让人们从事某种特定的身体运动。《瑜伽经》前四章的内容是我们能找到最接近于瑜伽运动的定义。我们知道，瑜伽学派是“以平心静气的方式舒缓精神”。158 但要如何才能做到这一点呢？后文对此并无具体的说明。早在波颠阇利的著作成文之前，瑜伽运动就已经存在了；它的存在甚至能追溯到前吠陀时代。有充分的证据表明，它们在公元前五世纪至一世纪间的奥义书传统中就已初露端倪。但瑜伽运动与特定的学派联合是在波颠阇利研究数论派中正统派的形而上学之后。顾名思义，“瑜伽派”这个名字暗示着瑜伽运动和一种哲学学说“绑”在了一起。

人们常常坚称，瑜伽多少可以被当作数论派理论的实践分支。这一分支之后发展成了一个严格意义上的二元论学派，它用两个基本的原则——“自我（puruṣa）”和“自然（prakṛti）”来区分现实。哲学的终极目的是打破这两个原则之间的联系，进而从物质世界解脱（mokṣa）出来。这样说来，瑜伽学派的做法会使这种解脱——也就是数论派思考的真正目标成为现实。

瑜伽派确实是数论派观点的分支，但事实远不止于此；因为在修行瑜伽的瑜伽士（yogi[1]）看来，这种统一既不是纯粹理论上的辩论，也不是人们自发的行为；如果人们将“解脱”哲学化的时候不考虑为此所做的准备，那就等于在做无用功。这有点像马克思主义认为理论和实践之间存在着“必然”联系，但在瑜伽学派中，二者之间的联系更加紧密。虽然一名马克思

[1] 在印度传统中特指修行瑜伽的男性修行者。在印度教、佛教和耆那教中，指实行禁欲、冥想的修行者；在乌尔都语中，也有禁欲修行者的意思。

主义哲学家论证着自己的想法如何建立在现有的历史阶段之上，但他做的不过是整天坐在书桌前；相比之下，一名瑜伽士不能坐在书桌前面并且思考如何把自己从“自然（prakṛti）”中解脱出来，他必须要通过脚踏实地的行动来做到这一点。无行动，不哲学。这些行动既不是辅助，也不是入门准备——它们就是哲学本身。

考虑到在一些哲学传统中，人们似乎对身体必须做的事情一直抱有一些期望；这种期望不同程度地存在于所有的哲学传统中，只有瑜伽最全面地发展了它。但是在目前的学术领域中，这种期望几乎不存在。颇具讽刺意味的是，为了不再和哲学打交道，当今学术界的许多哲学家在结束一天的工作之后会去上瑜伽课。他们将体育锻炼和定义了他们职业的精神劳动对立起来——这种做法让两者都会恶化！现在，学者们用作为生活方式的瑜伽来平衡作为工作的哲学。他们很少意识到，在长达数千年的历史中，冥想和严格的身体训练始终密不可分。

我在做的事情没有名目，也没必要有。一位路过的爱奥尼亚人[1]称我为“裸体智者”（Gymnosophist），也就是说，

[1] 古希腊时代对今天土耳其安纳托利亚西海岸地区的称呼。

我在他眼里是个一丝不挂的哲学家。不过我还挂了些布在身上——他要是走近些，就能看见我的缠腰布了。我的上半身都被头发和胡子遮得严严实实。一个患有多毛症的弗里吉亚人（Phrynian）[1]从另一个方向走过来，特地在我面前驻足。他嘲弄道，自己一定是眼花了，看不出眼前这堆东西是个乞丐还是条狗。他才是狗呢！

他似乎断定我是遭遇了什么不测后才沦落至此，他绝对想象不出，这全出于我的自愿。他肯定不知道我从奢羯罗（Sa^ngala）[2]来，我的父亲备受弥兰王[3]的器重。在我的孪生兄弟被派往恒河边的巴连弗邑（Paliputra）[4]去指挥王师时，父亲大摆筵席，并问他有什么想要的。我记得他说，松鸡，用蜂蜜腌好的松鸡。他坐在那里狼吞虎咽地吃了十四只松鸡，为了不被肉噎着，他还喝了不少葡萄酒，最后醉得不省人事。回想起这一幕，我认真地想，如果当时父亲问的人是我，问我想要些什么，我会回答他，在这个世界上我没有任何想要的东西。

把这位国王称作皇帝更确切一些，他征服了大片土地，被他征服的臣民根本听不懂他的语言。不过他仍然可以把他英俊

---

[1] 位于今天土耳其的中西部。

[2] 古印度城市，位于今天巴基斯坦北部，是古代摩托罗国的首都，在史诗《摩珂罗婆多》中多次出现，是印度—希腊王国的重要城市。

[3] 印度—希拉王国最重要的国王，在位时间约为公元前 155 年到公元前 130 年。在他的统治下，印度—希拉王国的国势达到鼎盛。

[4] 印度古地名，位于今天印度巴特那。

的脸庞铸在硬币上，让这些钱在他的领土上流通，最后变成赋税又回到他的口袋。他还颁布了哪些规矩来着？对了，他希望人们将他尊为弥兰王，并且开始信仰释迦牟尼。他和圣人们共同讨论《吠陀经（Vedas）》，数论派（Sāṃkhya），正理论派（Nyāya），瑜伽派（Yoga）和胜论（Vais´eṣika）；他们探讨哲学、算数、音乐、天文、魔法，等等，简直是无所不包。

这一切都很好，我想，但我对信仰的理解并不止于讨论和征服，而是在于中观派（Mādhyamikas）所教导的"放弃"。这更接近于我狗的本性。帝国的辉煌虚妄且短暂，就像在午时散去的晨雾。我哥哥现在已经被派到阿努拉德普勒（Anuradhapura）[1]的大使馆去了，这个岛在遥远的南方。据说很久以前，罗摩（Lord Rama）[2]在那里建了一座岩桥。但这座桥能屹立多久不倒呢？一种货币在被另一种换掉之前，又能流通多久呢？

与此同时，我动身前往阿拉霍西亚（Arachosia）[3]，到另一个叫作亚历山大的城市（我数不清到底有多少个同名城市）。在亚历山大市中心，人群川流不息：帕提亚人、波斯人、粟特人。每天都会蹦出一个新的智者，大声叫嚷这样或那样的启示，他所具有的眼

[1] 斯里兰卡的传统首都。

[2] 阿逾陀国王子，印度古代传说、史诗《罗摩衍那》的主角，是印度文化中的圣王。

[3] 古代阿奇美尼德帝国、塞琉西帝国、孔雀王朝及帕提亚帝国的一个行省的希腊名称，包括现今阿富汗东南部以及巴基斯坦和印度的部分地区。

光，最新的顿悟；怎么化解即将到来的灭顶之灾。还有另外一种智者，他们要么教你如何把自己的身体扭成各种不可思议的姿势；要么教你转换思维，好把海量的知识牢记于心。集市是他们施展拳脚的地方，因为他们每个人都有一技傍身，赖以为生。

他们的客人们认为自己买来了幸福，但他们买来的实际上是终将破灭的泡影。但幸福不会破灭，反而会很持久；幸福不依靠外在，相反，它源于美德，正如形形色色的学派是知识的附属品。人只有在无欲无求的状态下才能真正开悟，实现自由。有个雅典来的爱奥尼亚人深谙这点，他不教别人，只是过自己的生活，并且把这看作美德的表现。他跟别人交谈向来不计报酬；当他被错误地指控为犯了重罪时，丝毫不屑于为自己辩护。这才是真正的智慧，这才是真正的力量！

我已经记不清上次吃东西是什么时候了。如果填饱肚子能让人平静，我找不出不吃东西的理由。但我发现，自己营养不足的时间越长，就能更好地基于两种方式来训练自己的思想：一方面通过否定式，另一方面通过人们极为惧怕的虚构边界——生与死的边界。前些日子，一名来自扶桑（Fusang）的僧人云游至此。他声称自己从很小的时候就只靠呼吸空气活着，甚至连着几天不呼吸都能活下来。他说他正准备让自己进入一个超越生死的状态，在这种状态下，他的身体摆出冥想的姿势，他的脉搏会停止，但他周身会源源不断地冒出热气。集市上那些弱智又爱做白日梦的人们纷纷掏出钱给他，钱币像雨点一样落在他身上。我从自己的栖木上往下看——我待在一个被鹳鸟遗弃的巢里，这只勇敢的候鸟已经飞走了——这个景象让我忍不住放声大笑。这个僧人可什么都没卖呀！我想，一点都不夸张地说，他简直在空手套白狼！

我没有一个子儿，但凡有人施舍给我个硬币，我要么当场把钱扔回去，要么把它们在一块硬石头上磨得面目全非。我确实有几个朋友，但假如他们走了，我也不会伤心。他们就像我一样。意识到这一点就等于意识到：我的内在具有一切成为好伙伴的必要条件。还有什么欲望呢？当我年轻些的时候，我会用最简单可行的办法来满足肉欲：造物主把我的双手造得足够长，这一智慧的设计能让我快速有效地解决这一有害的杂念。但我发现近几年来，由于节食的缘故，我能抵挡得住这种欲望了——这对我达到冥想的目的大有裨益。有一种力量以保留种子的方式在我的内部建立起来，这种力量似乎像饥饿一样，能让人同时体会到生和死。

我不属于任何学派，我只做让自己高兴的事。但是我知道世上既存在着真正的行动方法，也明白愚蠢的方法同样存在。绝大多数所谓有学问的人不过是在耍嘴皮子，而他们的牛皮迟早会被戳破，暴露出他们毫无价值的事实。我们要接受生活本无一物的事实，然后向死而生：这才是真正的智慧。当饥饿来袭时，我的身体会产生一种令人愉快的疼痛感，这种疼痛宛如火烧，像是它从我身体里跑出来，待在鹳鸟高高的巢中，被太阳暴晒着。但人们不应当为了这种愉悦而走向禁欲主义，这些愉悦是附加产品，而源于美德的幸福才是人们真正应该追求的目标，这是一种完全来自内在的幸福。

如果我主张什么都不用做，也什么都不用学，那这是不是也算一种学派呢？这算是哲学吗？我要让集市上的小贩来回答这个问题。啊，现在就有了个答案：一个肌肉健硕的斯基泰人正大声嚷嚷，说他只要走五步就能成为菩萨。谢谢你伙计，不过还是算了吧。我不必花钱就能知道。

到目前为止，我们既讨论了权威，也讨论了实践。现在我们要思考的是，这两件事情之间有联系吗？我们多少可以这样说：在一些特定的传统中，一些权威人物专注于教学也可以算实践中的一种。在中国和印度，哲学教育的重点一直都是死记硬背，把大量文本塞进人的脑子里。这种记忆不可避免地演变成非常具体的做法，并直接反映到身体上：比如中国人常说的“背诵”，就是指一个人在朗诵某段文本的时候要背朝着它。[159]

这样说来，在某个特定的传统中，肢体行动中最重要的部分似乎和尊重权威之间存在着某种联系。在那些历史上高度尊敬权威的地方，人们往往会被迫做出某些僵硬的动作；而在一些把哲学理解为质疑一切、独立思考的地方，人们的身体往往不受约束——他们可以自由行动，不必服从任何人的智慧。后者似乎是更值得提倡的做法。要是一个人得摆出一副服从权威的样子，他还怎么去质疑一切呢？

人们认为，哲学必须和这种质疑联系在一起，因为它是一门“质疑一切”的学科。基于此，格雷厄姆·普里斯特（Graham Priest）[1]写道："我认为……哲学就是一种知识探索。在这个过程中，任何事物都得面临批判思考的检验和审查。这多少体现出哲学的许多显著特点。”他接着写道，首先，“哲学具有破坏性的特征。哲学家们常常向宗教开炮，向政治制度开炮，向公序良俗开炮。他们之所以这么做，是因为要么他们准备好挑战其他人视为理所当然的所有东西，或是因为大多数人都不赞成他们的反驳。”其次，“许多学生发现，学习哲学是一件令人不安的事情”。160 普里斯特似乎基本上把握了哲学破坏事物现存秩序的方式，这些秩序可能由宗教、政治和社会价值所主导。但当哲学成为一种由过去的权威决定现状的传统时，它也会自我颠覆。

对于那些反对历史上权威的哲学时代，人们有时会揣测当时的哲学家其实对质疑权威不感冒，他们不过是对权威不屑一顾罢了。有时，这种不屑一顾会表现为一个人采取夸张的说法，声明自己完全独立于过去。哲学史上确实存在着这种与过去的决裂，当我们探寻它们时，可以从中收获良多。虽然“中世纪”

---

[1] 格雷厄姆·普里斯特（1948— ），当代著名逻辑学家。

是个人造的概念，但我们仍然可以肯定地说，这个概念更适用于欧洲而不是南美洲。在十世纪的秘鲁压根就没有属于“中世纪”的东西（严格地讲，讨论秘鲁人在十世纪的经历在这一语境下完全没有意义）。同样，我们常常说的“中世纪伊斯兰哲学”，也和“中世纪”完全不搭界。我们将八至十二世纪这段时期视作“黄金时代”（不管实际上是否如此），这个词暗指衰落即将到来。但不管怎么说，忽略伊比利亚（Iberia）的伊本·鲁世德（Ibn Rushd）[1]或中亚的伊本·西那（Ibn Sina）[2]取得的辉煌成就，把他们所生活的时代看作古代和现代之间的“空窗期”都不是正确的做法。生活在“两个时代之交”的人们当然不会体会到这一点，并且在伊斯兰教的历史背景之下，人们也没觉得这个思想的过渡期有什么特别之处。

人们必须把无伤大雅的历史分期和失真的历史分期区分开来。比如说，如果我们把莱布尼茨称作“近代早期”哲学家的话，就不是歪曲事实。但莱布尼茨不会用这个词来称呼自己——不仅对他，对生活在任何时代的任何人来说，把自己描述为某一事物的“早期”代表都会显得特别奇怪，因为这多少显得他们未卜先

[1] 伊本·鲁世德（1126—1198），安达卢西亚哲学家，对亚里士多德的思想和著作的传播起到非常重要的作用。他对西方哲学的影响十分深远，被誉为“西欧世俗思想之父”。

[2] 伊本·西那（980—1037），又译作阿维森纳，中世纪波斯哲学家、医学家，阿拉伯/波斯亚里士多德学派的主要代表人之一。

知。不过，莱布尼茨的确使用了“现代”的同义词来描述他所生活的时代，还有这个时代思维特性的风格。而后来发生的事情证实了他的先见之明。不过还有另一种常见的失真历史分期，在这种情况下，人们会把适用于某个地区的历史分期生搬硬套到别处去。我们倒是没必要对这种做法反应过激，不然我们就难以发现历史上不同地区在思想文化方面存在的广泛联系。

近代早期的印度就是个绝佳的例子，因为它与很多地区都建立起了文化交流。乔那登·加纳利（Jonardon Ganeri）[1] 在他最近发表的学术研究中，提出了一个很有说服力的论证：他认为，人们可以在南亚发现一系列的进展（就像在欧洲那样），并恰当地将它们描述为现代思维方式的萌芽。这并不是一个突破性的发现，但加纳利论证的一部分旨在说明，在十六和十七世纪之交的印度，哲学的创新性和连续性之间存在着错综复杂的关系；而最近修正主义者们在研究欧洲近代早期时取得的学术成果，或许能帮我们更好地理解这一关系的微妙之处。161 在这一历史阶段，梵文思想家们仍然在许多方面忠于传统中的权威，即便他们自己也是书写传统的人。正是因为这样，身处印度文化之外的人一直都很难发现印度思想现代化的迹象。欧洲的情况则恰恰相反：许多近代早期思想家都旗帜鲜明（甚至带些傲慢口吻）地宣布自己和过去所有的权威撇清关系，他们强

[1] 乔那登·加纳利，现任纽约大学哲学系教授。

调自己是现代人，是独立的思考者。

但最近学者们的研究表明，这些欧洲思想家的大多数宣言都是自吹自擂；从许多方面讲，近代早期哲学并没有和传统彻底决裂，更确切地讲，哲学家们不过是把古代传统中的特定遗产复杂化了。162 在近代早期的欧洲哲学家中，只有少数几人坚信自己和古人没有一点关系；甚至还有人明确表示，他们是在替古代思想家们还债。就拿笛卡尔来说——他可能是最高调地标榜自己独立性的近代早期哲学家；哪怕他在《第一哲学沉思录》中信誓旦旦地说，自己要不断地把之前所学到的一切统统忘掉，但我们还是能看出他的思想在很大程度上受到了奥古斯丁的影响。

我们没有见到任何一位做出类似激进个人主义声明的印度思想家。但加纳利有力地证明：虽然印度思想家们没有大声喊口号，但和欧洲一样，印度也存在着创新的做法；只不过创新和尊重权威交织在了一起，二者是和平共处的状态。加纳利特别强调，在印度，二者间的相互作用并不是“古今之争”。也就是说，印度人既没有激烈地拒斥传统权威，也没有冒失地宣布当代的优越性。然而真实的情况是，人们对古代的尊重明显地下降了，而建议读者独立思考哲学问题的呼声相应地高涨了起来。加纳利引用十六世纪正理论（Nyāya）派哲学家拉古那哈·西罗马尼（Raghunātha S´iromaṇi）[1] 的话作为证明，这

[1] 拉古那哈·西罗马尼（1477—1547），印度哲学家、逻辑学家。

位哲人坚持道，“人们不该不经反思就把一些观点扔到一旁，只因为它们和人们公认为正确的意见相左。”[163]

为什么拉古那哈对独立思考的呼吁常常被人忽视呢？或是说，他的呼吁为何没有为这一时期的印度哲学赢得“现代”的称号？原因在于，大多数印度哲学家一直在写评论性的作品。欧洲人倾向于把这种写作风格和经院哲学联系起来，使用这一风格写作的哲学家往往是和现代思想家相反的一些人：比如说托马斯·阿奎那（Thomas Aquinas），还有弗朗西斯科·苏亚雷斯（Francisco Suárez）。在欧洲传统中，“评论”的字面意思就是指把某部古书和书上评注奉为圭臬，未经思考就把前人的意见当成权威。话说回来，这种想法非常草率。不论是在印度还是在欧洲，许多评论都为不同意见留下了余地；在评注同一篇文本时，不同的评论也会意见相左。对此，加纳利解释道，虽然近代早期的印度哲学家们“……写的仍然是评论；在外人眼中，他们还在用着看上去非常古老的概念和范畴，”但是“光就撰写评论这个做法本身而言……它并不能传达出许多信息，告诉我们作者到底是怎么看待被评论的这部文本的。”[164]古人和今人之间没有“争执”，但现代人也没有对古人俯首帖耳。更贴切地说，二者之间是对话的关系。从十五世纪到十八世纪，印度哲学家和欧洲哲学家都明显地感受到，他们身处的文化已经迈进了一个新时期，并产生了新的标准和新的风格。我们在这里领悟到的是，“现代”和“传统”之间的关系往往非常复杂：

当笛卡尔这种激进、特立独行的哲学家号称自己已经忘记所学的一切时，这实际上不过是一种夸张的说法罢了。反观印度的评论家们，比如拉古那哈，在摆明自己位置时总要拉上自己的前辈，但他并不必然因此就认为自己比前人卑微。

我们从上面的例子中看到了近代哲学的成型，准确来说，是哲学开始产生了“现代化”的自我意识。欧洲和印度近代哲学之间最显著的区别就是，近代科学的兴起是驱动欧洲哲学现代化的主要动力，甚至可以说它一手缔造了欧洲近代哲学。如果人们只是在一般意义上思考近代欧洲哲学，而对它如何形成的这种发展方式不予考虑，忽略地心说的衰落、显微镜的发明，之后被称作“科学方法”的关键要素的发展对它的影响，这种思考完全没有意义。相比之下，印度的早期近代哲学一直把和“认识论”和“语言哲学”（按现在的说法）有关的问题作为讨论的核心。在这一史实的基础上，加纳利甚至极端地说，就某些方面而言，印度早期近代哲学的兴起与完全可以和几世纪后西方分析哲学的兴起相提并论。

在过去几个世纪里，西方在探究自然上突飞猛进；作为回应，西方分析哲学开始注重分析语言和科学方法论（而不是科学的内容）。相比之下，十六至十七世纪的印度哲学的重心则是语言和意义，他们的知识表现出非常明显的延续性。印度最古老的哲学就是语言哲学，有时人们也会将它称为“语法哲学（grammatical philosophy）”；如果我们认为波你尼（Pāṇini）

晦涩的《八篇书》（*Aṣṭādhyāyī*）[1] 标志着语法哲学成熟的话，那么它在公元四世纪就已定型了。反过来，我们可以从这种连续性中推断出，在近代早期的印度，哲学在很大程度上没有受到自然科学的影响。正如加纳利所说的那样，印度人在学习天文学、数学以及其他领域时，深受同时代波斯和阿拉伯文化的影响。但是伊斯兰文化完全没有对研究哲学“核心”问题构成影响（梵文哲学家和西方分析哲学家会在“什么才是核心”这个问题上保持高度一致），梵文化就好像一个封闭的气泡。在这个气泡里确实发生过创新，但绝对不是外来传统向其施加的压力造成的结果。

在许多不同的哲学传统中，哲学家们一方面清楚地意识到哲学有一个核心，另一方面，他们也意识到有些特定的传统不会受到外部的影响；这两个方面之间可能存在着某种结构性关系。也就是说，如果某个社会只讲一种语言，所有的学者都在同一套经典文献的基础上展开研究的话，人们就更容易把该社会中的哲学和其他研究活动（尤其是自然科学）区别开来。无论是英语还是梵语语境中，哲学都会对自己的纯洁非常敏感。就这方面而言，近代早期欧洲哲学和梵文传统以及英美分析哲学截然不同，因为我们认为它主要是在不停吸纳实验传统和各

[1] 波你尼，古代梵文与法学家，大约生活于公元前四世纪。《八篇书》是他的著作，是最早的已知梵文语法。

种自然科学研究之后形成的。如果我们追溯这些自然科学研究的源头，就会发现它们来自环地中海一带，是当地人从伊斯兰研究传统中翻译过来的。“化学哲学”的发展史就能很好地说明这一点：当代学者们已经证明，化学哲学的基础是近代早期小体论（corpuscularianism）[1] 与近代哲学家们（比如罗伯特·波义耳）的一些观点；要是再往前追溯的话，波义耳等人也受到了阿拉伯文本的启发——这些文本经由伊比利亚和意大利传播到了欧洲。165 这样看来，人们可能会说，近代早期欧洲哲学和梵文哲学的区别在于对待伊斯兰文化的态度，前者对伊斯兰文化敞开怀抱，后者则将其拒之门外。

在印度哲学现代化的早期阶段，新推理方式（Navya Nyāya）传统一直是它的驱动力，并且一直延续了下来；不管是莫卧儿帝国的衰落，还是英国开始殖民统治都没有改变这一点。但在当时的人们眼中，只有地位卑贱的人才会践行这一传统，而这一传统也入不了“资金充裕的殖民地高校”的法眼。166 我们或许会问，十九世纪的印度哲学在哪里？是在庄严华贵的学院里吗？在那些大理石筑成的教学楼里，英国殖民者教授讲述着休谟或康德的思想。还是说，它存在于路边摇摇欲坠的小茅草屋里呢？在那里，正理论派的学者们继续评论着甘葛沙·乌帕迪哈雅

[1] 小体论是流行于 17 世纪的物理学理论，该理论假定所有物质都由微小颗粒组成。持这一观点的主要科学家包括皮埃尔·伽桑狄、罗伯特·波义耳和约翰·洛克。

（Gaṅges´a Upādhyāya）[1]，这一传统已有几百年的历史。英国的殖民者教授可能隐约听说过正理论派，但正理论派学者们对欧洲的哲学一无所知，他们只知道自己践行的传统在社会上没什么地位。如果无法弄清楚“谁做的才是印度哲学？”这个问题，我们就无法解答“十九世纪的印度哲学在哪里？”

印度历史上最著名（或至少是有文献记载）的一次文化交锋发生在莫卧儿帝国的鼎盛时期，远早于英国殖民时代；印度梵学家、波斯伊斯兰教徒和欧洲思想家都参与其中。在十六世纪六十年代中期，弗朗索瓦·伯尔尼——这位法国自然哲学家、医生和唯物主义者皮埃尔·伽桑狄的忠实门徒——被他在印度的穆斯林东道主达尼施曼德·汗（Danismand Khan）引荐给了一位梵学家。伯尔尼的文章没有提及这位梵学家的姓名，但据P·K·戈德（Gode）[2]考证，这位学者名为卡汶达拉查拉亚·萨拉斯瓦提（Kavindracharya Sarasvati），来自马哈施特拉（Maharashtrian），是一位手稿收藏家，为波斯穆斯林学说和梵文化传统的交流做出了重要贡献。167 伯尔尼在印度担任莫卧儿王朝统治者的宫廷御医，不过按照他本人的说法，他在业余时间也将笛卡尔和伽桑狄的作品翻译成波斯语，并且抓住每一个和他的东道主们讨论哲学问题的机会。他在波斯穆斯林

[1] 甘葛沙·乌帕迪哈雅，十三世纪印度数学家、逻辑学家。

[2]P·K·戈德（1891—1961），著名梵文与古印度土语学者。

的世界中如鱼得水，甚至能够用波斯语承担重要的翻译任务——要知道，在莫卧儿王朝统治下，波斯语是印度北方统治阶级使用的语言。此外，伯尔尼对梵文化传统十分好奇。从某种程度上讲，他身上能反映出他的穆斯林主人们对待文化的态度。

伯尔尼与这位讲梵语的梵学家的相遇极有可能是这样的：他的穆斯林东道主中有一位名叫达拉·诗空（Dara Shukoh）[1]的人，此人对“宗教对话”存在异乎寻常的浓厚兴趣，不过这种兴趣有个前提：达拉·诗空坚信，《奥义书》和《古兰经》是相通的，要是有人能正确地理解《奥义书》的话，就相当于从另一个角度揭示和确证了《古兰经》所揭示出的基本真理。伯尔尼本人对宗教的普世性不怎么感冒，他倾向把梵语知识传统视作印度民间传统的结晶，在他的描述中，后者集“荒谬的错误和迷信”于一体。168 当伯尔尼在欧洲时，他一直和反对伽桑狄观点的人唇枪舌剑。在做出这个刻薄的判断时，伯尔尼多少照搬了自己在这段争执中的立场。他失望地意识到，印度流行的传统在不经意间支持了伽桑狄的对手——比如罗伯特·弗拉德（Robert Fludd）等人的世界观。尤其是印度人认为近期发生的日食是神灵愤怒的预兆，而不是一种自然现象，本质上和“其他不会导致自然灾害的自然现象”没有区别。169 伯尔尼认为，与他

[1] 达拉·诗空，生卒年不详，第五任莫卧儿帝国皇帝沙贾汗的兄弟，曾与沙贾汗争夺王位。

对话的穆斯林更善于欣赏他严谨的自然主义哲学观点。在他笔下，伟大的莫卧儿王“虽然是个回教徒”，但他为了维护社会和谐，还是“容忍这些异教徒保留他们老掉牙的迷信观点”。[170] 显然，伯尔尼将受过良好教育的波斯穆斯林精英们当成了自己人——他们既坚持亚伯拉罕信仰，又了解广义的亚里士多德哲学传统，在很大程度上和欧洲基督徒享有同样的知识遗产。相反，信印度教的都是异教徒，因为他们的观念很消极，换句话说就是没有正当信仰。和同时代的欧洲人比起来，伯尔尼确实更了解吠陀传统，但他始终用轻蔑的词语来描述它，并坚持认为这种信仰会导致迷信。比如，他详细地描述了黑天神（god Krishna），这是他从印度人那里听说的。但他写这段话只为了记录印度人错误地解释了日食的原因：

我们（指印度人，下同）有四部吠陀经，是上帝借由梵天之手赐给我们的律法书，是庄严神圣的作品。这些书籍教导我们，有那么个有形的神（Deuta），他邪恶且作恶多端，下流且心肠歹毒（这些话全部出自他们之口）。他抓住了太阳，让它变得好像被墨泼过一样黑，这样一来，太阳就发不出光了。[171]

除此之外，我们还从伯尔尼著作的英文版里读他写给塞缪尔·尚普兰（Samuel Chapelain）[1]的一封信。这封信写于1667年，从设拉子（波斯城市）发出。在信中，伯尔尼用“瑜伽士（Jauguis，英文 Yogis）”来称呼生活在印度的一群人，他从文法角度将这个词贴切解释为“人神合一”。[172]伯尔尼怀着既厌恶又钦佩的感情描述了这些人锻炼身体的方式，他对此的描述有些像医生下诊断书：

你会看见他们中的许多人赤身裸体、没日没夜地或坐或躺在灰堆里。我也在别的地方见过他们，他们把一条胳膊（有时把两条胳膊）举过头顶，像是永远都不会放下来似的。他们的指甲长到盘曲，我量了量，比我小拇指的一半都要长。他们的胳膊又瘦又细，就像得了肺痨的人那样；因为他们保持着这个拧巴的姿势，没法摄取足够的营养——他们不能把手放下来拿东西吃（肉或是饮料都不行），因为他们的神经已经不能工作，他们的关节也已经彻底僵硬不能动：直到现在，还有年轻的新人加入其中，并把他们看作圣人，对他们毕恭毕敬。这些男人看起来似乎比地狱里的墨盖拉（Megera）[2]还吓人：他们裸露着黝黑的皮肤、一直举着骨瘦如柴的手臂，还有那弯曲的指甲。[173]

---

[1] 塞缪尔·尚普兰（1574—1635），法国探险家、地理学家、魁北克城的建立者。

[2] 希腊神话中复仇三女神之一，背长双翅，蛇发，长舌，是愤怒和复仇的化身。

伯尔尼评论道，瑜伽士们古老的修行方式让他想起“古老、臭名昭著的犬儒主义者”[174]，他这么说并非全无道理。他发现瑜伽士们对超验充满渴望，摆脱肉体桎梏的渴望驱动着他们以这种方式修行。但伯尔尼讽刺道，瑜伽士们的目标和方法都是不理智的。伯尔尼批评这种修行方法，不仅仅因为他蔑视与“异教徒”有关的一切，也与他身为伽桑狄主义者的立场有关——这一立场使他反对任何渴望超越自然界的看法。

伯尔尼接着向尚普兰讲述了他是如何了解到当地“异教徒”的信仰，还有他在德里与一位不知名的萨拉斯瓦提(Sarasvati)[1]的交谈：

虽然我对梵文一窍不通，但我还是能告诉你许多梵文书里写的东西。你可千万别惊讶！你肯定已经得知，我为之效力的这位阿迦汗（Agah）[2]把整个西印度群岛最著名的一位班智达请来为他答疑解惑——这半是出于我的恳求，半是因为他自己的好奇心。这位班智达之前是沙贾汗王的长子达拉（Dara）的门客。他来到之后，其他学富五车的班智达们也纷纷慕名前来。在过去的

[1] 又名“辩才天女”。印度教女神，主神梵天的妻子，代表着医疗、子嗣、财富、智慧、美貌和音乐。

[2] 阿迦汗是伊斯兰教什叶派伊斯玛仪派的领袖称号，历代阿迦汗都属于一个定居于印度的伊朗裔家族。阿迦汗一世（哈桑·阿里－沙阿）因逃避当时伊朗政府的迫害而来到印度，迄今为止共有四任阿迦汗。

三年中，我一直都与他们交谈。[175]

这听起来很像不同哲学传统之间进行对话的良好开端，但是从伯尔尼接下来描述他们之间互动的措辞中，我们很明显能看出他并没抱着一种开放学习的心态。相反，伯尔尼认为这位班智达的话和“传说”没什么区别：

当我厌倦了向阿迦汗解释哈维（Harvey）和裴奎（Pecquet）在解剖学上的最新发现，或疲于和他讨论伽桑狄和笛卡尔的哲学时——当然，我把这些内容都翻译成波斯语（在过去的五到六年中，这一直是我的工作）——这位班智达就成了我们的救星。我们既然来了，他就不得不跟我们讨论他的故事。他讲故事的时候非常严肃，面无笑容。不过说实在的，他的故事和拙劣推理最终让我们感到厌烦。最终，我们失去了听他讲话的耐心。[176]

抛开厌恶不谈，伯尔尼是个十分认真细致的倾听者，这让他在后来多少能准确回忆起古印度正统哲学（āstika）的六个学派。他还把佛教界定为非正统派（nāstika）的学派，“但它（指佛教）不如其他学派普及，拥护它的信徒被视作一群无神论者，遭到众人的仇恨和鄙视”。[177]

简而言之，伯尔尼表现得既认真细致又不屑一顾，充满好奇又饱含轻蔑。他做出的消极判断来自以下两个方面：一方面是他对“异教徒”的偏见，认为他们是阿迦汗（波斯穆斯林）统治下的下等人；另一方面则和他作为一名欧洲放荡主义（libertine）[1]的唯物主义哲学家的立场有关，他强烈反对迷信的做法。伯尔尼的确认识到，相比起“一些与德谟克利特和伊壁鸠鲁观点十分接近的传统”，某些印度学派背后的传统和他的观点有相似之处。但是他也发现这些学派和传统在表达上“极其含混不清，让人完全不知道该从哪里入手。”178

伯尔尼似乎认为，梵文哲学之所以有许多弱点，是因为这种哲学不具备他所理解的那种“严谨方法”。我们可以从他写给尚普兰的信中清楚地看出这一点——这次我们不看他是如何解释班智达告诉他的事情，而是看他如何叙述自己如何尽力把生平所学教给这位印度学者。他讲述了一次非同寻常（实际上很荒谬）的尝试。有一回，他活剖了几只野兽，即兴给班智达们上了一堂生理学课：

> 可以说，外邦人对解剖学一窍不通……也难怪他们在这个领域如此无知：他们绝不会切开人或动物的身体。我在阿迦汗面前剖开几只活羊，借此让他理解血液循环，并向他展示以裴奎（Pecquet）命名的血管，告诉他们乳糜（chyle）最终会顺着这

[1] 放荡主义是反对基于传统、信念、权威和信仰的哲学。放荡主义者指脱离社会和宗教的正常观念和道德束缚的人，是活跃于十七世纪的欧洲（英法两国为主）的政治和社会群体。

些血管流进右心室。这可把所有人都吓坏了。他们不是抱头鼠窜，就是被吓得浑身发抖。但他们只要找到机会，就会信誓旦旦地告诉你说，人体里共有五千条静脉，不多也不少——就像他们亲自数过一样。[179]

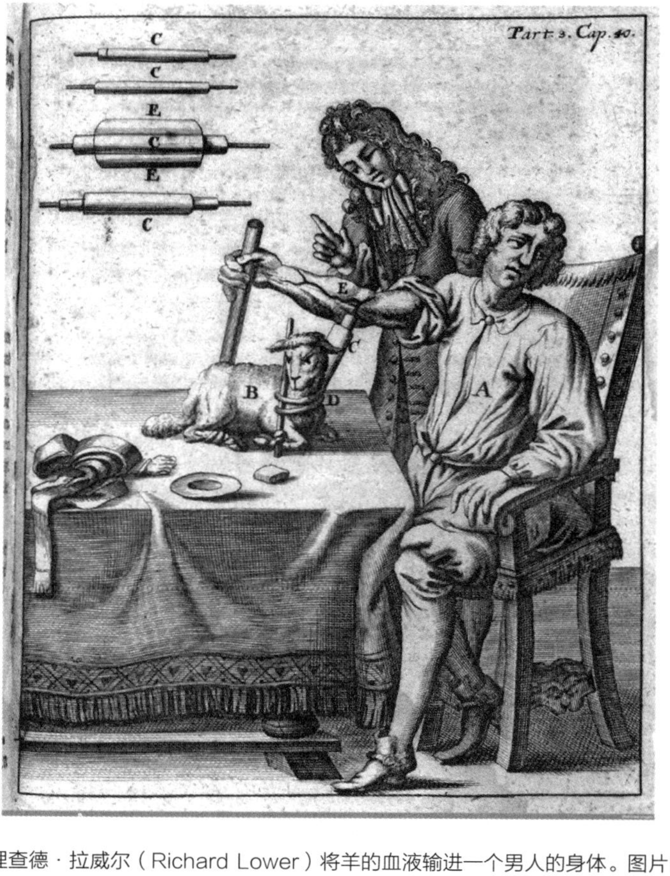

图六：理查德 · 拉威尔（Richard Lower）将羊的血液输进一个男人的身体。图片由伦敦维尔康姆图书馆提供。

伯尔尼在一名吓坏的班智达面前取出一只羊的内脏的情景，巧妙地象征了两种知识传统之间交流的困难。虽然语言障碍和根本的文化偏见在很大程度上决定了双方相互了解的局限性，但其中的困难远不止于此。除了提到的两种困难之外，在判断“什么才是正确的研究”时，伯尔尼和班智达明显有不同的标准。从某种程度上讲，伯尔尼准确地辨别出了文化和方法之间的区别：他将自己对实验和经验实证的基本承诺看作知识最重要的来源，这体现出欧洲文化的思想精神；而他观察到印度人惯于依赖传统权威，这是他们讨论问题的方法。我们在前文中读到，印度人依赖权威的做法不应当被夸大，因为一些早期的梵文化思想家鼓励他们的读者独立思考，不要受到传统观点的约束。

伯尔尼显得傲慢，目中无人，但这倒不是歧视，他在谴责欧洲老家那群“拥护蒙昧主义（obscurantism）的传统主义者”时也是这个态度。他对这次现场解剖的记录，可以说是“伽利略和神父”这个虚构故事的变种：在故事中，神父拒绝使用望远镜，不愿意亲眼看一看木星的卫星。与此同时，伯尔尼的穆斯林东道主达拉·诗空也出于一个另类的原因无法接受真正意义上的梵学：他将梵学视作尊贵的知识，欣赏其悠久的历史和深厚的传统；但他用这种方式来确证伊斯兰教的终极真理。我们可以看出，这场文化交锋中的三个主要代表人物——伯尔尼、达拉·诗空和班智达——都没能理解对方。

伯尔尼最终相信，人们可以借助实验手段加深对解剖学的理解；而一个人越了解解剖学，就越能懂得对生物体是如何运作的，也就不会相信一个非物质灵魂给出的指导原则。班智达们则认为世界充满了数不清的灵魂，它们轮回不止，可灵魂附着的肉体则生生灭灭；要想证明这种说法是真的，他们不必了解绵羊的身体内部按何种方式运作。他们的知识蕴含在传统中，在权威的推动下代代相传。生活在这一文化内部的人看来，这些知识是不证自明的；但在外人眼中，他们的知识完全不可信。人的身体里绝对没有五千条静脉——哪怕在过去的几千年里，某个地方的人们一直坚信这个观点是真的。如果大约在同一时间，这个地方的人们最终精确地知道了静脉的数量，他们也不再认为灵魂是造成个体独特性的元素、实体或原则的话，这种变化的背后一定有缘故，绝不可能出于巧合。

伯尔尼和梵学家们都有自己的一套方法，不论这种做法能不能被认定为“幸福”（eudaimonia），都能让他们乐在其中。这位法国哲学家把实证研究看得高于一切，而与他交流的印度班智达则重视记忆文本、背诵和仪式。此外，和伯尔尼比起来，班智达们更加敏锐地意识到了他们哲学的实践层面，并认为应当将实践与理论整合起来；他们也意识到，不能草率地用新做法（比如解剖学）替代传统中的实践。但在伯尔尼眼中，这种将实践和理论整合在一起的做法不过是固执和迷信罢了。印度人所说的“发自内心”的真正意义是什么？他对此毫无兴趣，并且经常批评他们做出某种“循环”论证。如果伯尔尼所指的循环只具备内部的融贯性，并不在乎用外在的标准来衡量对错的话，那这实际上就是梵学家们所使用的一种推理方式。但梵学家们并没有意识到这种方法的局限，甚至这种思维方式也没法让他们搞明白这位难以取悦的访客在做什么：在班智达们眼里，伯尔尼像是在拿一头山羊献祭；可他们弄不明白，伯尔尼献祭的目的是什么呢？

第五章

起落沉浮

哲学家群像之五：士大夫

2014 年的冬天，英语哲学学术博客圈中的一位闻人威胁说，他要起诉圈子里的另一个人（不如他有名），因为这人在网上散播传言，说这位闻人“不是一位哲学家”。[180] 被冒犯的一方认为，该评论与诽谤无异，因为它辱没了他的专业能力。这件事最终没有闹上法庭，所谓“威胁”可能实际上没有一点效力。但正是这条可能会撼动美国哲学系权威的无聊丑闻，将一个值得思考的问题摆在了我们面前：哲学到底是怎么走到今天这个地步的？在 2014 年，人们将“哲学家”只是看成一种获得批准或是认证的身份，这在更广大的哲学史范畴之内意味着什么呢？从相反的角度看，人们可以将“某人不是哲学家”的断言单纯理解为对一个“事实”的否定。在上述事件中，尽管这位遭受质疑的教授拥有哲学博士学位，但他受聘于法学院，而非哲学系——正是这个事实使他哲学家的地位备受质疑。

该教授的抗议是否意味着，每个拥有哲学学位的人都是哲学家呢？许多人都符合这个标准，但他们并没有因此认为自己就是哲学家。不过，也有很多哲学家没有博士学位，不论在历史上还是现在（比如在牛津或剑桥教书的一些学者）。但他们对自己的学术成就足够自信，对他们而言，本科学历足矣。一旦我们将考虑的范围扩大到英语世界的学术分科之外，把目光投向遥远的马德沙拉（madrasas，伊斯兰教学校）、修道院和工会大厅——在这些地方，人们会争论或捍卫各种哲学观点；一旦把范围放大，而不局限于该博主引为论据但并无多大意义的“哲学家”判定标准存在的短暂历史阶段，我们就会发现，历史上绝大多数被视作哲学家的人既没有哲学学位，也不供职于专门的哲学机构，而且他们也没在“哲学系”里进行哲学活动。

“哲学家”一词有许多含义，我们要做的就是接受一个事实：在当下，它的其中一种意义特指一门具有高度职业化体系的特定学科。甚至于说，如果有些人从“职业化”这个角度来判断哲学家的话，当他们对柏拉图、笛卡尔和其他人之所以被称为哲学家的原因了如指掌后，就会发现这些哲学史上的著名人物统统被该体系排除在外。不过，太看重哲学家的职业化身份会导致另一种危险：从某种重要的意义上讲，“哲学家”这个概念会变得空泛。考虑到人们在“哲学到底是什么”这个问题上存在着如此多的分歧——哲学是关于可能性的科学吗？是创造概念吗？是把苍蝇从玻璃瓶里赶出去吗？——我们会陷入这样一幅景象：只要一个人获得了哲学家的证书，那这人就是哲学家。在这种情况下，一个人既不必展示出特殊的能力，也不必参与任何形式的智识事业，只需亮出一纸文凭即可。相应地，如果哲学家的概念基于专业或认证，人们就无法充分意识到，没有这些凭证的人也对哲学做出了贡献。去世很久的人或许可以不受此限，在他们死后，目前的学术体系会颁给他们“哲学家”证书（如果亚里士多德或莱布尼茨突然复活，他们将会是美国哲学学会会议上最受欢迎的人）。然而，生活于遥远地域或文化的同时代人却无法享受同样的待遇。在西藏，在亚马逊雨林中，现在或许仍然有人以巧妙的方式践行哲学理念；他们身处的社会环境与美国哲学学会的与会者的区别，并不比与亚里士多德和莱布尼茨的更多。如果他们去参加巴尔的摩万豪酒店的新年或圣诞活动，递上自己的名片，主办方绝对会把他们请出会场。要想知道同伴是不是哲学家，光来趟旅行是不够的，得来趟时光旅行才行。

从“概念空泛”的这个意义上讲，用职业资格判断哲学家的观念让以下两个严肃的问题变得棘手：究竟怎样才算为了哲学的精髓而奋斗呢？为什么对哲学正确的理解是这样的，而不是其他的样子？当我们说某人不是哲学家的时候，自然是因为那个人所采取的方法和他希望达到的精神目标。这是一种基本的办法，而人们这么做的时候往往显得狭隘又刻薄。无论某人具有什么样的职业资格，我们都不应该教条地说“这人做的不是哲学”。比如说，我其实不清楚自己做的算不算哲学；假如有人觉得我不是在做哲学，我也不能肯定他是在侮辱我，更别提上升到法律层面的诽谤了。哲学定义的过剩说明了一件事情，那就是我们中没有人真的知道哲学家是什么，或一个人必须要做些什么才算哲学家。以职业资质为标杆判断哲学家身份的方式能让我们把“哲学家到底是什么”这个问题先放到一边，以便于我们把注意力集中在那些学界公认的重要的问题上。但不管哲学到底是什么，人们都会深信不疑地认为，这种搁置也是哲学的一部分。用专业资质来定义“哲学家”不是哲学的做法，人们可以把它用作一个强有力的理由，来断定某人是不是哲学家。

在过去几十年里，大多数“不是哲学家”的指控，都是“分析”与“欧陆”哲学隔着分歧的战壕向对方扫射。即便从全局角度看，这一分歧也值得一提：它一直在本书中指引我们前进。在二十世纪，这两种关于哲学本质的观点激烈争斗，关系异常紧张。简而言之，“欧陆”与“分析”传统之间的分歧常常被理解为两个不同阵营之间的鸿沟，它们都试图把哲学融入某个相关的文化活动，并对此做出了截然不同的选择。在分析哲学家的眼里，哲学要么是科学的延续，要么与科学重叠；而欧陆主义者则认为哲学和艺术与文学更相似。W.V.O. 蒯因[1]如是描述了他的哲学观：

---

[1] 蒯因（1908—2000），二十世纪最有影响力的美国分析哲学家、逻辑学家之一。

哲学不是科学的基础，而是它的延续。在我看来，科学和哲学是同舟共济的——这艘船在启航之后，我们只能在海上翻修它。科学没法从制高点俯瞰哲学，第一哲学也不存在。目前看来，所有的科学发现和猜想都很合理。因此我认为，人们可以欣然地接受这样一个事实：科学能应用到哲学领域。181

就现状来说，这个描述很令人信服。尽管人们必须要赶紧加上一条：在分歧双方阵营中，几乎所有人都认为艺术和科学都是适当的哲学研究领域，它们都源源不断地为哲学提供燃料。人们可能还要进一步地补充道，不是所有的艺术都算欧陆哲学的燃料，只有现代艺术才是——二者在实质精神和看法上保持同步。现代艺术就是要让人们不停地猜测，不断地创新，而且要与同时代其他人的创新截然不同，以此树立自身的独特性。分析哲学家则不想让人猜来猜去，他们想把事情讲清楚，把猜测终结。在二十世纪的绝大部分时间内，这种做法的主要手段是转移哲学的关注点：所谓永恒的形而上学问题是哲学传统中的关注焦点；分析哲学则把注意力转向了“句子（包括形而上学句子）是如何产生意义”的问题。

汉斯·赖欣巴哈（Hans Reichenbach）[1] 在1938年的一篇

[1] 汉斯·赖欣巴哈（1891—1953），德国哲学家，柏林小组的创始人。他是科学哲学的先驱，逻辑实证主义的支持者。

文章中精确地描述了这一方法：他的哲学运动就是把“外在事物存在的问题简化为句子意义的问题。”182

但这里最重要的不是分析哲学和欧陆哲学之间的区分，而是现代分析哲学与西方哲学悠久传统之间的区别。哲学史有几个关键事件标志着哲学家们开始意识到二者之间的并立关系——比如十九世纪九十年代弗雷格对胡塞尔的批评，海德格尔和卡尔纳普在 1921 年到 1931 年间那场著名的论战——但是，分析哲学总是企图和他们与对手共享的哲学史划清界限；这段历史既属于像海德格尔和卡尔纳普，也包括了亚里士多德和笛卡尔；同时，分析哲学也一直试着摆脱另一种生活传统。

这道分界线的另一个方面人们不常提到，但它肯定与这里的许多考虑因素有关：不论成果丰富与否，欧陆哲学一般都专注于人类文化和人类文化的多样性，而分析哲学往往不怎么关心文化研究。欧陆哲学与艺术有重合之处，并且会借鉴艺术的养分，这种情况同样存在于欧陆哲学和人类学之间的关系中。比如，列维 - 施特劳斯[1]的著作激发了后结构主义（poststructuralism）的发展；E · E · 伊凡 - 普理查（E. E. Evans- Pritchard）[2]的著作记录了苏丹阿赞德人（Azande）的魔法。183 在分析哲学

[1] 列维 - 施特劳斯（1908—2009），著名法国人类学家，他所提出的建构主义和神话学对人文学科具有深远影响。

[2]E · E · 伊凡 - 普理查（1902—1973），英国人类学家，他对东非的研究开启了西方文化重新诠释原始社会心灵的先河。

史的一个小片段上，维特根斯坦对此表现出了一些兴趣。蒯因设计的“土著喊‘gavagai’”[1]思想实验（令人惊讶的是，到现在为止，还没有人抗议这个实验是凭殖民主义想象捏造出的讽刺漫画），显然是民族志学家们在进行田野调查中切身经历（并试图解释）的问题的衍生物。但分析哲学认为，生活在截然不同文化中的人们相信什么并不重要。对分析哲学家们来说，除非土著的话可能被证明为真，否则他们没什么理由产生兴趣。所以，分析哲学家会把自然魔法或占卜简单地一股脑归结为“非理性”，但在民族志学家和许多欧陆哲学家的眼中，类似的文化实践所表达的内容是“理性的不同形式”。

分析哲学家的这种归结方法会遗漏一个事实：世界上存在的各种文化都会以某种形式实践自然魔法（natural magic）[2]。自然魔法假设，世界上存在着不同于科学认知的因果关系；因此，研究自然魔法能增进一个人对真理的了解，哪怕这种实践背后的信念是错误的。但人们往往认为这些真理超出了分析哲学的

---

[1] 这一点体现了蒯因语言哲学中的不确定原则，“gavagai”是他用来解释这个原则的例子：当一名语言学家来到一个土著部落时，一只兔子跑过，土著说了声“Gavagai”，但这并不意味这个词指的就是兔子。语言学家唯一的方法就是等下次见到兔子的时候说 gavagai，来看土著是否表示赞同。蒯因认为这种不确定性（indeterminability of reference）在原则上是不可澄清的（《语言哲学》第十二章，陈嘉映著）。

[2] 在历史上，该术语特指直接研究自然力量的神秘学，包括占星学、炼金术和被我们现在认为是自然科学的学科（比如化学和天文学，还有前身是草药学的植物学）。

范围。正如前文中提到，近几年来，被称作“实验哲学”的理论对身处不同文化中的人们所相信的东西产生了兴趣，并且不急于判断它们的真伪。但是到目前为止，实验哲学的研究者几乎照搬了实验心理学的方法，同时也完全没有参考卷帙浩繁的现存文献——这些文献出自众多人文学科领域，讨论如何诠释和比较不同的文化信仰。同样是最近几年，政治（分析）哲学家们对非理想化的政治理论领域的兴趣受到了女权主义者和批判种族理论家的影响，后者不像约翰·罗尔斯在《正义论》中所做的那样，将每个人都视作理性主体（rational agent）[1]；相反，他们会选取各种各样的人，通过不同的社会形式和物质载体来拷问他们的人性。

这些新的发展让分析哲学和欧陆哲学之间的区别变得相当复杂，但绝大多数情况下（起码在过去的一个世纪里），二者之间的关系就是这样：其中一项传统对艺术和文化感兴趣，并自视为二者的延续；而另一方则更喜欢把问题置于抽象的层面讨论，在这个层面上，唯一与它相似的人类探索活动就是科学。可为什么有的哲学传统偏向科学，而另一些偏向艺术？一直以来，人们都对解释清楚这背后的原因不感兴趣。这一回答与历史的偶然性有很大关系，不论采取哪种方式回答，最后的答案

---

[1] 在诸多学术领域（比如经济学、博弈论、人工智能等），该术语代表的行为主体是理性的，并总是能选择执行对自己有最佳结果的可行方案。

都会反映出该方法的局限性。

事实上，我们今天所谓的“欧陆”的是由法国哲学家一手塑造的。“二战”结束后，分析哲学飞速地发展了起来。从思想渊源来看，欧陆哲学的主要观点在法国知识分子对德国哲学中的特定倾向进行深入研究、批判思考时逐渐成形。欧陆哲学家在一些重要问题上的某些分歧可以追溯到胡塞尔和弗雷格，而另一些分歧产生得更早，可上溯至康德和黑格尔。纳粹垮台后，这种独特的德国知识传统也几近覆灭。直到这时，这一传统开始由法国人继承，并渐渐被法国人所主导。我们在上文中提到，欧陆哲学是和艺术与文学之间关系最为密切的哲学流派，这正是受法国人影响的结果。在这一核心特征的驱使下，欧陆哲学矢志不渝地追求发明和创造。

在二十世纪的法国，创造力的价值受到了非常僵化而稳定的教育制度牵制，哲学家们就是在这种教育制度下工作和成长的。艺术和文学先锋派的工作可以不受国家制度的约束，但哲学家的创造力常常被他们的职责掣肘——他们要把前者作品中具有颠覆性的部分转换成法兰西共和国正统的知识遗产。[184]

除此之外，法国哲学家们还把原本危险的艺术纳入选拔高级公务员的体系里，把这些带有颠覆政权色彩的艺术变成法国文化的一部分。虽然他们并不总是和这些先锋派人物扯上关系，但是这些哲学家们是国家理想文化的化身，他们可以被恰如其分地形容为“士大夫（Mandarins）”。这类哲学家并不是法国的专利，“士大夫”的称呼滥觞于中国封建时代，特指那些在科举考试中及第、迈入精英阶层的男性（见图七）。

图七：宋仁宗主持殿试（绢本设色）。图片来源：法国国家图书馆

和二十世纪的法国一样，中国封建时代的科举不把技术科目（比如数学或工程学）当作重点，而是侧重考察考生解读诗歌的能力；或者是换一种做法，让考生依此做一篇符合格律和

审美要求的诗歌，来考察他们对某个时期文化传统的审美规范掌握得如何。现如今，许多法国高中生必须参加全国哲学会考，这一考试决定了他们的高考排名。考试形式是写一篇论文，题目可能是这样的："美"是否是一个模棱两可的术语？人们是否有训练感官的必要？在2015年的考试中，学生们被要求从以下题目中任选一题作答：[185]

一件艺术品总是有意义的吗？

人们是否不必对政治的真相抱有期待？

某人的良知和意识是否只是对他/她所在社会的反映？

艺术家是否该创作人们一定会明白的作品？

是否存在尊重每个生命的道德义务？

现在的我是由自己的过去塑造而成的吗？

去年（也就是2014年），法国的铁路工人们威胁说要在全国哲学会考当天罢工，明摆着是要阻挠这场考试。《经济学人》立刻抓住了事件的要害，用嘲讽的口吻报道说，法国的三大机构——"火车、罢工和哲学"都"撞到了一起"，这可能是我们能想到最典型的一条法国新闻了。[186]这个意味深长的事实与哲学身份在法国的形成方式有关。那些成功通过了这个考试，并随之迈入创造和传播法国文化的精英行列的尖子们是书写辉煌的主力军；精英身份对他们的其中一项要求，就是能对艺术和文学的潮流侃侃而谈。相比之下，如果一个美国人能对诸如“达达主义”（Dadaism）或“荒诞玄学”（Pataphysics）[1] 这些内容如数家珍，想必这人在某种程度上是非主流文化中的一员，并且很可能与主流文化背道而驰。

国家培养精通文学和哲学、满腹经纶的精英干部，这一传统可以追溯至法国大革命——当时，哲学在很多方面都表现出了卢梭所描述的那种公民宗教（civic religion）的地位。当时讨论的哲学是理性主义和普世主义，与启蒙运动的价值观一脉相承。在二十世纪下半叶，法国思想史中出现了怀疑和反对启蒙运动的思潮，因此这种哲学反映了该思潮相反的一面。但选拔制度始终如一：它们根据考生对国家规定的文化表达方式的精通程度（特别是艺术、哲学和文学），将能代表国家文化价值观的人选拔出来。人们希望英美哲学家们具备科学素养，但该标准与这里所说的“精通”截然不同。后者指的是一个人成为这种文化形式代言人的过程，而不是像个叛逆的青少年那样钻研一些奇怪、生僻的想法。相反，他得靠死记硬背来准备国家考试；在某些情况下，某人对成为体制内精英的渴望也发挥了作用，不过这套精英的标准则是由官僚集团制定的。这个体系中的文字凝聚着法国哲学家们的心血，在向世人展示着他们的大家风范、深厚学养与鉴赏能力的同时，也体现出深厚的传统和历史悠久的制度；等这个系统的文本

[1] 法国作家艾尔弗雷德·贾里（1893—1907）杜撰的学科名，用以讽刺现代科学。

被翻译，被一个叛逆且好奇的美国少年拿到手时，它们就完全脱离了语境，并变成一种截然不同的东西。

若是像家严那样一辈子当个县丞，余多少心有不甘。余打算一鼓作气中乡试，继而进京应会试。倘若到耄耋之年才中举，与子孙同场应试，即便中了状元也没甚光彩。余暗自发誓，要在二十又五岁前中状元。这倒不是夸下海口，余始龀之年即能诵千字文，及束发，已通读四书，略知五经；至弱冠，经义均已烂熟于心。家慈为此忧心烦闷，生怕日日夜夜地背书会把身子累垮。余正值冠年，博闻强记的本事已传遍山东各州府。

就连自罗马来的天主教洋人也慕名登门造访，他们甚是激动，给本国的主教去信，将余背书的本事事无巨细地汇报了过去：他们讲，余背对着书本，却能将书中所言之事一一讲出，宛如看着念出来一样。他们讲，余的这项天才可与利玛窦的相媲美。意国把背书的法子称作“记忆术”，利玛窦就精通此道。他们拿《天主圣教四字经文》的钞本给余过目，书里记的东西叫“教理问答”。他们把好些词句换了说法，好教汉人也听得明白。不消几个时辰，余便一字不差地把这段背了出来。洋人们大大地惊诧了。他们下次再来的时候，余将此书交回去，告诉他们，余已将整本书烂熟于心。

余长于记忆，却对此不甚喜欢。有人道，死记硬背出来的都是呆子，只知说了什么，却不知说的是什么，丝毫没兴趣消化书里的内容。《天主教义》也好，《论语》也好，在这群呆子眼里都无甚差别。但凡有悟性的人都晓得，读书不在于把它一字不差地背过，跟把字刻在碑上似的。坐到考场里的时候，绝不能将这些花了一辈子力气记住的字句，毫无变通地往考卷上搬。在考场上做八股文的是你我，不是古人：不仅要顺应破题、承题、起讲等一套规矩，还得善用圣贤之言。不能一句一个子曰，显得毫无新意。

不过，熟谙此技并非易事。余熟读四书五经，对任何题目都能信手拈来。不过，余打算作答的时候不止谈四书五经，还要问：这些圣贤书从何而来？是否还有别的来源？或许不该深究这些，起码现在看来太过冒失。或许是命中注定罢，余至今未中济南府的乡试。余没去找算命先生，询问为何与举人无缘。余一直对父母心虔志诚，且慎终追远，正己守道。若落榜乃命中注定，那便无论如何也说不通。可这错得算在谁头上呢？孔孟之书中断不会解释这种事。

若是前去许愿呢？余前去文昌庙拜文曲星，虔诚许愿。也有道士劝余，向黄河中投金币便能高中榜首。余也一一照做，毫无异议。余决计不肯贿赂考官，把钱投给河鱼倒是可以。众生发愤图强，力争上游，好似抢食的鱼群，屡试屡败，屡败屡试。

科举考试的内容不过是沧海一粟，即便最为见多识广之士，于考场上也无法完全施展开拳脚。科举测的是文笔，还有品行是否端正。圣人们博学于文，教导后生应约之以礼，事君以忠；君君，臣臣，父父，子子。但也有天上星象变幻万千，地上树叶千万片不重样，算学里玄机无穷无尽。余偶尔与天主教士们讨论这些东西，他们也会向我说些“实体”（substantia）和“偶性”（accidens）之间的区别。这让余大开眼界，加深了对世间万物的理解。洋人们称呼他们的圣贤为“亚里士多德”，央求余用汉文解释书讲的这些道理。余坦白告诉他们，莫浪费时间。汉人的圣贤说的是完全不同的事情。

洋人的文人跟天朝大不相同。他们所效忠的并不是皇帝，而是一名高僧。他们并非僧人，以钻研世间万物为己任，并怡然自得。倘若要为高僧效力，他们也得考试。但这考试并不太需要动脑子，要考的东西也容易记（余在几个时辰内就背下来了）。文人们要钻研的学问来自别处，由一位圣贤所立，比他们称为“主”的还要早几个世纪。他们得掌握圣贤和他的再传弟子所教的东西，动机不是虔敬或道德（这些是归于救世主的），而是好学。他们一些学说好像还有些像佛教，特别关心真实与虚妄的区别。

余悟不透对真实和虚妄的区别，这倒没什么关系，科举左右也不会考这个。要想当个士大夫，就得照旧例，学成文武艺，货与帝王家；无须猜那虚无缥缈的东西，只需有解决实际问题的长处。当然，还得做得一手好文章。做文章也是遵循祖制，把老祖宗的思想传下来。

科举制代代相传，余自知粗鄙，不敢对此妄议。余也将借此谋个一官半职，而洋人说的那些不过是胡思乱想，旁门左道。余此生都在备考科举，并有异于常人的天赋，尽管余完全不知这天赋从何而来。那么，只能是说余时运不济罢了。可是因为余造了什么孽？余向来孝思不匮，诚心祭祖。余只笑话过家严一次，便是那次在河边向鱼掷钱。余一不小心脱口而出，说，绝不像他四十岁才中乡试。时为深夜，余独立河畔。四下无人，只有水中游鱼听得见余的声音。（余能感到鱼儿听到之后，游得更欢了）

许多人似乎认为，在培养分析与欧陆哲学家的过程中，哲学教育的典型取向造成了两种哲学之间的差别。分析哲学家们大多拥有自然科学的学位（或是他们接受过自然科学方面的教育），欧陆哲学家的学习经历则更偏重于人文学科中更为诗意或更富有表现力的分支。如果这种理解是正确的，那么由此断定，这一鸿沟反映出的是一个更普遍的问题，即著名的“两种文化之间的问题”，并且是该问题中的一个个例，不仅限于发生在哲学学科的内部。反之，如果哲学内部的这一分歧能最终弥合，我希望那绝不是因为偏科学的哲学家对偏文学的哲学家取得了决定性的胜利（用哲学圈内人的眼光看，这种胜利就是好的压倒坏的，或是一个比另一个高级），而是由于自然科学和人文科学进行了更有意义的和解——人文学科在传统意义上也是科学，“和解”意味着这一历史特性得到了充分尊重和重视。所以说，这种和解把人文学科和自然科学看作“科学”的两个分支，它们各不相同，但时时重合。

如果双方在未来有希望和解的话，人们应当密切观察二者和解的过程，并思考这样一个问题：在过去，自然和人文之间人为造成的裂痕是如何影响许多学科分支的知识体系的？最近，詹姆斯·特纳（James Turner）[1]出版了一部极为引人入胜的著作。他在书中论证道：语文学（philology）能够借助文本痕迹重建过去。这门学科古已有之，守护着包括哲学在内的现代人文学科。187 如果人们能接受特纳的观点，两种文化曾经共有的兴趣将成为它们和解的绝佳基础。人们试着让物理学家和文学理论家，或是遗传学家和伦理学家进行对话以寻求和解，但常常无功而返。但是，假如人们在一群研究哲学、古典主义、考古学和古生物学的历史学家之间寻找共同点呢？

卡尔·波普尔（Karl Popper）[2]一直将进化生物学视作一个“形而上学的研究纲领”，人们用了很长时间才发现，这一主张具有非常明显的不可证伪性。188 从那以后（甚至从那时起，公平起见嘛），人们在捍卫科学的荣誉之外，还要做大量的工作来维护对过去的研究。经过必要的修改之后，进化生物学中讨论的许多例

[1] 詹姆斯·特纳，美国学者，现执教于圣母大学。

[2] 卡尔·波普尔（1902—1994），被誉为二十世纪最伟大的哲学家之一。著名思想包括可证伪性、假设演绎法、开放社会等。

子同样适用于研究深层人类历史——诸如史前迁移模式等。福柯（Foucault）拿“知识考古学”来打比方，但这个表达漏掉了一点：考古学本身就是考古的知识，其中涵盖了挖掘、分析和解释过去物质文明的碎片。这些碎片上有的刻着文字（比如古希腊圆柱），有的则没有（比如尼安德特人墓葬群[1]）。借助复杂的建模和归纳，人们似乎有理由支持这样的观点：从物质文明的这些碎片中，某人可以构建出关于这些生活在远古时期人们的假说，包括他们的信仰和知识。虽然碎片上的文字会使这项任务变得容易很多，但研究者们仍旧面临着重重困难。将某些原始的文字符号定义为语言往往是有争议的（比如巴比伦黏土片和玛雅文明的象形符号，等等），对此人们需要给出充分的解释——这些解释起码要像说明一个村庄废墟的布局一样详细。

艾莉森·维利（Alison Wylie）对考古学的科学认识论进行了彻底阐述，这一成就至今无人可及。[189] 虽然她的努力深刻贯彻了科学的精神，但不完全符合典型的科学标准——典型的科学是由实验室里的科研人员，而不是田野调查的文物收集者确立的；早期的分析哲学家也对这些标准极为推崇。虽然考古学研究的都是不可重复的东西（和进化生物学还有大爆炸理论研究的一样），但它和其他研究历史的科学一样具有可证伪性［比

---

[1] 简称“尼人”，是生活在旧石器时代的史前人类，其遗迹于 1856 年在德国尼安德河谷被发现。

如 J・B・S・霍尔丹（Haldene）就明确表示，如果有朝一日出土了一块前寒武纪的兔子化石，他就会立马放弃自己在进化论上的立场]，它也建立在无数研究领域之上，这些领域拥有毋庸置疑的科学地位（比如对土壤成分进行化学分析）。

考古学对文本和非文本之间的差别漠不关心，它只负责把文物挖出来，并且“解读”它们，不论上面有没有写着东西。这门科学为人文学科提供了一种研究模式，对克服人文科学和自然科学之间的失和极有助益。传统意义上的考古学将人类文化看成一种特殊的自然赘生物，它们会最终沉入地底，在短暂的留存之后渐渐与自然融为一体。而所谓的后过程主义考古学则是对后现代主义的一种模仿，它的出现摧毁了考古学对科学的渴望——与后结构主义摧毁了人类学对科学的渴望如出一辙——并重构了对文本研究的渴望。从这个意义上讲，考古学不同于目前构想的历史学学科，它无法在非文本的人类过去（史前史）之外建立一个缓冲地带，让人文学者的领域和“科学家”们所研究的自然界之间保持一定距离。如果我们能摒弃“文本遗迹只是历史学的一种特殊形式”这一偏见的话，考古学就能把古文字学纳入为一个“专门处理刻在纸上或其他相似材料上的铭文”的特殊分支了。

弗朗哥・莫雷蒂（Franco Moretti）[1] 和与他志趣相投的

[1] 弗朗哥・莫雷蒂（1950—），意大利作家，马克思主义评论家，主要的思想贡献是将社会科学领域使用定量研究方法引入传统意义上的人文科学领域。

人文科学学者的研究使人们注意到了这一点。[190] 他们视野宏大，着眼长远。借助莫雷蒂的研究，人们意识到定量分析可以对文学研究进行卓有成效的修正，主要方法是将长期趋势绘制成图表。人们可以适当地将这种以定量、累积、实证为基础的方法与考古学的目标挂钩——后者以为人类文化在自然界中找到一个位置为最终目的。反之，要是哲学史也采取定量研究的话，它就会变成一门对过去留下的一种特殊物质遗迹的考古学。不过，从一些特定痕迹中把不易察觉的思想识别出来是一种能力，研究哲学史的人需要就此进行特殊的训练；不过这与研究其他类似的痕迹不会有根本的区别，并且也不会忽略塑造他们的力量中整体和环境的因素。这将是真正的考古学式的知识，按照这种方法来解决“两种文化的问题”（分析—欧陆哲学之争就是该问题的一个表现），人们仍有很长的路要走。

不过，这种做法会怎样影响我们理解哲学经典呢？显然，按现在的标准来看，一部文本值不值得被纳入哲学经典，全凭它是否比其他哲学著作更有影响力。哪怕一条评论复述总结了其他评论的观点，但它还是很渺小，我们认为它不配和原文享有同样的重要性——皮之不存，毛将焉附？但这么做一开始就有问题。其中一个问题就是，在讨论的过程中，衡量评论的重要性既不能脱离上下文，也不能独立于我们正在寻找的问题。我们还是可以弄清楚，在对某段有影响力的文本大量的衍生评论中，哪些问题是受到了文本的启发而提出的，而哪些又是可以被忽略的。从这个方面看，只要某条衍生评论能向我们揭示哲学问题的传播模式，它就是重要的。评论的衍生性不会对它不利，反而会赋予它代表性的地位。然而，哲学家们（甚至哲学史学家们）往往都不情愿去研究，要怎么才能提高衍生文本的地位。对研究生们来说，研究小人物或是某个濒临破灭传统的代表往往会得不偿失。在学科的压力下，我们不得不朝伟大的思想家们靠拢。

可当我们朝着伟大思想家靠拢的时候，我们认为"谁是伟大的哲学家"这个问题已经盖棺定论了。要是想弄明白这个问题，我们就必须逐条阅读那些以前看都不看一眼、被认定为"衍生的"和"微不足道的"所有评论。它们中的任何一条都可能包含一种新的见解，或是会颠覆某个旧问题。我们假设自己事先知道哪些是重要的、原创性的文本，而哪些又是衍生的、不值一提的。但这一预设无非是建立在盲目自信或缺乏兴趣上。经过几代人共同去伪存真的努力，我们或许会得到一些确证的信念，并且有些理由假设，有人读了我们永远不会得到的文本，并且替我们断定，我们不必自寻烦恼。但我们怎么才能知道这一点呢？引用第二次伊拉克战争[1]中一句耳熟能详的话，就是"我们甚至不知道自己不知道什么"；哲学史上和所有问题相关或

[1] 指发生在"9・11"事件之后的伊拉克战争，后文中的"unknown unknowns"则是美国前国防部长拉姆斯菲尔德在2002年2月回应记者对该场战争提问的名言。

可能相关的文本的总和，正是一个“不知何为不知”（unknown unknowns）的整体。我们不仅无法可靠地预估它的规模，而且哲学界也没有人觉得这种“普查”可能值得一做。

这种缺乏兴趣源于所谓“细读”（close reading）的正统观念，它认为处理哲学历史唯一正确途径，就是长期对某部文献进行深入研究。然而有些事情可能发生在该文献写成之时或之前，多少影响到文中的观点。依照正统的观念，这些事情应当摈弃在思考之外。纵观其他学科，尤其在文学研究中，研究者们现已达成共识：这种做法必须同时辅以“远读”（distant reading）。“远读”并非指一种心浮气躁、精力分散、囫囵吞枣的阅读方式；而是指借助计算机的辅助，同时考察海量的文本集合而非专注于单一文本。这种方法旨在找到整个语料库的模式。多亏莫雷蒂革命性的研究，我们现在能够说出十八世纪出版了多少部英文小说。我们无须假设这成千上万本的小说中每一本都具有独到的原创性或值得注意的地方，才能在它们的数量上统一意见，或是赞成“不论我们读到了什么，它们都能帮我们从根本上了解十八世纪英国小说的样貌”。这可能帮我们学到在细读重要权威文本时忽略的东西。

这样一来，哲学家们倾向于用一种“准经典”（quasi-scriptural）的方式来解读哲学文本。这种做法不一定会使思想过时或发展停滞。事实上，对圣徒传记和宗教经典进行注释的传统，往往会演变成一种带有典型哲学特征的反思形式。比如说，对《塔木德》[1]和《奥义书》的注释起初目的都相对狭隘，只是想要解释清楚经书的字面意思。评论者们从来没有在这些文本中提出过论证，也不做自我反思；在这一层面上，人们从来没有将它们看作哲学文本。虽然在最开始它们只是注释，但至少在某种程度上，它们逐渐地发展为对实在本质的哲学探究。伊斯兰神学将亚里士多德纳入其中，之后的基督教也采取了这种做法，并将其视作神学的“婢女”。以上两种情况也是从解读文本开始，别无其他的举动。尽管如此，注释者们仍然能从神启出发，创造出自己的哲学传统。按照这一思路，人们或许会认为，我们正是这样下意识地看待那些为我们提供启示的权威人物的（比如柏拉图、笛卡尔、康德……）。我们在做哲学时是站在他们的肩膀上的，这与哲学性的《塔木德》注疏十分接近。《塔木德》注疏的确是一个底蕴丰富的传统，但它和哲学史之间最大的区别在于，它承认自己建立在对原典的解读之上；哲学则不然，因为哲学的权威文本受到了神圣来源的影响或启发，哲学家们往往都不情愿去解释自己把精力放在权威的文本，而不是那些微不足道或衍生的文本上面的原因。“远读”这种做法认为所有文本都可以或多或少引起我们兴趣，它还试图说明旷世杰作和默默无闻的作品的世俗起源。但是在实践中，与“远读”的方法相比，哲学家解读经典的方式更接近于对宗教经典的注解。

[1] 犹太教第二重要的宗教文献，成文于公元前 2 世纪至公元 5 世纪，记录了犹太教的律法、条例和传统。

*

我在第三章里描述了“两个图书馆”的难题：我承认自己找不到任何站得住脚的理由把诗集从哲学书架上撤下来。这个难题绝非是由“欧陆”的哲学视角造成的——它主张哲学不仅与艺术和文学相互接近，而且它们之间高度重合，并且都把创新当作第一要务。当我得到一本十九世纪的医学教科书或植物学手册一类的书，琢磨着该把它们放在哪里的时候，这个问题便会再次冒出来。可能更为确切的表述是，“两个图书馆”的难题是由历史学研究方法造成的。和欧陆哲学一样，人们常常忽略掉这种方法是因为它“不哲学”（尽管判定二者不是哲学的原因截然不同）。非历史学家希望知道的是，笛卡尔关于灵魂本质的论证是什么？该论证是否为真？如果要回答“笛卡尔为什么会这么想”的问题，他们就会假设答案藏在笛卡尔的内部推理过程中。然而换成历史学家回答这个问题时，他们会去翻阅大量资料，并设问：笛卡尔当时在读什么？他周围的人有没有跟他说什么？这位刨根问底的历史学家会接着问，周围的这些人当时在读什么？在笛卡尔同时代的人形成这一观点的过程中，整体的背景环境产生了哪些影响？

在我眼中，笛卡尔的二元论和英国的玄学诗似乎是相关的。我意识到，我们想从诗歌中得到的，和那些非历史学家期待从笛卡尔那里得到的是完全不同的东西。至少我们没在诗歌中寻找真正的哲学主张。虽然我们所感兴趣的是一种更单调的真理——比如在某某年，笛卡尔读了某某作者的书；而该作者又受到了某某诗歌的影响，但我们认为，这种真理必须能完善且严谨地反映哲学史上主要人物的观点（那些不研究哲学史的哲学家们会用“对”和“错”来判断的那些观点）。不是那些对诗歌有特殊热爱的人才能对这种真理感兴趣。身为历史学家，我们只需要服从这些真理的指引，不论它们将把我们带往何方。这种方法也让一群哲学家把希尔勒（Searle）[1]、德里达（Derrida）和热内（Genet）[2]都放在同一个书架上。哪怕某人把这些书全放在他哲学系的办公室的书架上，他也不能就此下结论，宣称他们都是同样的哲学家，对哲学做出了相同或是类似的贡献，或是他们都对人类做出了相同或大致相当的贡献。从学术角度看，某人可能会觉得自己与希尔勒的研究很接近；但他也会认为，要想透彻地了解希尔勒，对他的对手和他对手们知识来源的了解也必不可少。

我们不妨说，希尔勒就是我们当代的笛卡尔，他用清楚明白的思想从混乱和迷惑中开辟出一条道路；德里达则是亨利·摩尔，一个机敏诙谐的现代人，醉心于一种与谜语打交道的文学传统；而热内则是斯宾塞，这名非主流作家丰富了我们对“为什么一些著名的哲学论证是这样形成的”的理解。为了大致了解一个时代

[1] 约翰·罗尔斯·希尔勒（1932—），分析哲学家，现执教于加州大学伯克利分校。
[2] 让·热内（1910—1986），法国当代著名小说家、剧作家、诗人、评论家、社会活动家。

智识生活的轮廓，哲学史学家们孜孜不倦地阅读。要想弄明白笛卡尔描述的身心关系是否为真，哪些要素不可或缺，把这个问题拿给历史学家们回答，他们可能知道答案，也可能一头雾水。但是，他们肯定不会去读笛卡尔这种人写的书。这就像一位非历史学家读笛卡尔时，一定会直截了当地不断质疑："这是真的吗？历史学家们也不会辜负这一断言：知识渊博的灵魂应当思考，不该全盘接受或拒斥他人的想法。他们虽然错误地认为这句话是亚里士多德的名言，但这并不影响它深刻的本质。不过我们也常常听到这样的说法：历史学家"不是哲学家"。在某家酒店举办的大型会议上，主办方把对哲学研究的本质持根本不同意见的人们搁在一起，大家迫于无奈地相互寒暄着。我甚至清楚地听到有人说，除了要确定笛卡尔的主张是真是假之外，不管出于什么理由读他，这种研究都违背了真理的观念。在他眼中，相对主义和语文学的敏感性之间似乎没有任何区别！

我认为自己是一名哲学史学家（我终于找到了合适的自我定位），但当我试着整理自己的哲学书架时，这个身份给了我很多苦恼。当我倾尽全力解决诸如此类的实际问题时，我感到自己与哲学代表人物的智慧形象之间存在着差距——我有这门学科的研究生学位，在很长一段时间里，我希望自己能在哲学系找到一份教职。这一身份也让我十分不屑于谈论"分析—欧陆"哲学之间的分歧——弗洛伊德可能会把分析和欧陆哲学的区别称作"微小差异的自恋"，因为这种争论太以自我为中心，没有给第三种哲学留出一点地方。如果确实存在着除“分析”和“欧陆”之外的第三种哲学，它一定会拥护一种视“对真理的兴趣高于一切”的方法，不把“判断所读文本是真是假”作为了解真相的唯一方式。此外，它还会对那些追求根本问题答案的这些感兴趣，并在一开始就拒绝制定规则，规定人们应该去哪里找这些答案的合法来源。

*

哲学的偶然（contingent）真理和必然（necessary）真理之间存在一个众所周知的区别：必然真理是对蕴含矛盾命题的否定，或是说，必然真理的真值由命题中包含的词语含义决定。比如说，“三角形有三条边”这个命题是真的，因为“三角形”是由“三”条“边”构成的。如果你碰见了一个有四条边的图形，那这个图形必然不是三角形，也绝不会是三角形的一种特殊形态。

偶然真理则是对不包含矛盾命题的否定。换句话说，偶然真理可以为假（不论它表达的是什么）。某些偶然为真的命题涉及特定的情景，比如说，“这只天鹅是白的。”反之，一类特殊的偶然真理包括那些关于“某人估计某一种类所有的实体（或现象）是如何”的经验观点。这种真理建立在归纳推理的基础之上，并且具有“在任何情况下都能够被证伪”的特征。因此，在很长一段时间里，人们一直都认为“所有天鹅都是白的”

这一命题为真；因为在对天鹅经年累月的观察中，人们看到的所有天鹅都是白色。然而直到十八世纪末，当欧洲人抵达澳大利亚（黑天鹅的故乡）时，它才被证伪。

所有天鹅属的生物都是天鹅。不过在库克船长（Captain Cook）[1] 扬帆远航之前，人们把颜色看作某个实体的独立特征，并根据某个实体的颜色决定它所属的类别。这么说，“所有的天鹅都是白色的”只是一个经验观点而非逻辑真理。当然，它也是通过分析命题组成部分的含义而证得的真理。

“所有的三角形都有三条边”是分析命题，人们也往往对“所有的鲸鱼都是海洋哺乳动物”信以为真。我们不明白人们为何把鲸鱼和三角形放在一起讨论，而不是和天鹅放在一起。要是我们发现某种鲸类能以一种罕见（甚至难以置信）的方式适应陆地环境呢？这样它们还是不是鲸鱼呢？我们暂且假设，根据定义，“所有的鲸鱼都是海洋哺乳动物”为真；但这种说法也可能是由我们经验知识不完善的现状所造成的偏见。在十七世纪，人们就是根据定义认为“所有的天鹅都是白色的”。

在所有天鹅都是白色的十七世纪（至少在欧洲是这样），勒内·笛卡尔认为，存在之于上帝就像三条边之于三角形。换言之，他认为人们可以有“三角形有四条边”的想法，但是不

[1] 詹姆斯·库克（1728—1779），他带领的船队是首批登陆澳洲东岸和夏威夷群岛的欧洲人，也创下了欧洲船只首次环绕新西兰航行的记录。

能有“上帝不存在”的想法。如果你认为，“这个‘上帝’是个非常有趣的概念，但我仍然在思考：他是否存在？”按笛卡尔的观点，你不只在思考关于上帝的概念上，你的行为印证了“‘你’思故‘你’在”。

但假如“上帝存在”这个命题比起“三角形有三条边”来，更像是“天鹅是白的”呢？如果笛卡尔只是还没遇到过一个根本不存在的上帝呢？这两个问题比接下来的例子更有说服力：我们注意到，除了“上帝存在”和“三角形有三条边”这两个因定义为真的例子之外，笛卡尔青睐的另一个观点是“山峰与山谷”——笛卡尔认为，根据定义，“山峰”的概念必然不会独立于“山谷”的概念存在。

人们通常把山谷定义为“长大于宽的凹陷”，凹陷指低于周围区域的任何地形。因此不难看出，山谷是山脉的一部分（比如阿尔卑斯山）。但也有所谓的孤峰：比如四周都是平原的乞力马扎罗山；还有泰德峰[1]，一座完全被水包围的岛屿山。这些山峰周围的表面低于山顶，但不论相对于地表还是海平面，它们都算不上是“凹陷”，所以谈不上是“宽大于长的凹陷”。

直到1846年,德国传教士约翰·路德维希·克拉普夫(Johann Ludwig Krapf）才抵达了东非内陆这座被积雪覆盖的山脉（他

[1] 位于西班牙加纳利群岛的特里费岛，是大西洋岛屿的最高峰，也是世界上第三大火山。

还提到离它有200多里的另一座高峰，肯尼亚山）。十六年之后，E·G·拉文斯坦（E. G. Ravenstein）[1]写道，“只有在我们假设传教士们有预谋地造假的情况下，才能怀疑这份不可思议的报告的真实性。”他写了一篇题为“东非地理详解”的文章，为克拉普夫的著作《东非十八年——我的旅行、研究与传教》191（*Travels, Researches, and Missionary Labours, during an Eighteen Years' Residence in Eastern Africa*）的英译本作序。拉文斯坦反驳了近期出现的一些观点，并认为这两座非洲山峰所处的位置很像托勒密描述的月亮山（Montes Lunae）。某些探险家推断，月亮山一定是环绕坦葛尼喀湖[2]周围，将现在的坦桑尼亚与刚果共和国分开的新月形山链。拉文斯坦认为，托勒密对白尼罗河最终汇入非洲大湖区[3]一无所知，所以希腊地理学家所说的月亮山就是这两座屹立在高原上的孤峰——乞力马扎罗山和肯尼亚山。

克拉普夫本人曾经抱怨过一位库列先生（Cooley）——他在1852年出版了一本名为《揭秘中非》的书，书中记载了土著对当地一座雪峰的描述，但他并没有就此深究下去，使这一信息

[1] 恩斯特·乔治·拉文斯坦因（1834-1913），德国制图师、地理历史研究者。他最大的学术贡献是建立了人类迁移理论，该理论仍是现代移民理论的基础。此外，他还估计了当时的世界人口和2072年可能由地球资源维持的最大世界人口。

[2] 位于非洲中部，世界第六大湖，由布隆迪、刚果民主共和国、坦桑尼亚和赞比亚四个国家共同拥有。

[3] 指东非大裂谷中和裂谷周围一系列湖泊的总称。

更为可信。当地人告诉库列，“在穹状的山顶上能看见一些白色的东西”，并且“把（从山上流下来的）银色东西放进瓶子里，发现那不过是水。”库列认为这个细节非常古怪，但克拉普夫则指责这位探险家同行，因为库列采用了一种无效的归纳方法，使得他未能认识到某个看上去古怪的细节实则非常值得一提：“如果库列先生习惯更谨慎地权衡和筛选证据的话，那么他对一确凿事实的描述就会大为不同。所谓证据，就是由许多细微和无关紧要的细节积累起来的。这些细节越多，证据就越强。”[192]值得一提的是，克拉普夫回应的正是第一章中讨论的某些主题：两个世纪前英国皇家学会对传闻真实性的辩论。

在克拉普夫这位德国传教士的旅程过去几十年后，为他做传的美国作家，保尔·克雷茨曼（Paul Kretzmann）依旧对乞力马扎罗山的存在感到惊讶：“这实在太神奇了”，他写道，“在非洲，在赤道附近，居然有这样一座山脉：它的山脚长满了棕榈树，被热带丛林所覆盖，而山顶上则是终年不化的皑皑白雪。”[193]克雷茨曼引用了诗人贝亚德·泰勒（Bayard Taylor）在1855年为乞力马扎罗山所创作的一首诗。这首动人的诗歌着重描写了这座山的“孤”（如果它附近有别的山峰的话，就可以形成山谷了）：

向你致敬！非洲众山之王！
你是那样遥不可及，沉默，孑然一身，

身处热带酷暑的心脏，

却离天堂最近，头顶冰雪。[194]

乞力马扎罗山让欧洲人琢磨不透，也打乱了他们既有的设想——它神奇且反自然；它与众不同，宛如月亮；它周围没有山谷环绕。在克雷茨曼描述完东非的地理学之后，他立刻提醒我们，这里居住着一群对上帝完全没概念的人：

非洲绝大多数地方的原始宗教要么是异教，要么是拜物教。这种宗教阴暗可怕得让人难以置信。它信仰许多邪灵，那些非洲土著（异教徒）们认为邪灵无处不在，并一直伺机伤害他们，要置他们于死地。土著们认为，邪灵可以附在任何一个物体上，不管这个物体是否拥有生命。[195]

存在之于上帝，就像山谷之于山峰。显然，非洲是个例外。

克拉普夫和克雷茨曼比笛卡尔晚了两个世纪，我们不能指望后者从托勒密的一些暗示中推断出乞力马扎罗山的存在（如果确实有这些暗示的话）。但早在十四世纪之前，人类就已经深入地探索了加纳利群岛。在给出“山峰”的定义之前，笛卡尔完全能读到一些对泰德峰的描写。

人们经常注意到，笛卡尔一直都对游记、文化多样性一直都不怎么感兴趣。他对许多涉及地方差异性的知识也不甚关心——然而正是这些地方差异，把人们将世界塑造成一个理性有序整体的尝试变得复杂。和地理学比起来，笛卡尔更看重地测学。他对美洲的发现几乎只字未提。综上所述，他与其他哲学家截然不同——比如培根或莱布尼茨。在后者看来，航海活动的兴盛直接导致了现代哲学的诞生。为了尽可能多地收集关于世界的特定事实（“天鹅是白色的”“所以这一只也是白色的”……）他们不再将观念视作哲学的重点。相反，笛卡尔希望将哲学解释完全诉诸观念。这么做的优点就是避免把哲学弄得复杂——当文化水平不高的水手回到岸上，带着一本脏兮兮的笔记本时，本子上记着的东西不会对哲学造成影响。

我们或许不该把笛卡尔选择的“山峰和山谷”高估为定义真理。或许他对“山谷”的理解异于常人，只要在山旁边的地区都能算是山谷。但当我们把这个例子放到笛卡尔真正感兴趣的话题——上帝存在上时，它的重要性立马就凸显出来。笛卡尔绝不会想到要去调查整个地球，更别说那些被克雷茨曼后来贬低为“落后的万物有灵论者”的人了。他对研究这些人毫无兴趣，也不想借此发现是否每个人都接受上帝存在的观念。不过，要是笛卡尔在地理常识上犯的错误反映出了他神学方法上的弱点呢？

欧洲分类学几乎是顺理成章地把黑天鹅纳入其中——哪怕许多普遍的自然规律在澳大利亚失效（就像在非洲那样）；哪怕有袋类（marsupial）动物和单孔目（monotreme）动物的发现会让欧洲为之震动。相比之下，把黑天鹅纳入天鹅属只需稍作修改。

这是因为在 1790 年，约翰 · 拉瑟姆（John Latham）对黑天鹅给出了第一个自然—历史描述：天鹅属这一术语不建立在羽毛的颜色之上。笛卡尔也可以用类似的方法定义山峰：在他目前所有的经历中，山峰一直伴随着山谷出现，但它的存在不必然地依赖于山谷。但笛卡尔没这么做。相反，他依照定义将山谷视作与山峰有关的事物，并致力于维持这一定义上的不可分割性——他用这个例子来阐明自己对上帝存在的本体论证明的理解。

笛卡尔用定义而不是调查的方法进行论证，使“山峰”的例子推翻了他的观点。同理，这也可能推翻他论证上帝的观点。或许比起先验论证，如果存在这样一种调查，它研究了所有人类文明中对存在和经验终极基础的解释，甚至包括那些为树木或石头赋予力量的解释，它就能为哲学做出更多贡献：这是一种所谓培根式的追求先验真理的方法，它渴望更好地理解信仰的本质；它建议研究者们走出书房，研究人们可能会采取的所有立场——相信、怀疑、无知、漠不关心……等等。信仰也是单一事物，人们可以像到野外搜集是花或蝴蝶那样，在户外搜集信仰。这似乎就是一些早期现代哲学家们（尤其是培根和莱布尼茨）对“寻找真相”的理解，而其他人（特别是笛卡尔）则漏掉了这一点。这一分歧在哲学的两个概念（或是在哲学和现在被称作“科学”的领域）之间造成的分裂，远比分析—欧陆哲学之间的分裂更为深刻。

第六章

金钱和爱

哲学家群像之六：弄臣

我们已经看到，哲学不完全是对普遍真理（与个别事物相对应）的沉思；也不一定是诉诸笔端的论证阐述，因为实际上很多哲学家自己都没写过任何东西——包括哲学传统的奠基人之一，广受尊敬的苏格拉底。同样，哲学也不一定是以系统、严密或是演绎形式阐述的思想，因为在哲学史上，有很多重要的著作都是将隐喻性的诗歌、神话和格言警句作为表达的媒介。它也不必是一门“从自己中走出”，追求实现“本然的观点”[1]（view from nowhere）的学科。因为许多重要的思想家和哲学传统，从蒙田到二十世纪的现象学，都强调第一人称视角的重要性。我们还要补充一条，哲学不将拒绝金钱视作自由探究

[1]“本然的观点”出自内格尔的同名著作，处理的是主观性与客观性在解释世界时的局限性问题。简单来说，“本然”针对的是人的客观性在解释世界时存在局限，即要求客观性与主观性（不可还原）的协调。

的障碍；或是因辩论技巧能带来报酬，将报酬视作腐蚀的力量。现在，几乎每个哲学家都希望通过哲学活动获取金钱报酬；当然，这样的人在历史上也有很多。

*

我的职业生涯在2012年遇到了“瓶颈”。为了改变，我接受了一所法国大学的教职。怎么说呢，这一决定倒不能用经济原因来衡量。这份新工作提升了我的声望，却让我每月的收入缩了水——巴黎可是世界上生活成本最高的几个城市之一。这可真让人发愁，情况甚至比我预想得更困难。然而我不会轻易气馁：我决定充分发挥创意，为有兴趣的客人提供一对一的哲学谈话，这样我就能利用哲学自由职业者这个身份赚些外快。我把目标锁定在那些讲英语、幻想自己可以成为萨特或波伏娃的游客身上，他们往往对街边的咖啡馆里上演的故事有着浪漫的想象。他们渴望体验不同寻常的异国情调，而我的气质和哲学训练恰好能帮他们实现这一愿望。就这样，我用哲学兼职做起了小副业，每小时收60欧元。我发现了一片新大陆！当然，我还精心设计了一份传单：

抛开一切烦恼，乐享巴黎之旅！

在历史悠久的沿街咖啡店体验巴黎风情，享受与驻法哲学家随心所欲的哲学交流。

汇集古希腊雄辩术，存在主义沉思，时下的谈话疗法以及互动表演艺术。这是一部即时小说，也是一种介入哲学观点的古老方式。

您只需给哲学家买杯意式浓缩咖啡，准备好探索意义、真理、上帝、死亡、命运以及悖论。

两小时60欧元起价（一对一）。

我意识到，这份传单得出现在说英语的游客多的地方。我特地为它在 Facebook 上注册了活动页面。我甚至还在《伦敦书评》杂志上打了广告，带些调侃意味地让他们刊登在“心理治疗”一栏。可话说回来，这有何值得调侃的呢？波依提乌、西塞罗和塞涅卡都认为哲学是灵魂的良药。那我为何不开一个流动诊所呢？有很长一段时间，我都觉得自己得偷偷摸摸地做这件事。但后来我意识到，不管做什么生意都得招徕客人，我就再也不这么想了。

在这份工作的起步阶段，一些事情给了我很大的冲击：从哲学角度看，这些谈话起码和本科的哲学导论课一样有趣。实际上，这些对话常常比哲学课有趣得多。来找我的人往往思想成熟，富有好奇心，对即将参与的谈话中意想不到的观点和论辩已经有了心理准备（说来奇怪，澳大利亚人占了我客户的大多数）。这是一种在社会上、学院里都难得一见的哲学交流形式，在这个开放的环境中，我们双方都不清楚规则是什么。与在大学中的哲学讨论相比，这种开放性让人们在讨论中更加天马行空，对方的见解常常出乎我的意料。

当然，不管是在高校，还是巴黎咖啡馆，无一例外都和钱有关。二者之间的根本区别在于，前者作为中间机构，让哲学学者的工作和酬劳保持了一定的距离。由此我们生出了“不为钱而做哲学”的幻觉。但我从未见过哪个拿了终身教职的教授愿意做免费劳力。从这个意义上讲，在哲学行当里的所有人，都是智术师。

但是，大家几乎都一边倒地认为：“史密斯的事业触底了”，他们觉得，“曾经的我们都有远大的抱负，但看看他现在吧：为了钱到处吆喝而不是去做哲学。这太令人遗憾了。”正如“蒙田喜欢的酱汁口味[1]”一样，这个论断或许重要，不仅仅因为它是个人传记的一部分。它或许正中哲学的关键：在过去几千年中，人们一直都是这么理解它的。人们常常将哲学设想成一门对金钱不屑一顾的智性学科，它至少得装得视金钱如粪土。

这种对金钱的鄙视构成了原初西方哲学神话中的核心部分，柏拉图在解释对他的导师苏格拉底的审判和处决时，就已经说明了这一点。苏格拉底被雅典法庭错误指控，根本原因有二：一是因为他传授学说，其次是他从教学中获取报酬。对我们的

[1] 在第三章中可以找到作者对此的解释。

故事来说，否定第一个指控也非常重要，但我们会稍后详谈。至于第二个罪名，苏格拉底提出了抗议，说它缺乏依据。他并不是教师，也没理由收任何人的钱。“不过”，他补充道，“如果一个人有教书的能力，我会尊敬他：因为人们乐于付他学费。”苏格拉底特地提到了一位名叫厄文努斯（Evenus）的老师，并说他钦佩任何一个“有这项本事的人，他们传道解惑并且收费合理。如果我和他是一类人，那我会为此感到相当骄傲并且自负。但实际上，我对这种技能一窍不通。”[196]

我也不清楚自己是否有这种可以拿来兜售的智慧。但我确信自己知道别人所不了解的事物，并且懂得跟他们解释这些东西的办法，比他们去搜维基百科有效得多。但这些是知识而非智慧，准确说，智慧才是人们花钱进行私人哲学谈话所期望的东西。这么说来，贩卖哲学并不像收钱教拉丁语动词变格一样。前者更像某种计谋或骗术。如果你跟随一位拉丁语教授学习，你付了钱就能学到想学的东西。可如果你付钱给我，希望从我这里学到关于哲学的智慧，但我能给你的所有东西都是哲学史学家们的观点——你可能会觉得自己上了大当。

请注意，骗钱不是件容易事。毕竟我是一名训练有素的哲学家，并且我始终坚信，哲学这个行当鄙视发不义之财的做法。但我们的职业选择并不能免除俗世生活的负担，如果被形势所迫，哲学家们也会和其他人一样，投身于竞争激烈的生活。要想这么做的话，摆在他们面前的只有两条路：他们可以模仿泰勒斯（Thales）——他发现了橄榄榨油法，单纯为了证明自己的商业头脑而去大赚了一笔；或者他们也可以学智术师们，四处兜售自己的技巧。现在，“榨橄榄油”等于去华尔街或硅谷一试身手。我没有闯荡商业世界的本事，所以，我决心走智术师的路子。

人们看不上我搞的“哲学谈话”，或许并不出于尊重哲学的纯粹性，而更多地是对学术体制狭隘的崇拜。在过去很长一段时间内，某些特定机构似乎是哲学活动唯一合法的场所。但现在这种看法正面临严重的危机；如果它们的衰落不是必然，那也一定处于从根本上进行变革的困境中。这样一来，我们就能理解大学推出公开课的做法，也能理解那些不收费的讲师。和有教职的哲学家们相比，后者更符合智术师的身份。

每当回想起去年的二月一日，我还是会激动得微微颤抖。那天，我正沿着结冰的人行道向总书记的公寓跑去。事情来得太突然，让我有些难以置信。几个月以前，我还是个籍籍无名的小人物——我只写过一篇文章，讨论克洛普[1]博士论文中与惯性有关

[1] 此故事为作者杜撰，因此文中的人名与哲学主义均属虚构。故事的背景发生在共产主义时期的波兰，因为后文中出现的“总书记（GenSek，波兰语）”“绿领巾”和“红豆杉头冠”都是波兰处在共产主义时期的特色。

的思想。但瞧瞧我现在，我可是本国研究克洛普—诺金主义最有名的专家！总书记钦点我当他的哲学老师，这是多么光荣的革命任务啊！前不久，在安全局会议上，联合C省的大使没按套路出牌，突然向总书记提问，问他伊壁鸠鲁对克洛普的思想有何启发？总书记没答上来，这可着实让他下不来台。事后，总书记身边的委员们一致决定，帮他突击补习克洛普—诺金主义哲学。这么做跟建设国家和革命似乎没什么关系，但我能说什么呢？

你得明白，总书记本人是一名克洛普—诺金主义者的优秀代表，他只是对读书不怎么在行罢了。在别人都忙着准备考试的时候，他把全部精力都放在了发动革命上。他在监狱里第一次接触到了克洛普，并为这一理论激动万分；他之所以入狱，是因为在饿得走投无路时偷了一只鸡。他永远没有机会进入哲学系的藏书室，在那里阅读克洛普全集的精装本。这样的机会是为我，还有我所在阶级的其他人所保留的奢侈品。总书记是从贫困和生活中接触到这位思想家的，那时，他正呼吸着狱中阴湿的空气。但现在这是他的天下，该轮到我将自己的生平所学教给他，好换得顺遂的生活。

我们在第一节课讨论了伊壁鸠鲁和原子：这不是科学家们用来制造毁灭性武器的那种原子，而是一种假设的抽象概念。为了让总书记避开逻辑陷阱，我告诉他：有些人或许会错误地认为，“无形的概念可以构成有形的事物。”总书记打断我，说，压根就没有以概念形式存在的东西，所以没必要讨论这个。总书记在说话时，并没有装出一副博古通今的样子；相反，他特地夸张了自己的南方口音。尽管我担心他完全没有理解我们这节课的精髓，也不禁觉得他这样非常有亲和力。接下来我得调整教学方式，必须要让课程的内容更贴近总书记的生活，还有他关心的事情。

接下来的一个星期，我们又见了一次面。我带他回顾了克洛普的《1857年宣言》，并请他背下克洛普主义独树一帜的基本原则：包含生命和变化原则的身体是现实的基础；自我不依赖于记忆存在，因此身体始终在变化，但每个自我都是永恒的；等等。克洛普主义共有四个准则，又被称为“四核心”。在我们小学毕业的时候，每个人都应把它熟记于心。哪个十岁的小孩子没幻想过，要成为那个在本地党员开会之前背诵“四核心”的幸运儿呢？绿领巾高高地飘扬在他胸前，这个机会能让他展示自己是多么伶俐。如果再走运些，这个孩子会被盛装而来的叶卡捷琳娜夫人授予一顶红豆杉头冠。总书记从来没上过小学，假如他曾经上过，那也是革命之前的事了。他能听到的也只是这类迂腐的教条：比如“灵魂是有限的”，“在我们平凡的一生中偶然发生的事情是如何重要”，再比如“身体和心灵都不是一切实在的基础，基础是水和光线的种种组合变换”。这些观点是多么反动！

等我们再见面的时候，他的自满之情溢于言表。他告诉我，他已经精通了“四核心”。“瞧瞧”，他俏皮的语气一反常态：“学习永远不嫌晚。”他把这四条背了几遍，然后宣布，今天的课到此为止。我本来打算讲点新东西——切斯特维尔的惯性三定律。但那又怎样？总书记说了算。他开始问起我小时候的事情，我一五一十地告诉了他。我的政治档案完全清白，也没什么无法启齿的个人经历。我跟他讲了自己的法国保姆，还有母亲送我去罗西的寄宿学校[1]后，我是如何不守纪律的。我向他解释，也正是因为在那个古板的环境中的不良行为，帮我说服了M大学的录取委员会。尽管我是个资产阶级出身的书呆子，但我深受革命精神的感染。总书记若有所思地沉默着，所以我继续滔滔不绝下去。我讲了自己如何最终在G大（一所地方院校）拿到了哲学学位——该校地处Y峰的东边，冰雪终年不化。我还告诉他，拉伯雷的作品是我的“哲学初恋”，我倾心于他作品中对自由和无节制不加掩饰的赞许。但在跟随著名院士科尔夫学习音韵之后，我的思想就迅速地成熟了起来。总书记从来没听说过科尔夫院士。“今天就到这儿吧。”他对我说。

在见到总书记之前，我格外精心地备了课：我打算讲诺格厄恩写于1907年的那篇“谷物交易所的来信”。但总书记又有了新的想法：“我要做一次关于哲学的演讲”，他宣布道，“而且是大型演讲。有投影仪，用最好的磁带录音。我打算讲四核心、惯性和原子。研究学会里的所有成员都会出席，特别是那个科尔夫。”我告诉他，科尔夫几年前就已经过世了。“那随便找个谁替他，”总书

---

[1] 地处瑞士，以收费昂贵而闻名。

记接着说，“这样让所有人知道，哲学是我们克洛普—诺金主义社会建设的优先事项。人们肯定会为这事鼓掌的！”

在外人看来，我们的课程还在“正式”地继续着。我每周都去总书记的公寓，向他教授哲学。但绝大多数时候，我都端着一杯浓茶默默地喝，看着总书记领袖气概十足地在房间里踱来踱去，听他给我上课：要么是讲革命中的轶事，要么是讲下一个五年计划中如何使工业发展起来。他的思维跳脱，但再怎么绕，都能兜回到原子、切斯特维尔的三大定律还有克洛普的四原则上去。一个阴沉沉的下午，我坐在总书记最喜欢的一张沙发椅里，拿奶油蘸馅饼吃；总书记还是一如既往地在房间里踱来踱去。他突然问道：“我干掉了格洛格，你知道不？”

“您‘干掉’了他？”我吓得声音都变细了，什么叫“干掉”？

“就是让他消失！我把构成这个叛国奸佞的原子给拆散了。”

我在心里告诫自己，我没什么可抱怨的，起码我还活着。

他有时确实让我惊讶。就在上周，他破解了一个关于自己智勇双全的传说。他没有和同志们在T***之外炸毁过铁轨或其他什么东西。他讲这个是为了告诉我，他打算在演讲结束时宣布设立一项“哲学奖”，每年由总书记亲自颁发奖牌，以纪念克洛普—诺金主义者们对祖国哲学伟大的革命性的贡献。“你猜谁将有幸成为第一任获奖者？”总书记略带神秘地问。对，你没猜错（就是我）。

要想不把这个演讲弄砸，要准备的东西还有许多。有一件事一直让我放心不下：观众们得知道什么时候要喝彩，而更重要的是，什么时候要停止鼓掌。如果院士们没有及时“识别”出总书记刚刚做了个多么富含洞见的对哲学的观察，尤其是这一观察是从我教授的课上得来的话，我可就倒了大霉。如果能和总书记提前排练一下颁奖的话，我会万分乐意。然而现在，他正在专心致志地给我讲使用自动化剪羊毛机的好处。

我衔着一块方糖，喝一口红茶，让茶水浸过糖块。我真得想办法让他理解我的处境，我的命可比什么哲学奖牌来得重要。万一演讲出了什么岔子，我可就惨了。我咬碎了嘴里的糖，又拿起另一颗来。

事情可能会变得越来越糟，但我现在还算安全：蛇怪（外面街上的人是这么称呼总书记的）正喂我一块块的方糖吃。“哲学家全是蠢驴”，这是很久以前出现在我逻辑课本上的命题。但我能做什么呢？我无法控制的事情太多了。

差不多在两个世纪之前（从康德开始），在哲学的内部演化以及现代大学这一复杂的社会与制度进程，哲学不断走向专业化。现如今，没人会说一名哲学家（或一名准哲学家）热衷于谈论暴风雪和风暴，或吐根糖浆的药用价值是她的研究成果，因为这没有意义。我们对哲学家社会身份的理解还有许多不足，大多数观念来自遥远历史中的典型：他们中的大多数都生活在教堂或寺庙中。在那里，哲学家得以与世俗社会保持安全的距离：他们要么扮演着牧师或僧侣的角色，作为沟通神与世人的中间人；要么与世隔绝，终身思考神圣的命题。但这些也是哲学悠久传统的一部分。我们应该明白，这一漫长的历史不断对哲学进行自我定义的努力产生影响。

身处社会和制度剧烈变迁时，哲学从历史角度进行自我理解的努力就显得格外迫切，这也是当今大学体系面临的挑战。不管我们接受与否，哲学在未来可能会在大学之外发展，就像它的过去一样。约翰·马克斯维尔·库切[1]（J·M·Coetzee）将当今人文学科教授的处境与那些生活在波兰社会主义政权下的一个持反对意见的学者进行了比较。当局不允许他们教授真正的哲学，因为在官方看来，教真正的哲学就是“在教授的客厅里，在答疑时间之外，在学校之外搞哲学的讨论课”。库切认为，即便如此，“哲学研究仍然保持着勃勃生机。同理，当世界上的大学普遍衰败的时候，或许我们需要做相同的事情，使人文研究得以延续。”197 不同于波兰的共产主义政权，当今世界发生的变化是全球性的，人们也很难想象这些变化被逆转的任何可能。

具有讽刺意味的是，大学在自我毁灭（或至少希望除掉它

[1] 约翰·马克斯维尔·库切，2003 年诺贝尔文学奖得主，南非当代著名小说家，现为澳大利亚公民，执教于阿德莱德大学文学院。

们的人文精神核心）的其中一项机制，就是迫使哲学家按照自然科学的模式来建构研究概念：这一手段强迫哲学家们申请大笔研究经费，比如，要使用明确的“方法论”（这就不能光靠读书和思考）来导向具体研究的“结果”（也不能仅仅出于兴趣去观察世界和我们在其中的位置）。但管理大学的官员和教授们忙着相互误解，他们都没注意到，现在被称为“科学”的学科，和相当长的一段时间里被称为“哲学”的学科，二者的身份认同之间有很深的历史渊源。这倒不是说哲学家们在面对科学的时候必须保持独立性，因为简单的历史事实告诉我们，这种独立性最近才出现，既没有被确证，也不一定能发挥作用。科学也一样，曾经驱使它的是求知欲，而非科研经费。如果我们希望哲学家削足适履，用科学来证成哲学，这种设想的一个潜在的深层问题是，科学术语本身充分阐明“当下科学的任务，过去科学错失的道路，以及未来科学可能重蹈的覆辙”。但为了弄清这一点，我们需要再一次地重构自然哲学的历史；还要分析那些生活在不同时代和环境下的人们所寻求的自我概念；我们也需要和诗人詹姆士·梅瑞尔（Jamcs Merrill）[1]对话，劈开通过自然之路的荆棘。我们不能拉起一道警戒线，把自然哲学和基于某个时代（现在已经不合时宜了）所界定的哲学隔开。

在库切看来，波兰持不同政见者们的客厅哲学是高尚的，

[1] 美国诗人，1977 年普利策诗歌奖得主。

并且值得效仿。原因很可能是，客厅哲学是免费的，就像苏格拉底在很早以前所做的那样。但需要重申的是，这只是界定哲学贡献的其中一个概念，也不是哲学史上最突出的一个。

一直以来，哲学家扮演了形形色色的社会角色，对他们的工作也有许多不同的描述。作为局外人时，他们有的勇敢，有的愚蠢；面对权威时，有些人是勇敢的谏臣，有些则是卑躬屈膝的奴才。比如西塞罗为权威效力，但他忠于自己的是非观，并对自己的哲学承诺坦诚——就像犬儒学派的第欧根尼所做的那样。我们（起码是我们中不愿意靠翻垃圾堆为生，生活与狗无异的人）都需要钱，但我们大多数人仍希望把赚钱与出卖良心划清界限。对现今的职业哲学家而言，他们面临着出卖自己道德观念的危险，为了在不断腐化的大学环境中保全一席教职而修改自己的哲学信条。例如，他们没准会同意教授商业伦理课，在这些课上，他们给全球资本的操纵者欺诈穷人、污染环境的行为开定心丸。他们不再做哲学要求我们做的事情：简单来说，就是质疑一切，包括我们每个人为自己设想的使命。

从表面上看，这个角色与溜须拍马、哄独裁者欢心的弄臣有所不同。但从道德的角度看，两者之间并无区别。在两种情况下，我们或许能抱有这样的希望：这种质疑一切，不刻意讨好谁的地下哲学会不断发扬壮大。当正规体制重新准备好接纳哲学无限的馈赠时，它将会重新破土而出。

结　语

大家或许多少注意到，像许多伟大的哲学著作一样，本书以困惑告终（这倒不是说它多么了不起）：我们既没有办法判断哲学到底是什么，也很难界定作为哲学施事格的哲学家们必须要做些什么。虽然我们一无所获，但这并不会让我们怀疑自己的方法。我们研究了历史上以哲学为名的活动，还有借其他名义（但与哲学存在重要的相似性）进行的活动。从中我们发现，这些活动之间的差异性远多于相似之处；因此我们无法得到一个统一、通用的哲学概念，使它能适用于不同的时代和地区。简言之，借助这种后验（posteriori）和比较的方法，我们得到了一个明确的结论：人们讨论哲学的方式不胜枚举。

在不同的年代和地区，人们总会根据某些标准或道理把某些人封为哲学家。我们发现，思考“哲学家”这个集合名词（它代表了所有不同种类的哲学家），比写一份“哲学家指南”（为了成为一名哲学家，人们应该怎么做？）更有效。这种方法与“制度化理论（institutional theory）”的理念非常接近。乔治·迪基（George Dickie）将有关艺术品的“艺术制度理论（institutional theory of art）”定义为：只有在博物馆、画廊等机构中被传递的展品才能被称作“艺术品”。[198] 同理可知，如果人们认定某人是一名哲学家，那么这人就是一名哲学家。

但这是我们所能证明的全部吗？读者们可能会注意到，在所有描绘和分析的不同的哲学家类型中（从求知者到士大夫），作者对每个角色的喜爱程度不断减少（虽然这并非有意为之）。一位哲学家毕竟不同于一件艺术品，他/她有自己的兴趣，并且通常能意识到自己是否“在做正确的事”。虽然求知者被踢出哲学体制，但她深受内心深处信念的驱使，在最深刻和最充分的意义上做着哲学。现在看来，朝臣们最有可能得到最高机构的认可，被聘为暴君的教师。但我们可以想象得到，他们明白自己必须抛弃哲学以自保。一类人是自由的，另一类则被束缚；一类受惊讶（wonder）的驱动，另一类的愿望则是生存。根据斯多葛学派的观点，死亡比为了活着而委曲求全拥有更多的自由。但朝臣们不愿接受这种教导。艺术品永远不会面临这样的选择，但创造它们的艺术家们会。

自始至终，我们都在为“惊讶的能力”做辩护。“惊讶”是人类内心深处对真实的向往，又会反过来激发人们的好奇心。[199] 一些人对世间的一切都深感好奇，但职业哲学家们往往会把这些好奇者谈论世间万物的方式归为谬误、伪哲学或迷信。但我们一直对他们的遭遇抱以同情，而不是用轻蔑的态度对待他们的观点。我们之所以这样做，是因为我们忠于亚里士多德对哲学的定义——在许多人看来，亚里士多德是哲学的奠基人，哲学学科的规范正是由他最先设定的。

最后，我们（或更确切地说是我）进行了大量的自我剖白：我可以预料这么做的风险，但它对于这项工作的目标至关重要。就像蒙田所说——或是所写的那样——“我与面前的纸张交谈，正如我与见到的第一个人交谈。”根据人们对哲学活动的其中一种理解，哲学始于公共演讲。然而，哲学写作已经逐渐取代了演讲的地位，演说已不再是哲学的主要组成部分。哲学写作不愿向公众敞开，它留给我们的专著（绝大多数都艰深晦涩）远多于散文。但有时哲学写作——尤其是关于作者本人的动机或局限的那些——也是一种开放性的发言。正如蒙田所理解的那样，“开放的发言可以抛砖引玉”——这种写作方式能够提供新的可能性，不仅能够为其他发言打开思路，也能让人们自由地谈论最重要的东西。蒙田补充道，这种牵引与美酒或爱情的作用没什么不同。醉酒和哲学可能没什么关系，那坠入情网呢？哲学的吸引力包含在“哲学”这一观念之中，当我们做哲学的时候，绝不能让它在我们的脑海中变得淡漠。

注　释

(Endnotes)

1. 吉尔·德勒兹（Gilles Deleuze）、菲利克斯·瓜塔里（Pierre-Félix Guattari），《什么是哲学？》（*Qu' est-ce que la philosophie?*，1991）

2. 路德维希·维特根斯坦，《逻辑哲学论》G·E·M·安斯康姆（Anscombe）英译第三版（1968），第309页

3. 同上书，第109页

4. 兰德尔·柯林斯（Randall Collins），《哲学的社会学：一种全球的学术变迁理论》（*The Sociology of Philosophies: A Global Theory of Intellectual Change*，1998），第20页

5. 亚里士多德，《诗学》，第9页

6. 亨利·摩尔（Henry More），《无神论的解药》（*Antidote Against Atheism*），出自《亨利·摩尔哲学文选》（*A Collection of Several Philosophical Writings of Dr. Henry More*，1662），第三卷，xii，第125页

7. 约翰·济慈，《给乔治·济慈和乔治安娜·济慈的信》（*Letter to George and Georgiana Keats*），1819年4月21日。出自《济慈书信集·卷二》（*The Letters of John Keats*，1958），第1819—1821页

8. 亚里士多德，《形而上学》，928b12

9. 托马斯·霍布斯，《献辞》（Epistle Dedicatory），出自《马姆斯伯里的托马斯·霍布斯英文著作选·卷一》中《论身体》一节（*De Corpore, in The English Works*

of Thomas Hobbes of Malmesbury, Vol. 1，1839【1655】)，ix

10. 参见彼得·施密特(Peter Schmidt)于2014年9月26日发表在《高等教育年鉴》(*Chronicle of Higher Education*)上的文章："The Man Who Ranks Philosophy Departments Now Rankles Them, Too," 原文链接：http://chronicle.com/article/The-Man-Who-Ranks-Philosophy/149007/.

11. 伯特兰·罗素，《西方哲学史》

12. 卡尔·雅斯贝尔斯(Karl Jaspers)，《历史的起源和目标》

13. 马修·斯图尔特(Matthew Stewart)，《朝臣与持不同政见者：莱布尼茨、斯宾诺莎，以及上帝在现代社会中的命运》(*The Courtier and the Heretic: Leibniz, Spinoza, and the Fate of God in the Modern World*，2006)

14. 为了使读者更好地了解本段文本的背景，推荐阅读杰弗里·劳埃德(Geoffrey Lloyd)的文章《哲学：古希腊人的发明和与中国的联系》(*"Philosophy": What Did the Greeks Invent and Is It Relevant to China?* 见 Extrême- Orient, Extrême-Occident，27, No. 27 (2005)，第149—159页

15. K·J·多佛(K. J. Dover)，《阿里斯托芬：云》(*Aristophanes: Clouds*)，1970

16. 洛朗·兰格(Laurent Lange)，"Journal du voyage de Laurent Lange a` la Chine," 见 Nouveaux mémoires sur l' e´tat pre´sent de la Grande Russie ou Moscovie, 卷二，1725，第110页

17. 弗里德里希·尼采(Friedrich Nietzsche)，《尼采遗稿选：1875-1879》(*Fragmente: 1875-1879*)，2012，第85页

18. 该领域具有代表性的作品包括约书亚·诺比(Joshua Knobe)，肖恩·尼古拉斯(Shaun Nichols)；《实验哲学宣言》(*An Experimental Philosophy Manifesto*)，2007，第3-14页

19. 达西·温特沃斯·汤普森(D' Arcy Wentworth Thompson)，《生长与形态》(*On Growth and Form*)，1945，第8-9页

20. 弗朗西斯·培根(Francis Bacon)，《新工具》(*The New Organon*)或《解读自然的真正方法》(*True Directions Concerning the Interpretation of Nature*)，见《培根文集》，1995，xxxvi，第53页

21. 戈特弗里德·威廉·莱布尼茨（Gottfried Wilhelm Leibniz），Sbornik pisem i memorialov Lei˘bnitsa otno syashchikhsya k Rossii i Petru Velikomu，第 38 页
22. 同上书，第 96 页
23. 弗朗索瓦·伯尔尼（François Bernier），《记 1664 年的一次航行》（*A Relation of a Voyage, Made in the Year 1664*），见《大莫卧儿王朝的晚期革命史》（*History of the Late Revolution of the Empire of the Great Mogol*,1672），4：12-13
24. 见托马斯·赖特（Thomas Wright）等著，《十三、十四世纪手稿中的拉丁故事选集》（*A Selection of Latin Stories from Manuscripts of the Thirteenth and Fourteenth Centuries*），1842。详见第 74 页"Hoc omnino non faciam, nisi videro signa amoris, ne me tentes: ergo veni ad meam cameram, reptando manibus et pedibus, sicut equus me portando, tunc scio quod non illudes mihi."
25. 见玛丽·费舍尔（Mary Fissell），《民俗中的身体：前现代英国生育的政治学》（*Vernacular Bodies: The Politics of Reproduction in Early Modern England*），2004
26. 尼采，《论道德的谱系》，3.6.104
27. 约翰内斯·开普勒（Johannes Kepler），《梦》（*The Dream*），1967
28. 同上书，第 11 页
29. 同上书，第 12 页
30. 同上书，第 13 页
31. 同上书，第 15 页
32. 见卡洛琳·麦钱特（Carolyn Merchant），《自然之死——妇女、生态和科学革命》（*The Death of Nature: Women, Ecology, and the Scientific Revolution*），1990
33. 该领域具有代表性的作品包括劳伦斯·M·克劳斯（Lawrence M. Krauss），《无中生有的宇宙：万物起源于空，空又从何而来？》（*A Universe from Nothing: Why There Is Something Rather Than Nothing*），2012
34. 见詹姆斯·G·伦诺克斯（James G. Lennox），《科学哲学的考验：以亚里士多德的生物学为例》（*Putting Philosophy of Science to the Test: The Case of*

Aristotle' s Biology)，1994

35. 戈特弗里德·威廉·莱布尼茨(Gottfried Wilhelm Leibniz)，De novo antidysenterico americano，1695-1696

36. 詹姆斯·梅瑞尔(James Merrill)，《以法莲之书》(The Changing Light at Sandover)，2011，第 55 页

37. 威廉·R·纽曼(William R. Newman)，《普罗米修斯的野心：点金术与追求完美的自然》(*Promethean Ambitions: Alchemy and the Quest to Perfect Nature*)，2004

38. 与研究型大学的兴起有关最杰出的研究作品大多以德语写成，就这一发展对学科划分的影响，见威廉·克拉克(William Clark)，《学术的魅力和研究型大学的起源》(*Academic Charisma and the Origins of the Research University*)，2006

39. 伊曼纽尔·康德(Immanuel Kant)，Meditationum quarundam de igne succincta delineatio，见《康德全集·卷一(批判前著作)》(*Kants gesammelte Schriften, Vorkritische Scxhriften*，1：1747-1576)，1902，第 369-384 页

40. 帕拉塞尔苏斯(Theophrastus Paracelsus)，瓦伦丁·魏格尔(Valentin Weigel)，Philosophia Mystica，darinn begriffen Eilff unterschidene Theologico-Philosophische doch teutsche Tracta¨tlein (Neustadt，1618)，赫尔辛基大学图书馆

41. 见格兰特·K·古德曼(Grant K. Goodman)，《日本与荷兰：1600-1853》，2013

42. 贝尔纳迪诺·德·萨阿贡(Bernardino de Sahagu´n)《佛罗伦萨手抄本：新西班牙诸物志》(*The Florentine Codex: General History of the Things of New Spain*)，卷 12，Arthur J. O. Anderson and Charles E. Dibble 译，2002

43. 详见米尔盖·莱昂 - 波提利亚(Miguel Leo´n-Portilla)的文章，La filosofi´a nahuatl estudiada en sus fuentes，1993

44. 索尔·贝娄在专访中回答，“祖鲁人中有托尔斯泰吗？巴布亚人中有普鲁斯特吗？要是有的话，我非常乐意读他们的作品”。(“Who is the Tolstoy of the Zulus? The Proust of the Papuans? I' d be glad to read him.”)原文刊载于《纽约客》，1988 年 3 月 7 日

45. 见莎伦・E・哈钦森（Sharon E. Hutchinson），《困境重重：金钱、战争和国家》（Nuer Dilemmas: Coping with Money, War, and the State），1996

46. 见埃兹拉・朱布罗（Ezra Zubrow）与伊丽莎白・C・布莱克（Elizabeth C. Blake）合著的《音乐和韵律的起源》（*The Origin of Music and Rhythm*），第117–126页，选自《音乐考古学》（*Archaeoacoustics*），2006

47. 见迈克尔・弗里德曼（Michael Friedman）的讲座：《理性动力学的拓展：简述自库恩后科学史和科学哲学的研究方法》，（*Extending the Dynamics of Reason: Generalizing a Post-Kuhnian Approach to the History and Philosophy of Science*），柏林马克思・普朗克科学史研究中心（Max-Planck-Institut fürWissenschaftsgeschichte, Berlin）。

48. 保罗・拉丁（Paul Radin），《作为哲学家的原始人》（*Primitive Man as Philosopher*），1927

49. 若读者想了解美洲原住民的哲学是如何影响欧美哲学发展的，不妨参照该领域的两本重要作品：布鲁斯・威尔谢尔（Bruce Wilshire）的《美国哲学的根源：实用主义、现象学和美国本土思想》（*The Primal Roots of American Philosophy: Pragmatism, Phenomenology, and Native American Thought*，2000）；斯科特・L・普拉特（Scott L. Pratt）的《本土实用主义：对美国哲学根源的再思考》（*Native Pragmatism: Rethinking the Roots of American Philosophy*，2002）。这两部著作都就此做出了颇具说服力的论证。

50. 亚历克西斯・卡加梅（Alexis Kagame），《比较班图哲学》（*La philosophie Bantu comparée*），1976

51. J・B・邓奎（J. B. Danquah），《上帝的阿肯教义：管窥黄金海岸伦理与宗教》（*The Akan Doctrine of God: A Fragment of Gold Coast Ethics and Religion*，1944）。若读者感兴趣，可参考理查德・B・勃兰特（Richard B. Brandt）所著的《霍皮人的伦理学》（*Hopi Ethics*）这部描写北美文化圈伦理学体系的著作采取了类似的论证手法。

52. 见杰克・古迪（Jack Goody），《写作逻辑与社会组织》（*The Logic of Writing and the Organization of Society*，1986）；弗兰克・L・所罗门（Frank L. Solomon）在《结绳记事：秘鲁村庄中的奇普*与文化生活》（*The Cord Keepers:*

Khipus and Cultural Life in a Peruvian Village）一书中论证道，不同文化有不同的制表和记录的做法，这使得人们在定义何为“写作”时很难形成一个统一的概念。奇普是古代印加人一种结绳记事的方法，用来计数或是记录历史。奇普由许多颜色的绳结编织而成，不同的绳结有不同的含义。不过这种方法已经失传，目前还没有人能了解它全部的含义。（译者注）

53. 柯林斯（Collins），《哲学社会学》（*Sociology of Philosophies*），第 27 页

54. 克洛德－列维·施特劳斯（Claude Lé vi-Strauss），《原始人的心智》（*La pensée sauvage*），1962

55. 见斯科特·阿特兰（Scott Atran），《自然历史的认知基础：浅议科学人类学》（*The Cognitive Foundations of Natural History: Towardsan Anthropology of Science*），1990

56. 詹巴蒂斯塔·维柯（Giambattista Vico），《新科学》

57. 见爱德华·马歇雷（Edouard Machery），罗恩·马龙（Ron Mallon），肖恩·尼古拉斯（Shaun Nichols）和斯蒂芬·P·斯蒂克（Stephen P. Stich），《论跨文化视角下的语义学》（*Semantics, Cross-Cultural Style*），载于 Cognition 92, No.3（2004）：1—12

58. 见莱斯·穆雷（Les Murray）对丹尼斯·欧德里斯科尔（Dennis O’Driscoll）的采访，《巴黎书评》（*Paris Review*），第 173 页（2005 年春季号）

59. 保罗·瓦勒里（*Paul Valéry*），《皮媞亚》（La Pythie），1922

60. 理查德·索拉布（Richard Sorabji），《动物思想和人类道德：西方学界争论的起源》（*Animal Minds and Human Morals: The Origins of the Western Debate*），1995

61. 普拉西德·坦普尔（Placide Tempels），《班图哲学》（*La philosophie bantoue*），1945

62. 坦普尔，《班图哲学》，1959，第 20 页

63. 戈特弗里德·莱布尼茨（Gottfried Wilhelm Leibniz），《莱布尼茨文集》

64. 同上书

65. 卡加梅，《班图比较哲学》，第 121 页

66. 同上书，第 122 页

67. 同上书，第 131 页
68. 同上书，第 151 页
69. 同上
70. 同上书，第 152 页
71. 第欧根尼·拉尔修（Diogenes Laertius），《名哲言行录》（*Lives of the Eminent Philosophers*），2：6.63
72. 迈克尔·曼（Michael Mann），《民主的阴暗面：论种族清洗》（*The Dark Side of Democracy: Explaining Ethnic Cleansing*），2005
73. 查尔斯·泰勒（Charles Taylor），《多元文化主义和政治认同》（*Multiculturalism and The Politics of Recognition*），1992
74. 亚里士多德，《尼各马可伦理学》，第五卷第七章
75. 见孟德卫（David E. Mungello），《中国礼仪之争的历史与意义》（*The Chinese Rites Controversy: Its History and Meaning*），1994
76. 戈特弗里德·莱布尼茨（Gottfried Wilhelm Leibniz），《中国近事》（*Novissima Sinica historiam nostri temporis illustrata*），1699
77. 戈特弗里德·莱布尼茨（Gottfried Wilhelm Leibniz），《论中国人的自然神学》（*Discours sur la théologie naturelle des Chinois, in Gothofredi Guillelmi Leibnitii Opera Omnia*），路易斯·杜登思（Louis Dutens）编，1768，4：170
78. 见约伯·鲁道夫（Hiob Ludolf），《埃塞俄比亚史》（*Historia Aethiopica, sive, Brevis et succincta descriptionregni Habessinorum*），1681
79. 见贾斯丁·E·H·史密斯（Justin E. H. Smith），《莱布尼茨对自然历史和民族历史的见解》（*Leibniz on Natural History and National History*），载于《科学史》（History of Science）50, No. 4 (2012): 第 377 - 401 页
80. 远藤周作，《沉默》，1966
81. 克努德·拉斯穆森（Knud Rasmussen），《穿越北极（美洲部分）：极北之地的第五次远征》（*Across Arctic America: Narrative of the Fifth Thule Expedition*），1927
82. 引自夸梅·吉盖伊（Kwame Gyekye）的《论非洲哲学思想：以阿肯人的观念体系为例》（*An Essay on African Philosophical Thought: The Akan Conceptual*

Scheme，1987）。伊万·卡普（Ivan Karp）和D·A·马索洛（D. A. Masolo）合著的《作为文化研究的非洲哲学》（*African Philosophy as Cultural Inquiry*）是一部较新的综述性著作，概述了研究非洲思想方法的成果和局限性。

83. 夸梅·恩克鲁玛（Kwame Nkrumah），《良知主义：去殖民化哲学与意识形态，以及非洲革命发展的特定参照》（*Consciencism: Philosophy and Ideology for De-Colonization and Development with Particular Reference to the African Revolution*），1964

84. 同上书，第79页

85. 同上

86. 同上书，第92页

87. 同上

88. 同上书，第93页

89. 同上书，第92页

90. 同上

91. 同上书，第97页

92. 马歇尔·萨林斯（Marshall Sahlins）《告别忧郁的比喻：现代世界史语境下的民族志》（*Goodbye to Tristes Tropes: Ethnography in the Context of Modern World History*），载于《现代历史》（*Journal of Modern History*），65（1993）：第3-4页

93. 霍勒斯·沃波尔（Horace Walpole）写给霍勒斯·曼的信（1779年7月7日），见《霍勒斯·沃波尔书信集》（*The Letters of HoraceWalpole, Fourth Earl of Oxford*），1903，7：222

94. 加百列·弗朗索瓦·维内尔（Gabriel Franc，ois Venel），凯撒·谢诺·杜马尔塞（César Chesneau Dumarsais），“Philosophe”词条，见《百科全书（或科学、艺术和手工艺辞典）》（*L' Encyclopédie ou Dictionnaire raisonné des sciences, des art et des métiers*），1751，12：509

95. 同上书，第511页

96. 见克里斯提安·沃尔夫（Christian Wolff），《理性哲学或逻辑》，para.29

97. 约翰·雅各布·布鲁克（Johann Jakob Brucker），《哲学史：自早期至近代》（*The*

History of Philosophy, from the Earliest Times to the Beginning of the Present Century），威廉·恩菲尔德（William Enfield）译，1791，第 7-8 页
98. 同上书，第 8 页
99. 同上书，第 102 页
100. 同上书，第 85 页
101. 同上
102. 同上书，第 85-86 页
103. 同上书，第 86 页
104. 同上书，第 15 页
105. 同上
106. 同上书，第 16 页
107. 同上书，第 16-17 页
108. 见瓦尔特·柏克特（Walter Burkert），《巴比伦，孟菲斯和波斯波利斯：东方语境下的希腊文化》（*Babylon, Memphis, Persepolis: Eastern Contexts of Greek Culture*），2004
109. 见阿特兰，《自然历史的认知基础》
110. 勒内·笛卡尔（René Descartes），《第一哲学沉思录》（*Meditationes de primaphilosophia*），查尔斯·亚当（Charles Adam）、保罗·塔内里（Paul Tannery）修订版，卷 7，第 1897 - 1913 页
111. 埃德蒙德·胡塞尔（Edmund Husserl），《笛卡尔的沉思》（*Cartesian Meditations*），1960
112. 乔治·贝克莱（George Berkeley），《希勒斯和菲洛斯的三篇对话：反对怀疑论者与无神论者》（*Three Dialogues between Hylas and Philonous, in Opposition to Sceptics and Atheists*），出自《贝克莱选集：卷一》（*The Works of George Berkeley, D. D.*, Vol. 1），1820
113. 米歇尔·德·蒙田（Michel de Montaigne），《随笔集》（*Les Essais*），2002
114. 见文森特·克劳德（Vincent Carraud），《发现自我》（*L' invention du moi*），2010；理查德·索拉布吉（Richard Sorabji），《自我：关于个体性、生

命和死亡的古今之见》（*Self: Ancient and Modern Insights about Individuality, Life, and Death*），1989

115. 查尔斯·泰勒（Charles Taylor）《自我的起源：现代身份的塑造》（*Sources of the Self: The Making of the Modern Identity*），1989

116. K·克伦肖（Kimberle´ Crenshaw），《界定边缘：交叉性、身份政治与针对有色人种妇女的暴力》（*Mapping the Margins: Intersectionality, Identity Politics, and Violence against Women of Color*），1989

117.《庄子：精要篇章及传统注释选》（*The Essential Writings, with Selections from Traditional Commentaries*），任博克（Brook Ziporyn）译

118. 见 M.F.K. 费舍（M.F.K. Fisher），《爱上一道菜：趣味烹饪指南》（*Love in a Dish: And Other Culinary Delights*），2011，第 97 页

119. 详见理查德·沃雷姆（Richard Wollheim），《萌芽：我的童年回忆录》（*Germs: A Memoir of Childhood*），2006

120. 摩尔（More），《无神论的解药》（*Antidote against Atheism*），第 107-108 页

121. 劳伦·斯特恩（Laurence Sterne），《项狄传》，选自《劳伦·斯特恩全集》（*The Works of Laurence Sterne*），1815，4：88

122. 艾哈迈德·发里斯·阿里－希德亚格（Ahmad Faris al-Shidyaq），《二郎腿》（*Leg over Leg*），卷一，2014，第 165 页

123. 同上书，1：第 168-169 页

124. 尼采，《最自由的作者》（*Der freieste Schriftsteller*），出自《人性的，太人性的》第二部分《被遗忘的碎片》一节（*Menschliches Allzumen-schliches II: Nachgelassene Fragmente*），1879

125. 康德，《纯粹理性批判》（*Kritik der reinen Vernunft*），§ 54，AA V，332.

126. 见 Nyurgun Bootur Stremitel’nyi̇̈ 所著的 Yakutskii̇̈ geroicheskii̇̈ epos Olonkho，1982

127. 莱布尼茨，《单子论》（*La Monadologie*），1884

128. 乔那登·加纳瑞（Jonardon Ganeri），《理性失落的年代：哲学在近代早期的印度，1450-1700》（*The Lost Age of Reason: Philosophy in Early Modern*

India, 1450－1700)，第 37 页
129. 同上书，第 15 页
130. 同上
131. 同上书，第 16 页
132. 伯纳德·曼德维尔(Bernard Mandeville)，《蜜蜂的寓言》(*The Fable of the Bees*)，1729
133. 康德，《自然通史和天体理论》(*Allgemeine Naturgeschichte und Theorie des Himmels*)，AA 1, 215－368.
134. 惠特曼，《草叶集》(*Leaves of Grass*)，1855，第 33 页
135. 同上书，第 16 页
136. 惠特曼,《草叶集——1860,"原叶"》(*Leaves of Grass—1860*, "Proto-Leaf"), 见《惠特曼诗选：1855-1892》(*Walt Whitman: Selected Poems, 1855－1892*, ed. Gary Schmidgall)，1999，第 181 页
137. 惠特曼,《民主远景》(Democratic Vistas),见《惠特曼全集·卷二·散文(1892)》(Walt Whitman: Se lected Poems, 1855－1892, ed. Gary Schmidgall)，1999，第 181 页
138. 惠特曼，《草叶集》，第 45 页
139. 同上书，第 32-33 页
140. 同上书，第 32 页
141. 同上书，第 50-51 页
142. 同上书，第 50 页
143. 同上书，第 55 页
144. 惠特曼，《民主远景》，第 416-417 页
145. 惠特曼，《草叶集》，第 28 页
146. J·罗伊斯(Josiah Royce)给威廉·詹姆斯(William James)的信(1879 年 1 月 14 日)，见拉尔夫·巴顿·佩里(Ralph Barton Perry)，《威廉·詹姆斯与他的思想(共二卷)》(*The Thought and Character of William James*, 2 vols)，1935，1：781
147 . T·S· 艾略特(T. S. Eliot)，《论莱布尼茨单子论的发展》(*The*

Development of Leibniz' s Monadism），见《一元论者》（*The Monist*）第 26 期（1916 年 12 月号）：第 534-556 页

148. 同上文，第 556 页

149. 艾略特（T. S. Eliot），《干燥的塞尔维吉斯》（*The Dry Salvages*），选自《四个四重奏》（*Four Quartets*），2014，第 43-44 页

150. 同上书，第 45 页

151. 伯纳德·威廉姆斯（Bernard Williams），《对哲学的轻视和痛恨》（*On Hating and Despising Philosophy*），1996

152. 皮埃尔·哈铎（Pierre Hadot），《作为一种生活方式的哲学》（*Philosophy as a Way of Life*，1995），第 104 页

153. 见 R·布拉赫特·伯兰罕（R. Bracht Branham），玛丽 - 奥黛尔·古莱 - 查孜（Marie-Odile Goulet-Caze´）主编的《犬儒主义者：古代犬儒主义运动及其遗产》（*The Cynics: The Cynic Movement in Antiquity and Its Legacy*），2000

154. 详见罗伯特·波义耳（Robert Boyle），《基督徒的品德：》（*The Christian Virtuoso: Shewing, That by Being Addicted to Experimental Philosophy, a Man Is Rather Assisted, Than Indisposed, to Be a Good Christian*），1690

155. 同上书，第 43-44 页

156. 详见捷森·斯坦利（Jason Stanley），《隐性知识》（*Know How*），2011

157. 莎拉·博克瑟（Sarah Boxer），《G·E·M·安斯康姆：英国哲学家，享年 81 岁》，见《纽约时报》，2001 年 1 月 13 日（"G.E.M. Anscombe, British Philosopher, Dies at 81," *New York Times*, January 13, 2001）

158. 见戴维·戈登·怀特（David Gordon White），《波颠阇利的瑜伽经》（*The Yoga Sutra of Patanjali: A Biography*），2014

159. 见本杰明·A·埃尔曼（Benjamin A. Elman），《中国帝国晚期之科举文化史》（*Civil Examinations and Meritocracy in Late Imperial China*），2013

160. 格雷厄姆·普利斯特（Graham Priest），《哲学是什么？》（What is Philosophy? *Philosophy* 81, No. 316），2006，第 189 - 207, 202 页

161. 加纳利（Ganeri），《理性失落的时代》（*Lost Age of Reason*）

162. 史蒂芬·曼恩（Stephen Menn）所著的《笛卡尔和奥古斯丁》（*Descartes*

and Augustine）就是个很好的例子

163.《深究事物真正的本质》（Raghunāˉtha S´iroman̩i 著，Inquiry into the True Nature of Things [*Padāˉrtha- tattva-nirūˉpan̩a-vyāˉkhyāˉ*]；Varanasi：Maha Mandalayantralaya，1915）；79，1－80，3；转引自加纳利《理性失落的时代·第四卷》

164. 加纳利，《理性失落的时代·第六卷》

165. 详见威廉·R·纽曼（William·R·Newman），《原子与炼金术：科学革命的实验与化学起源》（*Atoms and Alchemy：Chymistry and the Experimental Origins of the Scientific Revolution*），2006

166. 加纳利，《失落的理性·第十卷》；又见达雅·奎师那（Daya Krishna），《印度哲学自十八世纪以来的发展状况》（*Developments in Indian Philosophy from Eighteenth Century Onwards*）第十卷第一部分，《印度文明的科学史、哲学和文化》（*History of Science，Philosophy，and Culture in Indian Civilization*，Vol. 10，part 1 (New Delhi：Centre for Studies in Civilization)，2001

167. 见 P·K·戈德（P. K. Gode），《伯尼和 Kavindracarya Sarasvati 在莫卧儿王庭》（*Bernier and Kavindracarya Sarasvati at the Moghal Court*），出自《印度文学史·卷二》，（*Studies in Indian Literary History*，vol. 2），P·K·戈德著，1954，第 364-379 页

168. 弗朗索瓦·伯尼（Franc¸ois Bernier），《莫卧儿王朝晚期革命史》，第 105 页。我本人推荐读者阅读与其同时代的翻译版本，而不是法语原文。主要因为译本能更好地反映出欧洲近代早期通行的对亚洲和印度的观点。

169. 同上书，第 104 页

170. 同上书，第 107 页

171. 同上书，第 108 页

172. 同上书，第 130 页

173. 同上书，第 131-132 页

174. 同上书，第 134 页

175. 同上书，第 143-144 页

176. 同上书，第 144 页

177. 同上书，第 162-163 页
178. 同上书，第 62 页
179. 同上书，第 164-165 页
180. 同序言注释第十条
181. W·V·O·奎因（Quine），《本体论的相对性和其他论文》（*Ontological Relativity and Other Essays*，1969），第 126-127 页
182. 汉斯·赖欣巴哈（Hans Reichenbach），《经验和预测：对知识基础和结构的分析》（*Experience and Prediction: An Analysis of the Foundations and the Structure of Knowledge*，1938），第 270 页
183. E·E·伊凡－普理查（E. E. Evans-Pritchard），《阿赞德人的巫术、神谕和魔法》（*Witchcraft, Oracles, and Magic among the Azande*，1976）
184. 比如费迪南·阿尔奎耶（Ferdinand Alquié）所著的《超现实主义哲学》（*Philosophie du surréalisme*，1955）
185. 见 Bac S, ES et L 2015：Découvrez les sujets de philo（2015 年 6 月 17 日）网址：http://www.lemonde.fr/bac-lycee/article/2015/06/17/bac-s-es-l -et-stmg-2015-decouvrez-les-sujets-de-philo_4655724_4401499.html#Muhu39MsxeiRtcVs.99.
186.《法国政治：火车、罢工和哲学》（*French Politics: Trains, Strikes, and Philosophy*），载于《经济学人》（The Economist）2014 年 6 月号
187. 詹姆斯·特纳（James Turner），《哲学——现代人文科学被遗忘的起源》（*Philology: The Forgotten Origins of the Modern Humanities*，2014）
188. 卡尔·波普尔（Karl Popper），《无尽的探索——卡尔·波普尔自传》（*Unended Quest: An Intellectual Autobiography*，1976），第 168 页
189. 见艾莉森·维利（Alison Wylie），《从事物出发的思考：考古哲学论文集》（*Thinking from Things: Essays in the Philosophy of Archaeology*，2002）
190. 弗朗哥·莫雷蒂（Franco Moretti），《图表、地图、树木：文学史的抽象模型》（*Graphs, Maps, Trees: Abstract Models for a Literary History*）
191. 约翰·路德维希·克拉普夫（J. Lewis Krapf），《旅居东非十八载，自蒙巴萨到德尔加多角的海岸航海志：传教士的旅行与研究（记雅加、乌桑巴拉、乌卡姆

巴尼、肖阿、阿贝西尼亚与喀什穆)》(*Travels, Researches, and Missionary Labours, during an Eighteen Years' Residence in Eastern Africa, Together with Journeys to Jagga, Usambara, Ukambani, Shoa, Abessinia, and Khartum; and a Coast- ing Voyage from Mombaz to Cape Delgado… With an Appendix Respecting the Snow-Capped Mountains of Eastern Africa* ,1860)

192. 同上书，第 543-544 页

193. 保尔·克雷茨曼(Paul Kretzmann),《约翰·路德维希·克拉普夫：探索东北非的传教士》(*John Ludwig Krapf: The Explorer-Missionary of North-eastern Africa*，1909)第 7 页

194. 同上书，第 7 页

195. 同上书，第 15 页

196. 柏拉图，《申辩篇》，19e-20c

197. 库切(约翰·马克斯维尔),《正在消亡的大学》2013 年 11 月 11 日 .

198. 乔治·迪基(George Dickie)，《艺术与审美：体制论的分析视角》(*Art and the Aesthetic: An Institutional Analysis*，1974)

199. 类似的方法，见珍妮·海尔施(Jeanne Hersch),《哲学的惊讶——一部哲学史》(*L' étonnement philosophique : Une historie de la philosophie*,1993)